Karl Fischer

Der Obstfreund und Obstzüchter

Anregung zum ausgedehnten Betriebe der Obstbaumzucht in den Gärten und im Freien; Beschreibung der vorzüglichsten Obstsorten; Anleitung zur bewährtesten und einträglichsten Erziehung und Behandlung der Obstbäume

Karl Fischer

Der Obstfreund und Obstzüchter
Anregung zum ausgedehnten Betriebe der Obstbaumzucht in den Gärten und im Freien; Beschreibung der vorzüglichsten Obstsorten; Anleitung zur bewährtesten und einträglichsten Erziehung und Behandlung der Obstbäume

ISBN/EAN: 9783743301672

Hergestellt in Europa, USA, Kanada, Australien, Japan

Cover: Foto ©Lupo / pixelio.de

Manufactured and distributed by brebook publishing software (www.brebook.com)

Karl Fischer

Der Obstfreund und Obstzüchter

Der Obstfreund und Obstzüchter.

Anregung

zum

ausgedehnten Betriebe der Obstbaumzucht in den Gärten und im Freien;

Beschreibung der vorzüglichsten Obstsorten;

Anleitung

zur

bewährtesten und einträglichsten Erziehung und Behandlung der Obstbäume.

Von

Karl Fischer,

pens. Pfarrer in Kaaden, Mitglied vieler landwirthschaftlichen und Gartenbauvereine.

Mit 77 Originalabbildungen

der vorzüglichsten Obstsorten, nach der Natur gezeichnet von Joseph Grund und F. Gröbl,

und dem Portrait von Clemens Rodt.

Leipzig,

Verlag der Reichenbach'schen Buchhandlung.

(Westermann und Staeglich.)

1866.

Vorwort.

Obstbaumzucht und Pomologie haben für Gartenbau und Landwirthschaft eine weit größere Bedeutung, als man ihnen gewöhnlich beizulegen pflegt. Die Obstbaumzucht liefert nicht nur in wohlfeilster Weise die köstlichsten, allgemein sehr beliebten Nahrungsmittel in schönster Form und dazu noch ziemlich gutes Gerätheholz und Baumaterial, sondern bringt auch in vielen Gegenden und Ländern eine hohe Rente, oft eine ebenso hohe und noch höhere als die übrigen Bodenproducte; sie hebt am meisten die ländliche Verschönerung und verbessert das Klima, unterstützt also den Gartenbau und landwirthschaftlichen Betrieb, wovon überzeugende Fälle aus neuester Zeit vorliegen. Ueberdies ist die Obstbaumzucht eine höchst angenehme Beschäftigung, welche zugleich bildend auf Verstand und Herz wirkt. In der ganzen Pflanzenwelt tritt das einzelne Individuum nirgends so sehr hervor, als im Obstbaume, und zwar durch seine Größe, Dauer, Schönheit und Fruchtbarkeit. Der Obstbaum wächst mit uns empor als ein alter, lieber, wohlthuender Bekannter und Freund. Er überlebt oft Väter, Söhne und Enkel und führt nicht selten liebevolle Familienerinnerungen in Gedächtniß und Gemüth zurück! Man hat Beispiele von 100—200 Jahre alten Obstbäumen, welche viel zu erzählen wissen.

Die Pomologie ist eine der angenehmsten Beschäftigungen. Sie hat es mit den schönsten Kindern der Natur zu thun. Die verschiedenen Gestalten der Früchte sind eine angenehme Weide für das Auge; die verschiedenen Unterscheidungsmerkmale schärfen die Beobachtungsgabe und das Gedächtniß und setzen mit Ausnahme des Gehörs alle übrigen Sinne in Thätigkeit. Das Auge übt sich in Betrachtung der Gestalt und Farbe, die Zunge am Geschmack, der Geruch an dem Duft, das Gefühl an der Oberfläche der Früchte. Die Pomologie lehrt uns die für eine Gegend passendsten und für den Handel werthvollsten Sorten kennen.

Das Obst ist eine Zierde, eine Schönheit im Hause, eine Freude für Jung und Alt, eine Erquickung für Gesunde und Kranke; es kann zu einem wahren Leckerbissen veredelt werden; es kann den Wein für Gegenden ersetzen, wo die Rebe nicht gedeiht.

Der Obstbaum hat für sein Gedeihen die weiteste Ausdehnung; er liebt die Ebenen, noch mehr aber die Anhöhen, gleichviel nach welcher Himmelsgegend sie sich abdachen; er fürchtet sogar ein rauheres Klima nicht und steigt hoch hinauf ins Gebirge, wenn er auch hier einen kurzen Sommer, geringere Wärme und eine größere Kälte findet. Seine Früchte werden daselbst wohl nicht so edel, aber doch brauchbar für die Gebirgsbewohner.

Der Obstbaum ist sogar so genügsam, daß er auch in dem engen Raume eines gewöhnlichen Blumentopfes gedeiht und sich von unseren Händen jeden Augenblick an einen andern Ort versetzen läßt. Er blüht, grünt und trägt reife und schöne Früchte in diesem beschränkten Raume. Er ziert unsere Fenster und Tafeln in seiner herrlichen Blüthe, in der er mit jeder Blume in Concurrenz treten kann, und mit seinen Früchten, mit welchen er alle Blumen übertrifft. Mitten im Sommer kann er weitere Reisen unternehmen und im Garten zur Bildung dieser oder jener Gruppe dienen. Gewiß reizt nichts so sehr zur Obstbaumzucht, als der Beginn derselben in Töpfen!

Wo immer etwas zur Hebung der Obstbaumzucht von Einzelnen, von ganzen größeren oder kleineren Vereinen, von Behörden geschieht, kann und muß es als etwas sehr Lobenswerthes anerkannt und gepriesen werden und verdient allenthalben Nachahmung um so mehr, als es gerade die Obstbaumzucht ist, welche die durch die gesunkenen Körnerpreise einerseits und die erhöhten Productionskosten andererseits geschmälerte Bodenrente zu erhöhen vermag.

In Berücksichtigung alles dessen habe ich es unternommen, gegenwärtige Schrift zu verfassen. Dieselbe ist und soll nicht sein eine vollständige Anleitung zur Obstbaumzucht — denn an solchen Anleitungen fehlt es keineswegs —; sondern die Zwecke, welche ich durch diese Schrift zu erreichen beabsichtige, sind:

1) die hohe Bedeutung des Obstbaumes nach allen Seiten hin zu würdigen und zum ausgedehntesten Betriebe der Obstbaumzucht anzuregen;

2) die wichtigsten Erfindungen, Erfahrungen und Verbesserungen in der Obstbaumzucht, welche die Neuzeit zu Tage gefördert, dem großen Publikum bekannt zu geben und ihre allgemeine Einführung zu veranlassen;

3) die besten und ertragreichsten Sorten der verschiedenen Obstarten zu beschreiben und naturgetreue Abbildungen von denselben zu geben, damit auch hierdurch die Obstbaumzucht gehoben und ihre größere Einträglichkeit gesichert werde.

Mögen diese meine Absichten mit dem besten Erfolge gekrönt werden, zum Segen der Einzelnen sowohl als der Gesammtheit!

Der Verfasser.

Inhaltsverzeichniß.

Anregung zum Betriebe des Obstbaues.

Anzucht und Pflege der Obstbäume.

Beschreibende Pomologie.

Beschreibung vorzüglicher Obstsorten.

Anregung zum Betriebe des Obstbaues.

Werth und Bedeutung des Hausgartens.

Es ist eine gar schöne Sache, einen Garten in der nächsten Nähe des Hauses, des Wirthschaftshofes, einen sogenannten Hausgarten, zu besitzen, sei dieser auch noch so klein. Mancher hat dieses Glück noch nicht so recht gewürdigt, obgleich er es täglich genießt, seinem Nachbar dagegen dasselbe schmerzlich entbehren sieht. Der Hausgarten ist ihm etwas Alltägliches geworden; er zeigt gegen ihn eine gewisse stumpfe Gleichgültigkeit. Man nehme ihm aber den Hausgarten, und man wird sehen, wie wehe es ihm auf einmal thun, wie unbehaglich er sich in seinem Hause fühlen wird. Jetzt erst merkt er, was der Hausgarten für ihn und seine ganze Familie ist. Er ist ihm sicher das liebste, theuerste Stück von seinem ganzen Besitzthum!

Ein Haus, dem es in seiner unmittelbaren Nähe an einem Garten fehlt, verliert viel an seinem Werthe. Der Käufer sieht sich nach dem Garten um, und findet er keinen, so sinkt bei ihm gar sehr die Lust, das Haus zu kaufen. Es fehlt dem Hause bei allen andern Vorzügen doch etwas Wünschenswerthes.

Gestehen wir es nur: der kleinste Hausgarten hat einen unschätzbaren Werth, eben weil er uns so recht bei der Hand und vor Augen ist und jeden Augenblick zum Gebrauch steht; er ist gleichsam eine Erweiterung des Hauses zur freien Bewegung; er ist ein Schmuck des Hauses; er ist, wenn auch nur ein kleines, so doch schönes Stück Natur, eine kleine, für sich abgeschlossene, ganz dem Hause angehörige, liebliche Welt, die man sehr gern und oft besucht.

Der Hausgarten ist ein Asyl, in das man nicht nur an Sonn- und Feiertagen, sondern auch an jedem Wochentage, und zwar öfter denn einmal des Tages nach der schweren Arbeit flieht, um sich zu erholen, sich zu erfreuen, zu ergehen, seine Sorgen vom Herzen zu wälzen, seinen Gedanken freien Lauf zu lassen, eine gesunde, frische Luft zu schöpfen, den lästigen Schweiß der Arbeit von seinen müden Gliedern verdunsten zu lassen, sich durch eine saftige, süße Frucht zu erquicken, eine spielende Arbeit an irgend einem Baume vorzunehmen oder unter dem kühlenden Schatten desselben, hingestreckt auf den weichen Rasenteppich, den müden Gliedern einige Ruhe zu gönnen, oder man betrachtet einen Baum nach dem andern, spricht laut oder in Gedanken mit ihm als mit einem guten alten Freunde und Bekannten, oder der Baum selbst regt Gedanken und Gefühle in uns an, die ohne ihn in uns nicht entstanden wären und doch für uns angenehm oder lehrreich sind.

Schon am frühen Morgen führen den Hausvater seine ersten Schritte in den Hausgarten. Es fängt eben erst an zu dämmern, aber wach ist der Vögel Chor und feiert seinen Morgengesang. Da zieht der Hausvater, den Garten betretend, seine Mütze vom Haupte, und sie sorgsam unter den Arm legend, verrichtet er seine Morgenandacht zu Dem, welchem auch die gefiederten Sänger ihre Jubellieder anstimmen. Wie in einem heiligen Tempel wandelt er hier unter dem Dunkel der Bäume. Hier im Garten verbringt er wieder die wenigen Minuten, welche ihm übrig bleiben nach der vormittägigen Arbeit bis zum Mittagsmahl, und die Seinigen wissen es wohl, daß sie ihn hier finden werden. Und wieder geht er nach vollbrachter Arbeit in den Hausgarten, um dessen frische Kühle zu genießen.

Die Kinder des Hauses sammeln sich am liebsten in dem nahen Hausgarten, um ihrer Spiele sich zu erfreuen unter dem schattigen Blätterdache der Bäume auf dem weichen Sammetteppiche des Rasens. Sie tummeln sich hier, kräftigen die zarten Glieder ihres ganzen Körpers. Im Garten wissen sie die Eltern am sichersten geborgen, entfernt von den Gefahren auf der Gasse. Der Hausgarten ist so recht eine natürliche Kinderbewahranstalt.

Selbst die Mutter verläßt zuweilen die enge, dunstige Stube und eilt mit dem Säuglinge auf dem Arme auf einige Augenblicke, die ihr von den Haussorgen gegönnt sind, in den Hausgarten, um Gottes schöne freie Natur zu genießen. Wie freut sie sich, ihren Säugling in das offene Antlitz der Natur schauen zu lassen! Wie begierig streckt dieser seine zarten Händchen nach den herabhängenden grünen Zweigen des Baumes aus! Wie munter und heiter, wie geschäftig und regsam wird er auf einmal! Zurückkommend in die Wohnung bleibt ihm das treue Gedächtniß von dem Anblick des freundlichen Gartens, und er verlangt nach kurzer Zeit wieder hinaus in den Garten, der auf ihn so wohlthuend einwirkte.

Nicht selten besucht die ganze Familie den Hausgarten, die Kinder voran, das Elternpaar hinterdrein. Wie tummeln sich dann die Kinder bald in weiteren, bald in engeren Kreisen um Vater und Mutter herum, sie freudig aufmerksam machend auf diesen oder jenen Baum, dessen Früchte schon zu reifen anfangen, von denen ihnen dann die freigebige Hand des Vaters vollauf zu kosten gibt. Bald wieder freuen sie sich über ein entdecktes Vogelnest und bringen frohe Kunde davon dem Vater, welcher ihnen liebevolle Schonung der Brut empfiehlt und dringend dafür die Gründe ans Herz legt. Für das väterliche und mütterliche Herz bietet der Hausgarten Stoff und Gelegenheit in überreicher Menge zur nützlichen Belehrung, zur angemessenen Beschäftigung und fröhlichen Unterhaltung der Kinder.

Es kommt ein Freund, ein Gast ins Haus. Nachdem man ihn freundlich empfangen und freigebig bewirthet hat und endlich des langen Sitzens müde ist, ladet man ihn zu einem Spaziergange im Garten ein. In der freien Natur wird das Herz offener, das Auge feuriger, die Zunge redseliger. So bildet der Hausgarten den Sammelplatz, den Vereinigungspunkt der Familie, den liebsten Aufenthaltsort der einzelnen Glieder derselben; er bietet so manche Unterhaltung und Freude; er kann zu einer Schule der Belehrung, zu einer Beschäftigungsanstalt für die Jugend werden. Der Hausgarten ist so recht ein Familiengarten; sein Einfluß kann nicht hoch genug angeschlagen werden.

Der Hausgarten hat aber auch so viel Reizendes und Schönes, Nützliches und Verwendbares, daß man sich nicht wundern darf über seine Anziehungskraft. Er ist — wie schon gesagt — eine ganz eigene, kleine, schöne Welt für sich, wenn er durch eine Einfriedigung abgeschlossen ist. Er ist ein reines Stück Natur unter Gottes freiem Himmel, mit Pflanzen besetzt, welche zu den Riesen im Pflanzenreiche gehören und das schönste Kleid im mannigfachsten Wechsel tragen, welche uns mit dem Besten und Schönsten beschenken, was die Natur uns darbieten kann. Die pflegende Hand des Hausvaters kann den Hausgarten zu einem kleinen Stück Himmel gestalten.

Welche wunderbaren Verwandelungen offenbaren sich uns im zeitigen Frühjahr? Lange durch den Winter, fast ein halbes Jahr hindurch, standen die Bäume vor uns da wie graues, dürres Holz, aller Zierde und Schönheit beraubt. Im Frühjahr kann man es kaum erwarten, ehe sich die Bäume wieder in ihrem gewohnten Schmucke zeigen und ihr prachtvolles Kleid anlegen. Sie brauchen zwar längere Zeit dazu, denn sie können sich nicht allein und sogleich in ihren Staat legen; dazu haben sie ihre helfenden Diener, welche nicht gleich alle bei der Hand sind. Die Sonne steigt am Himmel nur nach und nach immer höher und sendet nur allmälig ihre belebende Wärme auf die erstarrten Glieder der Bäume; die Erde thaut nur allmälig auf und entfesselt die Wurzeln von dem starr gefrorenen Boden, und in Erde und Baum werden nur langsam flüssig und regsam die nährenden Säfte, aus welchen endlich der Baum sein herrliches Naturkleid webt.

Nun steht der Baum in aller Pracht und Herrlichkeit da, welche um so mehr das Auge entzückt, je größer der Gegensatz zu der früheren Armuth hervortritt. Das Auge wird nicht satt, auf jeden einzelnen Baum zu blicken, um sein reiches bräutliches Kleid zu bewundern. Bei dieser Bewunderung geht freilich etwas Eigennutz nebenher, denn dieser Reichthum ist ja nicht nur Reichthum für den Baum, sondern auch ein hoffnungsvoller Reichthum für den Hausvater und seine Familie.

Dem Meere von Blüten entströmt ein balsamischer Duft, welcher die ganzen Hof- und Hausräume erfüllt. Es zieht mit aller Gewalt dorthin, woher diese Wohlgerüche duften.

Die finsterste Miene muß bei dem Eintritt in den Hausgarten weichen, das kälteste Herz muß bei dem Anblick einer solchen Schönheit warm werden!

Eine vielgestaltige Schönheit entwickelt der Hausgarten vom Frühjahr bis zum Herbst bei unserer Wohnung, vor unsern Augen. Der Genuß dieser Schönheiten steht uns jeden Augenblick zu Gebote, den uns die Geschäfte des Tages übriglassen. Wir dürfen nur einige Schritte thun, und wir stehen im Hausgarten; ja, wir dürfen unsere Blicke aus dem Hofe, aus den Fenstern unserer Wohnung nur hinleiten nach dem Hausgarten, um seine Schönheit zu genießen.

Unsere Felder und Wiesen haben nichts aufzuweisen, was mit dem Hausgarten auch nur im entferntesten in die Schranken treten könnte, auch wenn sie unseren Wohnungen noch so nahe gerückt sind. Der Obstbaum des Hausgartens ist es, welcher nicht nur durch seine Schönheit, sondern auch durch seine Größe einen Eindruck macht, der mit unsern Wohn- und Oekonomiegebäuden in Bezug auf Höhe und Größe wetteifern kann; er ist selbst ein lebendiges Haus mit einem grünen Wetterdache, das er oft über die nahen Gebäude ausbreitet; er bildet so recht eigentlich den natürlichen Uebergang von unsern Wirthschaftsgebäuden zu unsern Fluren; er füllt um unsere Wohnungen eine gewisse Leere aus; der Hausgarten gewährt uns einen Ort wohin wir fliehen können, wenn es uns in der Stube zu enge wird; er ist ein Schmuck unserer Wirthschaftshöfe, mit welchem sie auf weite Fernen hinprangen; kurz, er ist ein nicht leicht zu entbehrendes Stück einer Wirthschaft, einer Familie.

Ein Landwirth ohne Obstgarten und ohne Liebe für die Obstbaumzucht kommt mir wie ein halber Landwirth vor. Die Obstbaumzucht macht ja einen fast nothwendigen, und zwar — kann man sagen — den höhern Theil der Landwirthschaft aus. Zur Erziehung und Behandlung des Obstbaums gehört schon etwas mehr Geschicklichkeit und Kenntniß, aber auch etwas mehr Geduld und Ausdauer. Die Liebe und der Eifer für den Gartenbau wirken aber auch wieder auf einen fleißigeren und besseren Betrieb der Landwirthschaft zurück. So habe ich es immer erfahren. Eifer und Liebe zum Gartenbau können freilich aber nur dann rege werden, wenn man etwas darin zu leisten versteht. Dann kann man aber auch wahre Wunder wirken; man wird dann immer eifriger, da nichts so schön ist und mit so guten Früchten lohnt als der Obstbaum.

Woher kommt aber die große Liebe namentlich zu dem Obstbaum im Hausgarten? Ich glaube nicht zu irren, daß es sein hohes Alter ist, welches er im Hausgarten erreicht. Der Obstbaum wächst so zu sagen mit uns auf, er überlebt mehrere Menschengeschlechter; dabei erreicht er eine stattliche Größe. Wir gehen Jahr aus Jahr ein mit ihm um, haben ihn vielleicht selbst gepflanzt und groß gezogen; er ist immer derselbe Baum, welcher unsere Pflege in Anspruch nahm, der uns aber auch so manche Freude viele Jahre hindurch bereitete. Es kann dann nicht anders kommen, als daß man den Baum als einen alten Bekannten liebgewinnt. Er ist es, der durch alle seine Eigenschaften unsere Hausgärten erst zu dem macht, was sie sind, was sie uns lieb und werth macht. Blumen und Gemüse allein sind nicht im Stande, das zu leisten, was wir von einem Hausgarten verlangen; erst der Obstbaum gibt dem Hausgarten seine Vollendung; aber es dauert auch viele Jahre, ehe der Hausgarten ein vollkommener wird; denn die Bäume wachsen fast langsamer als die Kinder heran und erreichen ihren Zweck im Hausgarten erst nach 15 — 20 Jahren. Das kostet große Geduld, viel Aufsicht und Pflege, und ich glaube, daß gerade hierin ein Grund liegt, weshalb man den Hausgarten so lieb gewinnt.

Es darf aber auch nicht bezweifelt werden, daß die Anlegung eines neuen Hausgartens nicht so viel Mühe und Arbeit kostet, als seine Erhaltung in einem vollkommenen Zustande durch mehrere Jahrhunderte auf demselben Platze; denn den Hausgarten kann man nicht von Zeit zu Zeit auf einen andern Raum verlegen und wechseln wie mit den Früchten auf dem Felde. Daher ist es schwer, ja unmöglich, den Hausgarten ohne besondere Pflege und Bearbeitung des Bodens für alle Zeiten in einem solchen Zustande zu erhalten, daß er in Bezug auf Schönheit, Annehmlichkeit und Nutzen allen Anforderungen entspricht. Ja sogar ein neu anzulegender Hausgarten verlangt oft im Voraus eine mühevolle Bodenbearbeitung und Bodenverbesserung, besonders durch Rajolen, wenn wir unsere Freude an ihm haben wollen. Indeß läßt sich manches Versäumte nachholen, und auch ein verwahrloster alter Hausgarten läßt sich nach und nach wieder so herstellen, daß man an ihm seine Freude haben kann; freilich kostet dieses viel Arbeit und große Geduld.

Es ist nicht zu verwundern, daß ein alter Hausgarten nach und nach immer schlechter werden muß, wenn er vielleicht ein ganzes Jahrhundert sich auf demselben Platze befunden hat und man für ihn fast nichts anderes that, als daß man immer Baum auf Baum setzte. Man hat dann endlich nicht einen einzigen Baum, welcher etwas taugt. Die alten Hausgärten kommen besonders dadurch herab, daß man die Bäume zu dicht setzt, wo sich dann keiner ausbreiten kann, alle mehr trockenes als grünes Holz haben und selten ein Baum ein mannbares Alter und Ansehen erlangt. Der Fehler liegt hier in der Tiefe des Bodens, welcher ganz von Nahrungsstoffen entblößt und mit unendlich viel Baumwurzeln durchfilzt ist. Es ist auch ein Jammer, wenn man die meisten ältern Hausgärten betrachtet. Sie erregen mehr Misfallen, als Vergnügen; sie sind mehr ein wüstes, wildes Gestrüpp und verdienen nicht mehr den Namen Hausgärten. Dennoch kann hier eine verständige Hand Hilfe schaffen und sollte sie schaffen. Ein Hausgarten verdient um seiner selbst wegen alle mögliche Anstrengung zu seiner Rettung und Wiederherstellung in einen besseren Zustand.

Für einen Hausgarten läßt sich in Bezug auf Wartung und Pflege schon etwas mehr thun, da man ihn bei der Hand hat und sehr leicht und bequem jede übrige Zeit darauf verwenden kann. Gewiß wünscht Jeder, daß sein Hausgarten in Bezug auf Annehmlichkeit, Schönheit und Nutzen seinen Wünschen und Hoffnungen entspreche.

Ich will hier nicht von dem Anbau der Gemüse und Blumen sprechen, welche in einem Hausgarten mit Recht ihren Platz finden und zur Verschönerung und Ertragserhöhung desselben viel beitragen; nur der Obstbaum soll eine vorzugsweise Berücksichtigung finden, denn er ist der Hauptgegenstand eines Obstgartens.

Viele begnügen sich blos, einige mit Kies oder Sand bestreute Wege und hier und da eine Laube, einen Sitz anzubringen. So sehr dieses wünschenswerthe Dinge in einem Hausgarten sind, so hat man doch damit bei weitem nicht genug gethan, nicht für die Hauptsache Sorge getragen. Diese ist, kräftige, gesunde, starke, dauerhafte, fruchtbare Obstbäume zu ziehen und in eine zweck- und regelmäßige Anordnung und Vertheilung zu bringen.

Wenn nicht gleich bei Anlegung des Hausgartens eine gewisse Ordnung in den Baumreihen eingeführt, wenn diese später durch eine sorglose Pflege des Gartens gestört worden ist, so muß man trachten, nach und nach die Ordnung wieder herzustellen, und zwar nach einem schon im Voraus entworfenen festen Plane. Auch wird nicht jede Obstart zufrieden sein, wohin man sie setzt, wenn der Hausgarten zu große Verschiedenheiten in Boden und Lage darbietet.

Es wird in dieser Hinsicht sehr rathsam sein, sich mit einem erfahrenen Gärtner in Einverständniß zu setzen oder sich ein Buch über Gartenbau anzuschaffen. Die wenigen Auslagen dafür wird Niemand bereuen; wohl wird aber die Reue zu spät kommen, wenn man seinen Hausgarten ohne verständige Einsicht, ohne guten Rath behandelt.

Ich kann nicht von dem Hausgarten Abschied nehmen, ohne noch eines sehr wichtigen Umstandes zu gedenken.

Wo ein Hausgarten ist, da gibt es auch bald eine Einquartirung, welche viel angenehmer und nützlicher ist als eine Soldateneinquartirung. Der Baum mit seiner hoch gegen den Himmel strebenden und sich weit ausbreitenden Krone, mit seinem von Hunderten von Aesten und Zweigen gebildeten Laubdache, ist so recht eine Wohnung und ein Absteigequartir, ein Einkehrhaus für die befiederten Bewohner der Luft, in welchem sie sich längere oder kürzere Zeit, einige auch für immer aufhalten. Manche besuchen uns zwar nur bei ihrer Durchreise nach den fremden Ländern auf einen oder mehrere Tage, sie bringen zwar nichts, nehmen aber viel mit, was wir nicht nur nicht brauchen können, sondern was unsern Bäumen sogar schädlich ist; deshalb möchten wir sie gern noch einige Tage länger im Garten haben; aber sie haben Eile, und wir müssen sie ziehen lassen, wenn sie Rasttag gehalten und sich durch Nahrung gestärkt haben. Viel willkommener sind jene Vögel, welche im zeitigen Frühjahr unsere Hausgärten besuchen und, wenn es ihnen daselbst gefällt, auch bis in den Herbst hinein bleiben

Von Rechtswegen gehört dem Vogel dieses luftige Blätterhaus so gut wie uns der Garten. Der liebe Gott hat ihm die Anweisung darauf gegeben. Auf dem Baume pflegen die Vögel ihre Liebe; hier halten sie ihr Wochenbett; hier haben sie die Wiege ihrer Kinder; hier führen sie diese aus; hier stimmen sie ihre musikalischen Concerte an; hier belustigen sie sich; hier finden sie ihren Tisch, ihr Ruhebett; hierher flüchten sie sich, wenn ihnen unten auf der Erde Verfolgung droht. Der Baum ist ihr liebster Aufenthalt.

Mit der Anlegung und Unterhaltung eines Hausgartens ziehen wir die Vögel als sehr liebe, treue, angenehme und nützliche Gäste in die Nähe unserer Wohnung. Gewiß gewähren sie uns sehr viel Freude, wenn wir nur ein Auge und Ohr für sie haben!

Ohne Vögel wäre eine unheimliche Todesstille in unserm Hausgarten; mit der Einkehr der Vögel erhält er erst ein reges Leben, und dieses Leben wird zu einem sehr geschäftigen und sogar zu einem sehr lauten, musikalischen. Mit jedem Schritte begegnet uns ein anderer Vogel und schaut uns so freundlich an mit seinen holden Aeuglein, wenn er sich auch etwas mistrauisch gegen uns zeigt. Wir setzen uns auf eine Bank, und der Vogel wird zutraulicher; er kommt uns immer näher und präsentirt sich uns in seinem schönen Kleide und in seinen anziehenden Manieren; er gibt uns viel zu bewundern und zu denken; er begrüßt uns schon aus der Ferne mit seinem Liede und unterhält uns damit im Garten von dem ersten besten Baume herab.

Indem der Hausgarten mit seinen Obstbäumen sehr viele Vögel anzieht, hat dieses für den Gärtner und Landwirth einen großen Vortheil. Die Vögel warten nicht erst auf die aufgehende Sonne, um sich für ihren Gesang zu begeistern; nein, sie lassen ihre Stimmen schon hören, wenn kaum eine Spur von Dämmerung beginnt. Der Hausvater mag seinen Garten noch so zeitig besuchen, das Concert der Vögel hat in demselben jedesmal schon lange begonnen. Die lieben Vögel müssen etwas wissen von dem Sprüchwort: „Morgenstunde hat Gold im Munde." Der fleißige Hausvater horcht deshalb auch auf die weckenden Stimmen der Vögel am frühen Morgen und sein Ohr ist dafür sehr empfindlich. Es zieht ihn mit Gewalt aus seinem Bette, und er kommt sicher nicht zu spät zur Arbeit, wenn der Frühgesang der Vögel bis zu den Schlafstätten Aller in seinem Hause weckend dringt.

Wer einen Hausgarten besitzt, muß wünschen, daß jeder Baum in demselben von einem Vogelpaar zur Wohnung erkoren werde. Je bunter und lebendiger ein Garten, desto lieber hat man denselben. Die lieben Vögel zahlen für ihre Wohnung einen sehr annehmbaren Miethzins; derselbe ist so verlockend, daß wir trachten sollten, sehr viele Wohnpartien zu erhalten. Es ist freilich kein baares Geld, das wir dafür erhalten, dennoch ist es besser als baares Geld; es ist über allen Preis erhaben, was uns die Vögel bringen. Oder sind wohl jene Concerte, mit welchen sie unsern Hausgarten verherrlichen, mit Geld zu erkaufen? Doch die Vögel leisten uns noch weit mehr; sie machen uns nicht nur Vergnügen durch ihren Gesang, sondern sie verrichten für uns auch sehr nützliche Arbeiten. Kaum haben sie ihr Morgenconcert beendigt, so gehen sie an eine Arbeit, durch welche sie uns Dienste erweisen, die wir selbst nicht in dem Grade zu leisten im Stande sind wie sie. Indem sie den Tag über ihre Nahrung suchen, durchstöbern sie alle Bäume unsers Hausgartens von oben bis unten und von allen Seiten. Mit ihren scharfen Augen sehen sie in das kleinste Ritzchen und durchspähen und verzehren Alles, was die Schönheit und Gesundheit unserer Obstbäume beeinträchtigen könnte. Sie verzehren täglich Tausende von Raupen, Spinnen, Käfern und verschiedenem anderen Ungeziefer und deren Eier und Larven; sie machen sich sogar über die Blattläuse her und reinigen die Blätter von denselben. Vom zeitigen Frühjahr an sind sie mit diesen Arbeiten beschäftigt: der Finke, die Grasmücke, der Stieglitz, das Rothschwänzchen, das Schwarzplättchen, der Fliegenschnapper, das Sprechmeisterchen, der Staar u. s. w.; im Herbst kommen dazu das Rothkehlchen, die Meise, der Zaunkönig. Bei allen unsern mühsamen Bestrebungen würden wir ohne Hilfe der Vögel unsere Hausgärten vor Ungeziefer kaum retten können; wir würden so manche reiche Obsternte verlieren.

Um die lieben Vögel in unsere Hausgärten zu ziehen und diese für jene so wohnlich als möglich zu machen, dazu können wir sehr viel beitragen. Die Vögel lieben und suchen etwas niedriges, dichtes Gestrüpp; sie sind der Erde auch gern näher, um so Manches für ihre Nahrung aufzusuchen; sie nisten lieber auf niedrigem Gesträuch als auf hohen Bäumen, welche gewöhnlich zu licht und dem Sturme zu sehr ausgesetzt sind. Deshalb sollten wir hier und da im Garten für die Vögel ein niedriges Dickicht von Stachel- und Johannisbeeren, Flieder u. s. w. anlegen. Solche dichte Gruppen zieren den Garten und sind zugleich nützlich. Wir können auf den Bäumen sogar Brutkästen für die Vögel errichten, wie man sie in der neuern Zeit vorgeschlagen hat. Ueberhaupt sollen wir den Vögeln alle Schonung und Bequemlichkeit zu theil werden lassen, aber auch Alles zu entfernen suchen, was sie verscheuchen oder ihnen gefährlich werden könnte. Es ist um so nothwendiger, daß wir im Schutze der Vögel für unsere Hausgärten desto mehr Eifer zeigen, je mehr die Zahl der Vögel im Abnehmen ist und je wahrscheinlicher wir das so sehr umsichgreifende Auftreten des unsern Obstbäumen so schädlichen Ungeziefers dieser Abnahme der Vögel zuzuschreiben haben.

Der Obstbaum als Gegenstand ländlicher Verschönerung.

Der Waldbaum und der Obstbaum sehen aus wie Brüder in dem großen Pflanzenreiche; aber sie sind doch, näher betrachtet, nur Stiefbrüder. Auch wird man mir recht geben, wenn ich behaupte, daß der Obstbaum einen gewissen Adel besitzt, der Waldbaum aber noch ein ursprünglich wildes Kind der Natur ist. Gewiß ist es auch, daß man den Obstbaum weit lieber in seiner nähern Gesellschaft hat als den Waldbaum. Möchte ich jenen recht bald auf Eure Fluren hinzaubern können, denn viele derselben, obschon fruchtbar, sind doch so leer und kahl, so einförmig und langweilig, daß es sich schon der Mühe lohnt, sie in ein schöneres Kleid zu hüllen. Das schönste Kleid aber verleiht einer Gegend nur der Obstbaum.

Man durchwandere den Wald und betrachte alle seine Bäume; man wird dort unter dem ganzen Heere von Waldbäumen keinen Baum finden, welcher an Schönheit mit dem Obstbaum wetteifern kann, wenn letzterer entweder seine Blütezeit feiert oder mit goldenen Früchten prangt.

Wer stand nicht schon versunken vor Staunen und Verwunderung, wenn er seine Blicke auf dem großen Blütenmeere eines Obstbaumes ruhen ließ! Wer wurde nicht trunken vor Wonne und Entzücken, wenn er in vollen Zügen den Blütenduft des Obstbaumes einathmete!

Vor tausend kleineren blühenden Pflanzen im Garten, auf dem Felde, auf der Wiese, auf der Ebene und Anhöhe geht man vorüber, ohne daß man sie seiner Aufmerksamkeit würdigt. Sie sind zu gewöhnlich, zu alltäglich; sie sind für das Auge zu klein, zu unbedeutend. Vielleicht sieht man sogar mit einem gewissen Misfallen auf so manches schöne Blümlein, weil es für den Garten, das Feld, die Wiese ein unliebsames Unkraut ist. Plötzlich aber steht man vor einem hohen, umfangreichen, blühenden Obstbaume; alle bisher zerstreuten, einander kreuzenden Gedanken vereinigen sich auf diesen einen Gegenstand; das bisher kalte Herz wird warm; das Antlitz schwimmt in Freude, das Auge ist gefesselt von dem Zauber so reicher und schöner Blüte. Wie fest gebannt bleibt man stehen. Man fühlt eine heilige Stimmung, steht wie vor einem geweihten Altare, auf welchen man die Opfer der Bewunderung, der Ehrfurcht, der Liebe, der Dankbarkeit, des Preises niederlegt; man wird ganz Anbetung. Das reiche, in den Lüften schwebende Blütenmeer zieht die Blicke empor von der Erde und zieht sie vollends weiter zu den Höhen des Himmels empor, zur Quelle aller dieser Herrlichkeit.

Weshalb ist der Frühling so schön, und was hebt seine Schönheit ganz besonders? Der Frühling ist so schön in seinem Blütenkranze, in dem er sich uns darstellt. In der Blüte entfaltet die Pflanze ihre größte Schönheit, mit welcher nicht leicht eine andere auf der Erde wetteifern kann. Daher nimmt auch so oft die Kunst die Bäume zum Gegenstande ihrer Meisterschaft und übt sich in der naturgetreuen Nachahmung derselben, um Stoffe und Geräthe, Bilder und Wände u. s. w. damit zu zieren. Darum wird der Blume die Ehre zuerkannt, unsere Feste zu schmücken; darum wurde der Blumenstrauß erkoren, die Sprache der Liebe und Freundschaft zu führen.

Aber keine andere Pflanze überrascht uns im Frühjahr so zeitig und mit so vielen Blüten als der Obstbaum. Wenn die meisten Pflanzen noch nicht wagen, ihre Kelche zu öffnen, weil ihre Zeit entweder noch nicht gekommen ist oder die noch etwas rauhen Lüfte des ersten Frühlings für sie noch zu empfindlich sind, ist es der Obstbaum, welcher uns die Erstlinge der Blüten bringt und sie über unsere Häupter schweben läßt, gleich Silberwolken. Wer vermag sie zu zählen die vielen einzelnen Blütenkelche eines einzigen Obstbaumes an seinen zahlreichen, langgestreckten, vielverzweigten Aesten von der Nähe der Erde an bis hinauf zu seinem himmelanstrebenden Wipfel? Es ist als hätten sich auf einem blühenden Obstbaum alle Sterne des Himmels dicht an- und übereinander gedrängt. Der Obstbaum ist durch und durch Blüte. Ein dicht gewebter Schleier von Blüten überdeckt die ganze graue Blöße seiner Glieder. Es ist dies das erste, aber auch zugleich das schönste und feierlichste Kleid, welches der Obstbaum gleich nach seinem Erwachen aus dem winterlichen Schlummerbette anlegt; jede Blüte ist ein wach gewordenes, offenes Auge, welches, selbst eine kleine Sonne, mit dem großen Sonnenauge am Himmel liebäugelt.

Welche hohe Bedeutung das Blühen der Pflanze, in welchem sie ihren Höhepunkt erreicht, für uns hat, das beweisen wir dadurch, daß wir davon einen poetischen Ausdruck entlehnen zur Bezeichnung jeder andern Vorzüglichkeit im menschlichen Leben, sei es in Bezug auf einzelne Menschen oder ganze Völker, auf Gewerbe, Künste und Wissenschaften. Wenn Alles wohl steht und geht, so sagen wir, es blühe. So haben wir eine blühende Gesundheit, ein blühendes Antlitz, eine blühende Jungfrau, eine Blüte der Jahre, der Künste, der Wissenschaften, der Gewerbe, des Handels, der Schiffahrt; wir haben ein blühendes Zeitalter, ein blühendes Volk u. s. w. Diese Verwendung des Wortes „Blühen" zeigt offen genug, welche Wirkung das wirkliche Blühen der Pflanze auf das Auge des Naturfreundes macht, und gewiß ist es unter den blühenden Pflanzen in unserer Zone der Obstbaum vorzugsweise, welcher uns durch seine Blüten immer mit höchstem Zauber fesselt.

Wenn die meisten Pflanzen ihre Häupter nur wenig über die graue Erde erheben und die Mutter Erde fast unmittelbar mit ihrer Blumenkrone schmücken, so daß das Auge bei der Bewunderung dieser zarten kleinen Kinder des Pflanzenreichs sich zur Erde herabsenken muß, hebt der Obstbaum als Pflanzenriese sein blühendes Haupt hoch über die Erde in die helle, klare Luft empor und zieht mit sich auch unser Auge nach der Höhe, nach dem Himmel; so ist er als Blütenmeer nicht nur schön, sondern auch erhaben; er vereinigt mit dem Gefühle des Schönen auch jenes des Erhabenen in uns.

Die Blütentage des Obstbaumes sind aber auch seine bräutlichen und hochzeitlichen Tage, welche er in höchster und, man könnte sagen, in verschwenderischer Fülle feiert. Es hat den Anschein, als wenn das Blühen und nur das Blühen allein sein Zweck sei. Der Obstbaum ladet zu diesen feierlichen Tagen die summende Biene ein, für welche ein reicher Tisch gedeckt ist; er ladet ein das fröhliche Chor der gefiederten Sänger, um diese feierlichen Tage durch ihre melodienreichen Concerte zu verherrlichen; er ladet ein den sinnigen, denkenden Menschen zum geistigen Genuß, und wir dürfen uns nicht wundern, wenn ein Naturfreund bei Betrachtung der Pracht eines Obstbaumes ausrief: „Wenn ich nicht ein Mensch wäre, wollte ich ein Baum sein!"

Es sind ganz eigene, wonnige Gefühle, wenn man an einem stillen, heiteren, sonnenfreundlichen Tage durch ein Blütenmeer von Obstbäumen seine Wanderung macht. Es ist als wenn eine unsichtbare Macht unsere Schritte anhielte; immer wieder wird man von der noch höheren Pracht dieses oder jenes blühenden Baumes genöthigt still zu stehen. Man kann nicht entscheiden, was mehr glänzt, ob die goldne Sonne am Himmel oder der Blütenschmelz am Baume. Fast scheint zu erblassen das sonst so blendende Licht der Sonne vor dem Glanze der Blüten. Das Heer der Sterne erblaßt und flieht, wenn der Sonne Majestät am hohen Himmel erscheint; aber der Blütenglanz wird im Angesicht der Sonne nur noch herrlicher und strahlender; die Strahlen des Sonnenlichtes müssen sich alle sammeln auf der dichten Blütendecke des Obstbaums; kein einziger kann sich durch irgend eine Lücke durchstehlen; alle müssen zur Entfaltung der höheren Pracht der Blüte dienen; darum ist auch der Schatten unter dem Blütenzelte ein so magischer. Es ist als wenn des Himmels Freude und Schönheit zur Erde sich herabgeneigt hätte, um dem Menschen das himmlische Paradies vor seine irdischen Augen hinzuzaubern.

Stehen wir unter dem Blütenzelte eines Obstbaumes still oder lassen wir uns zur größern Bequemlichkeit des Genusses auf einen Rasensitz nieder, so werden wir von der Fülle des Blütenduftes berauscht und in dem feenhaften Dunkel eines weit ausgespannten Blütenzeltes durch das sanfte Summen der zahlreichen, von Blüte zu Blüte emsig eilenden Bienen in sanften Schlummer eingewiegt, in welchem wir mit den Blüten süße Träume träumen.

Wenn auch diese festlichen Tage des blühenden Obstbaumes mit einer dem Anschein nach verschwenderischen Pracht ausgestattet sind, so daß sogar die Entfaltung dieser Pracht als Hauptzweck erscheinen könnte, so ist dem doch nicht so, denn diese Tage des Glanzes sind es eben, wo in aller Stille und unbemerkt die wunderbarsten Geheimnisse gefeiert werden. Zahllose Keime empfangen ihre eheliche Befruchtung und werden zum Leben erweckt. Diesen wunderbaren Geheimnissen gilt die ganze verschwenderische Pracht.

Darum dauern diese bräutlichen und hochzeitlichen Tage des Obstbaumes in ihrer Pracht und Herrlichkeit nur kurze Zeit. Sanfte Winde eilen als dienstbare Geister herbei, um bei Ablegung des Feierkleides behilflich zu sein. Wie ein glänzend weißer Schnee wird Stück für Stück der Blüte zur Erde herabgetragen, um diese noch mit den letzten Blütenresten zu schmücken. Der Obstbaum zieht nun sein Wochen- und Werktagkleid an, wenn man es so nennen darf, denn es ist bei aller seiner Einfachheit und bei seiner Einfarbigkeit doch noch ein überaus reizendes Kleid zu nennen; es ist das grüne Blättergewand.

Blau und Grün sind zwar zwei Farben, welche am wohlthuendsten auf das Auge wirken, sie sind aber auch die häufigsten und verbreitetsten. Blau ist das ganze hoch über der Erde ausgespannte Himmelszelt, sei es am Tage, wenn die Königin des Himmels, die glänzende Sonne, mit größter Pracht unter demselben einherschreitet, oder in der dunkeln Nacht, wenn der silberne Mond in Begleitung eines Heeres von Sternen seinen Hofstaat aufschlägt. Grün ist das Kleid der Kinder der Pflanzenwelt, und in dieses ihr Kleid hüllen sie auch ihre Mutter, die Erde, und unter allen Pflanzen prangt wieder der Obstbaum, der Riese der Pflanzenwelt, mit dem weitesten grünen Kleide und erhebt sich mit demselben hoch in die Luft empor, um zum Theil auch diese mit seinem grünen Kleide zu schmücken oder seine grünen Arme nach der andern Lieblingsfarbe, nach dem Blau des Himmels, freundschaftlichst auszustrecken.

Grün ist aber auch die Farbe der Hoffnung. Mit der Hoffnung künftiger reicher Frucht geht der Obstbaum nach seinen bräutlichen, hochzeitlichen Tagen schwanger, und er hat nun vollauf zu thun, die befruchteten Embryonen heranzuziehen zu süßen, malerischen Früchten. Dazu sind thätig Wurzeln und Blätter durch Einsaugung von Nahrung aus der Erde und aus dem Luftmeere. Dazu braucht der Baum Wärme und Luft; dafür arbeitet der Obstbaum monatelang, bis endlich die Tage kommen, die glücklichen und gesegneten, wo er auf seinen vielen Armen unzählige lachende, rothbäckige Kinder wiegt, bestimmt zu Geschenken für die Menschen.

Nun steht aber der Obstbaum nicht mehr im einfachen grünen Farbenkleide der Hoffnung vor uns da; seine und unsere Hoffnung ist erfüllt; er feiert die festlichen Tage des Wochenbettes; es sind die Tage der Freude; darum trägt er ein buntes Gewand mit allerlei Farben durchwebt. Er ladet uns ein, uns mit den Erstlingen seiner reifen Früchte zu erfreuen und zu erquicken. Zuerst hat das Auge das Vorrecht, die malerische Frucht zu bewundern; der Geruch labt sich an dem lieblichen Dufte; dann erst wagt es die Zunge, das aromatische, saftige Fleisch zu kosten. Die Zweige des Baumes senken sich unter der Last der herrlichen Früchte immer tiefer herab, und es scheint als wolle der Obstbaum seine süßen Früchte dem Menschen freundlichst entgegenbringen.

Es ist wieder der Obstbaum, mit welchem keine andere Pflanze wetteifern kann in der Schönheit, Güte, Verschiedenartigkeit und Menge der Früchte, und mit diesen seinen Früchten, welche er auf einer hoch erhabenen Krone trägt, zieht er das Auge aus weiter Ferne auf sich.

Es ist schwer zu entscheiden, wann der Obstbaum ein schöneres Kleid trägt, ob in den feierlichen Braut- und Hochzeitstagen, in den Tagen der Blütenpracht, oder in den Tagen, wo er das grünliche, mit den bunten Farben der Früchte durchwirkte Kleid trägt. Während der Blüte hebt man sein Auge empor zu dem Baume, und vor Verwunderung trunken ob solcher Blütenfülle, preist man Den, der so wunderbare Schönheit erschaffen, und in den Tagen, wo der Obstbaum mit seiner süßen, malerischen Bürde sich zu uns herabneigt und uns seine freundlich lachenden Kinder als köstliche Geschenke darbringt, erhebt sich unser dankerfülltes Herz zum Geber alles Guten.

Welch frohes, reges Leben verdanken wir nicht dem Obstbaume bei der Ernte seiner Früchte! Hier ist Arbeit mit Genuß zugleich verbunden, Genuß, wenn man eine schöne Frucht dem Auge näher bringt, um sie von allen Seiten mit Verwunderung zu betrachten und in Lobeserhebungen nicht müde werden kann; Genuß, wenn man die schönste und beste Frucht auswählen kann, um die Zunge mit ihrem würzigen, saftigen Fleische zu erquicken. Und wenn dann in hohen, langgestreckten Haufen die Obstsorten, jede für sich abgesondert, unter den Bäumen angesammelt liegen, um sie noch einige Zeit dem wohlthätigen Einfluß von Licht und Luft zu überlassen, ist dieses nicht eine Ausstellung des Schönsten, was man erntet? Ist es nicht eine wahre Augenweide für jeden Vorüberwandernden?

Aus weiter Ferne schon wirken die aufgehäuften goldenen Schätze auf das Auge und locken es mit ihrer Farbenpracht unwiderstehlich an;

Doch endlich nöthigt die herannahende Kälte des rauhen Spätherbstes, die unter den Bäumen aufgehäuften Schätze unter die sichere Verwahrung des schützenden Daches zu bringen, nachdem wohl ein Theil schon eine Wanderung nach fernen Gegenden angetreten hat. Wie sorgfältig wird zu dieser weiten Reise jedes Stück besonders in Papier eingehüllt, damit seine Schönheit ja nicht leide!

So werden die Früchte des Obstbaumes der Stolz und die Zierde der Tafel, der Schmuck der Zimmer, eine Augenweide für Jung und Alt; das Kindlein auf dem Arme der Mutter erblickt dort auf der Kommode den malerischen Apfel und streckt seine Händchen verlangend nach demselben aus!

Es gibt in unsern Tagen so manche Ausstellungen von Natur- und Kunsterzeugnissen. Der Beschauer findet hier das Beste und Schönste beisammen. Wir fragen aber: Hat wohl irgend eine Ausstellung einen solchen Reiz, wie die Ausstellung der mannigfachsten Obstarten und Obstsorten? Beschreiben läßt sich der Ausdruck nicht, wo die Schönheit in Tausenden verschiedener Gestalten auf unsere Augen gleichsam Sturm läuft. So hat der Obstbaum als Pflanze nicht nur eine landesverschönende Macht, sondern er besitzt auch in seiner Frucht einen gewiß prachtvollen Schmuck für das Zimmer.

Es ist fürwahr für den Obstbaum eine eigenthümliche Auszeichnung, welche ihm die Mutter Natur vor allen andern Kindern des Pflanzenreichs zu Theil werden ließ. Fast alle übrigen Pflanzen haben in ihrer Blüte den Höhepunkt erreicht; in dieser entwickeln sie ihre höchste Schönheit. Ihre aus der Blüte erzeugten Samen mögen in vieler Hinsicht noch so nützlich sein, auf Schönheit machen sie keinen Anspruch weder in Hinsicht ihrer Farbe noch in Hinsicht ihrer Gestalt. Vom Obstbaume allein kann man mit Recht sagen, daß er zwei Höhepunkte im Jahre habe, den einen zur Zeit seiner Blüte, den andern zur Zeit der Reife seiner Früchte. In Bezug auf Schönheit können beide, Blüte und Frucht, mit einander wetteifern. Die Frucht hat aber als Zugabe noch ihre Güte und längere Haltbarkeit. Und wenn der Baum im Winter aller seiner Zierde entkleidet ist und der kalte Nord zwischen seinen kahlen Aesten heult, dann erfreuen wir uns noch an seinen Früchten, welche unsere Tafeln schmücken.

Besonders ist es eine gar heilige und festliche Zeit, welche fast mitten in unsern strengen Winter hineinfällt, welche ohne Obst nicht leicht gefeiert werden kann und durch Obst besonders für Kinder einen erhöhten Reiz erhält. Wer wird nicht gleich errathen, daß wir damit das heilige Christfest und besonders den heiligen Christabend meinen? Das einst an diesem Abend geborene Jesuskind brachte uns die schönsten und herrlichsten geistigen Früchte vom Himmel herab, welche wohl durch die auf der Tafel prangenden Früchte des Obstbaums an diesem Abend sinnbildlich dargestellt werden; darum kein heiliger Christabend ohne Frucht des Obstbaumes auch in der ärmsten Hütte; darum hat die sorgfältige Hausmutter jedes Jahr auch bei beklagtem Mangel an Obst doch einige Stücken für diesen heiligen Abend aufgespart; daher auch die Sitte des Christbaums, welcher an diesem heiligen Feste in keinem Hause fehlen darf. Wenn der Obstbaum in dieser Jahreszeit zu dem Christbaum keine grünen Zweige liefern kann, so liefert er uns doch die schönen Früchte dazu, welche zu tragen der immergrüne Waldbaum als erwählter Stellvertreter ehrenvoll betraut wird.

Doch wir müssen den Obstbaum noch in seinem letzten Gewande bewundern, welches er kurz vor seiner winterlichen Ruhe auf einige Tage anlegt. Kaum hat der Obstbaum mit reichlicher Freigebigkeit uns seine goldenen Früchte gespendet, so wechselt er auf einmal sein Gewand. Dieser Wechsel ist der letzte im Jahre. Fast wie durch Zauber ist das einfache grüne Gewand in ein buntes mit den reizendsten Farben verwandelt. Kein Künstler vermag diese Prachtfarben in allen ihren Schattirungen nachzuahmen. Es ist als wenn jedes Blatt zur Blüte würde. Wenn im nebeligen, frostigen Spätherbst keine Blume mehr die Erde schmückt und das Auge erquickt, so ist es der Obstbaum, welcher mit seinen bunten Blättern noch die ganze Gegend zauberhaft verschönert. Es scheint, als wenn sich das liebliche Abendroth vom Himmel niedersenkt und über die Erde ergossen hat. Es ist aber auch der wirkliche Abend für den Obstbaum herangenaht, wo er zur Ruhe geht und allen seinen Schmuck ablegt; aber kurz vorher gleicht er dem Hausvater, welcher es sich vor dem Schlafengehen noch einige Augenblicke recht gemächlich macht, indem er sich in den bunt geblümten Schlafrock wirft und, in wahrhaft orientalischen Glanz gehüllt, eine Vorruhe auf dem weichen Sopha genießt.

So ist denn unter den Kindern der Pflanzenwelt der Obstbaum der erste, welcher mit seiner überreichen Blütenpracht den holden Frühling einführt, und er ist der letzte, welcher der Mutter Erde ihren Schmuck verleiht.

Obgleich der Obstbaum zu den Riesen unter den Pflanzen gehört, so ist er doch willig genug, dem Messer des Gärtners zu folgen und die verschiedensten Gestalten anzunehmen. Bald steht er da als riesiger Hochstamm im freien Felde, in Alleen, in ausgedehnten Hausgärten; bald steht er wieder zwischen Blumen und Küchengewächsen als niedlicher, zierlicher Strauch in Pyramiden-, Busch-, Kessel-, Becher- oder Fächerform, um andern Gewächsen mehr Raum, Luft und Licht zu gönnen; bald läßt er seine Arme an einer Mauer ausbreiten und anheften, um sie durch den ganzen Sommer mit seinen Blättern, Blüten und Früchten zu schmücken; ja, er verschmäht es sogar nicht, in einem Blumentopf zu vegetiren, zu blühen wie eine Blume und sogar die schönsten Früchte zu tragen. Das ganze Bäumchen kann man, wie die Blumen, zwischen den Fenstern pflegen und, wenn seine Früchte reif sind, auf die Tafel stellen als wahren Schmuck; man kann sogar beim Mahle die Früchte vom Baume pflücken.

Vielen ist es wohl nur darum zu thun, recht fruchtbare Aecker und Wiesen zu haben, aber nebenbei sollte auch die Gegend verschönert werden. Diese Verschönerung hat aber vornehmlich durch die Obstbaumzucht zu geschehen; diese ist dafür das geeignetste Mittel. Es ist durchaus nicht zu leugnen, daß eine Gegend viel schöner ist, wenn sich nach jeder Richtung hin dem Auge viel Obstbäume zeigen. Wenn der Landwirth in der Verbesserung immer vorwärts schreiten soll, so gehört zu dieser Verbesserung auch die Verschönerung, und die Verschönerung hat einen ungemein großen Einfluß auf das Wohlbefinden des Menschen. Die meisten und schönsten Freuden genießt der Mensch durch das Auge, und einen überaus wohlthuenden Einfluß auf das Auge und durch dieses auf das Gemüth macht eine schöne Gegend.

Die Verschönerung einer Gegend durch den Obstbaum ist aber zugleich die nützlichste und einträglichste, wie ich in dem folgenden Abschnitt des Nähern darlegen werde.

Die materiellen Vortheile des Obstbaums.

Der Obstbaum ist von der Mutter Natur unter allen übrigen Kindern derselben vorzugsweise reich begabt worden, und diese Auszeichnung von Seiten der Natur opfert er ganz zu unserem Vergnügen und Nutzen. Wir dürften nicht leicht ein anderes Naturkind finden, welches das Schöne und Nützliche in so engem und reichem Bunde mit einander vereinigt als der Obstbaum, daher wir ihm auch nach des alten Dichters ebenso schönem als wahrem Ausspruche den ersten Preis darbieten.

Als des Obstbaums nächster Verwandter, der Waldbaum, im harten Kampfe mit den Menschen das niedrige, fruchtbare Land verlassen und sich auf die höhern kalten und steilen Gebirge flüchten mußte, da kam der edle Obstbaum als treuer Begleiter des Menschen in die Ebenen, um diese sammt ihren niedrigen Hügeln als Stellvertreter des

Waldbaumes zu segnen und zu schmücken, und zwar beides noch in höherem Grade, als dieses der Waldbaum zu thun im Stande war. Und wenn der Obstbaum seine Krone hoch nach oben und weit nach den Seiten hin streben läßt, so benutzt er zu dieser Ausbreitung doch nur die höhere Region der Atmosphäre und gönnt neidlos Hunderten anderer nützlicher Pflanzen ihren nothwendigen Raum neben und unter seinen Fittigen, während der Waldbaum nicht leicht Verträglichkeit kennt und selbstsüchtig allen Boden für sich in Anspruch nimmt. Darum sei der Obstbaum herzlich gegrüßt und willkommen auf unsern Fluren, um unsere Städte und Dörfer, um unsere Wohnungen!

Wir haben bereits des Obstbaums hohe Schönheit und seine landesverschönernde Macht gepriesen; es geziemt sich nun aber, daß wir auch seine Segnungen näher betrachten, mit welchen sein reiches Füllhorn uns überschüttet, indem der Schönheit Preis um so höher steigt, je segnender sie zugleich auftritt.

So groß und zahlreich sind die materiellen Vortheile, welche der Obstbaum theils unmittelbar, theils mittelbar spendet, daß wir kaum im Stande sein werden, sie alle aufzuführen, geschweige denn sie allseitig gebührend zu würdigen.

Obenan steht die Frucht des Obstbaumes als sein höchster Nutzen, welchen mit ihm nicht leicht eine andere Pflanze theilen dürfte. Wenn der Waldbaum und viele andere Pflanzen in und mit ihren erzeugten Früchten ganz selbstsüchtig nur für ihre Fortpflanzung sorgen, so tritt in dieser Hinsicht der Obstbaum als ein Bild der uneigennützigsten Wohlthätigkeit auf, indem er die Mittel seiner Fortpflanzung, die Samenkörner, wie als Nebensache verschwinden läßt dadurch, daß er sie mit einer hohen Schicht des saftigsten und wohlschmeckendsten Fleisches umgibt, dessen Beschaffenheit uns keinen Zweifel übrig läßt, daß es einzig und allein zur Ernährung und Erquickung des Menschen bestimmt ist. Und welche schwere Last davon bürdet der Obstbaum sich oft auf, so daß seine vollen Aeste von der Schwere bis zur Erde gezogen werden und nicht selten zusammenbrechen, da er doch die Sache, für seinen Bestand nur sorgend, sich sehr erleichtern könnte, wenn er nicht zugleich auch für uns Sorge trüge? Indem er seine reichen Arme uns entgegenstreckt, ist es als hörten wir ihn sprechen: Da nehmet Euch alle saftigen Früchte hin und erquicket Euch damit, nur gönnet mir die im Innern niedergelegten kleinen Samenkörnlein, die Keime einer neuen Nachkommenschaft! Sammelt sie fleißig! Sie sind zwar nicht für den Mund, sondern für den Schoß der Erde; vertrauet sie ihm an und pfleget sie, und sie werden über kurz oder lang dankbar es lohnen mit reichen Früchten!

Wer vermag zu zählen die vielen Hunderte, ja Tausende von Abarten jeder Obstart, von denen jede eine andere Beschaffenheit besitzt, um in verschwenderischer Mannigfaltigkeit eines jeden Einzelnen besonderem Geschmack Genüge zu leisten! Es gibt keine Jahreszeit, die nicht ihre bestimmten Früchte in größter Auswahl aufzuweisen hätte. Sehr viele Obstsorten reifen vom frühen Sommer an bis in den späten Herbst hinein am Baume selbst und können von ihm herab den kürzesten Weg zum Munde nehmen. Eine andere große Anzahl von Obstsorten muß lange vor ihrer Reife vom Baume in unsere schützenden Wohnungen flüchten, weil der harte Winter mit seinem zerstörenden Froste vor der Thüre steht. Und gerade diese Obstsorten sind die beliebtesten, weil sie die am längsten dauernden sind und nur nach und nach unter dem Schutze unserer Gemächer zur Reife gelangen; sie sind der Reichthum und die Freude der langen Winterabende, welche sie angenehm verkürzen helfen; auf sie blickt der Kranke mit freudigem Auge als eine Erquickung für seine trockne Zunge; mit ihnen spielt das muntere Kind seine schönsten Spiele, denen nur der lüsterne Magen ein Ende macht; ein Apfel trocknet seine Thränen, beendet sein Weinen und zaubert auf sein Angesicht ein heiteres Lächeln. Ich kenne eine Gegend, wo der borsdorfer Apfel so in Ehren steht, daß jeder neu angekommene Weltbürger, ehe er die erste Nahrung von der Mutterbrust erhält, geriebenes Mark von dem gedachten Apfel kosten muß. Und damit es nie an Obst fehle, dafür weiß die kluge Hausfrau zu sorgen, indem sie mit haushälterischer Sparsamkeit der Familie von dem gesammelten Vorrathe zutheilt, damit sie ausreiche bis zu jener ersehnten Zeit, wo der Obstbaum wieder von Neuem seinen Segen spendet. Doch die Kunst des Menschen weiß auch die Gaben des Obstbaumes theils zu sofortigen, theils zu jahrelang dauernden Leckerbissen auf das vortheilhafteste umzuwandeln, so daß die edle Frucht noch eine höhere Veredelung erhält und als Würze und Zierde dient. So bietet denn der Obstbaum das ganze Jahr hindurch seine Frucht dem Reichen wie dem Armen, dem Gesunden wie dem Kranken, dem Erwachsenen wie dem Kinde als eine beliebte Gabe dar. Wo ist irgend eine Pflanze in unserem Himmelsstriche, welche Besseres und Köstlicheres uns bieten könnte und welche uns zu größerer Dankbarkeit verpflichtet als der Obstbaum?

Der Weinstock hat wohl ein zu adeliges Blut und ist zu spröde oder zu weichlich, als daß er den Menschen in jede Gegend begleiten könnte; dagegen gibt es unter den Obstbäumen Sorten genug von recht populärem Schrot und Korn, welche ihre Sendung in alle, auch die rauhern Gegenden unternehmen, dem Menschen überall nachziehen, sich mit und neben ihm ansiedeln und alles Ungemach der Witterung mit ihm theilen; welche sich nicht schämen an der Seite der niedrigsten Hütte zu stehen und sie freundschaftlichst mit ihren Zweigen zu umarmen, ihre Bewohner mit ihren Früchten zu beglücken; welche sich aber auch noch einige Schritte weiter wagen, indem sie mit dem Weinstock in die Schranken treten und ein dem Rebensaft ganz ähnliches Getränk aus ihren Früchten spenden, womit Faß und Keller gefüllt werden können. Darum kann man auch in rauhern Gegenden den Becher mit klar perlendem Wein füllen, welcher des Menschen Herz ebenso erfreut wie der edle Traubensaft.

Spendet uns der Obstbaum nicht auch süßen Honig und werthvolles Wachs? Freilich nur durch künstlerische Vermittelung der fleißigen Biene. Zur lobenswerthen Passion mancher Landleute gehört es, einige Bienenkolonien bei ihrer Wohnung zu besitzen, um einige übrige Augenblicke durch Belauschung des fleißigen Bienenvolkes recht angenehm zu genießen und sich neben der Ernte auf Feld und Wiese auch noch einer im eigentlichen Sinne süßen Ernte von ihren Bienen zu erfreuen, an welcher die ganze Familie und wohl auch die nahen Nachbaren fröhlichen Antheil nehmen. Es ist als wenn der Obstbaum mit hundert Mal mehr Blüten sich schmückte als er Früchte trägt, um nur die Bienen anzulocken und ihnen einen reichen Tisch zu bereiten. Und diese süße Weide ist den Bienen um so willkommener, als die Blüte des Obstbaumes in sehr früher Zeit erscheint, wo die Bienen noch wenig honig- und wachsspendende Blumen finden, daher auch die stille Pracht der duftenden Obstbaumblüte so belebt wird von dem Gesumme unzähliger Bienen.

Zwar müssen wir billigerweise dem Waldbaum den Vorzug zugestehen in der Bewirthung der Bienen. Vom Frühjahr an bis zum Herbst deckt er die süße Tafel für das Bienenvolk, gleichsam als wollte er dasselbe mit Gewalt anziehen, um des Waldes stille Einsamkeit mehr zu beleben. Oft spendet der Waldbaum sogar schon fertigen Honig in großen, schweren Tropfen, die wie ein Regen von den Zweigen fallen, so daß der den Wald pflegende Forstmann süßen Saft auf Hut und Kleid mit nach Hause bringt. Wird die sonst mühevoll und langsam sammelnde Arbeit der Bienen dann nicht zum schwelgenden Genuß, so daß oft die zarten Flügel nicht im Stande sind, die süße Bürde aus dem Walde nach Hause zu tragen? Daher nehmen die Bienen so gern ihren Flug nach dem nahen Walde; darum sucht die neue Bienenkolonie so gern ihren neuen Haushalt im hohlen Waldbaume aufzuschlagen, wo der Zahn der Zeit für sie eine Wohnung schon einigermaßen aus- und zugezimmert hat und die Biene nur noch die letzte Hand nachbessernd anzulegen braucht, um sich wohnlich daselbst zu befinden; sie liebt aber auch das stille, heilige Waldesdunkel zur Beschämung aller spekulativen Theorien der künstlichen Bienenzüchter, welche der Bienenwohnung nicht genug Sonne anweisen können.

Doch dieses spezifische Lob des Waldbaumes als Bienenfreundes und Bienengastgebers setzt den Obstbaum in derselben Beziehung nicht im geringsten zurück, denn der Obstbaum ist ein ebenso großer Bienenfreund und gibt den Bienen so viel und so lange, als er kann. Nach der Blüte und nach der Speisung der Bienen aus den Nektarkelchen der Blüten hat der Obstbaum vollauf zu thun mit Erzeugung und Zufuhr des süßen Saftes, um damit seine Früchte zu füllen, mit welchen wir jenen in unsere Magazine und auf unsere Tafeln erhalten, wozu uns der Waldbaum nichts Aehnliches liefert.

Der Obstbaum gewährt dem Menschen und dem Landwirth insbesondere noch einen andern und zwar sehr großen Vortheil, von dem man bisher nicht viel weiß, weil in Bezug auf denselben der Obstbaum auf eine Weise wirkt, welche nicht so leicht in die Augen fällt. Der Obstbaum greift nämlich mehr, als wir ahnen können, in die Regulirung des Klimas ein, so daß dieses sich für Menschen und Thiere und für alle angebauten Pflanzen günstiger gestaltet, und in dieser Hinsicht ist der Obstbaum ein Stellvertreter des Waldbaums geworden, nachdem dieser, von dem Pfluge gedrängt, unsere Fluren verlassen und sich in sehr weite Entfernungen auf die steilen und kahlen Höhen der Gebirge zurückgezogen hat.

Der Obstbaum hat einen bedeutenden Einfluß auf die Witterung durch seine großen und vielen Blätter, durch seine tiefgehenden Wurzeln, durch seine Stärke, durch den Umfang seiner Krone und insbesondere durch seine bedeutende Höhe. Mit seinem hoch empor strebenden Gipfel reicht er höher als alle anderen Anbaupflanzen in das Gebiet der Atmosphäre hinauf, dieser großen und wunderbaren Werkstätte des Wetters, welches dem Landwirth und Gärtner bald freundlich die Hand reicht, bald wieder ihnen feindlich sich gesinnt zeigt. Durch seine unzähligen großflächigen Blätter haucht der Obstbaum eine bedeutende Menge gesunder Lebensluft für Menschen und Thiere in die Atmosphäre aus und saugt dafür, als nur für ihn geeignete Nahrungsstoffe, solche Bestandtheile aus der Atmosphäre ein, welche für die Lungen der Menschen und Thiere nicht nur unbenutzbar, sondern sogar schädlich sind. Wenn die übrigen Anbaupflanzen in dieser Beziehung mit ihren Blättern dasselbe für Thiere und Menschen wohlthätige Geschäft verrichten, so scheinen sie dazu wegen ihrer geringen Höhe und der geringen Zahl der Blätter doch nicht ganz auszureichen und dem Obstbaume, als dem dazu fähigeren, noch viel Arbeit zu überlassen. Mit seinen tief gehenden Wurzeln holt der Obstbaum das Wasser aus den unterirdischen Behältern herauf und schwängert damit die Atmosphäre mittelst Verdunstung des Wassers durch seine zahlreichen Blätter. Dem Winde setzt sich der starke Obstbaum entgegen und bricht zum Theil dessen Gewalt, damit derselbe für schwächere Gewächse minder schädlich werde. In dem vor den sengenden Sonnenstrahlen schützenden Schatten des belaubten Obstbaumes begrünt sich nach und nach eine sonst kahle, öde Fläche und wird immer fruchtbarer durch das alljährlich abfallende Laub. Eben dadurch und indem das über dem Boden ausgespannte Blätterdach des Obstbaumes die Ausstrahlung der Wärme aus dem Boden hindert und zugleich Wasserdünste in die Atmosphäre aus den Blättern entweichen, wird jene gemäßigte Temperatur erzeugt, welche auf das Wachsthum der Anbaupflanzen so wohlthätig einwirkt. Oft ist der Obstbaum ein Frost-,

Hagel- oder Blitzableiter, oder er zieht die segnenden Wolken an und herab zur durstenden Erde und trägt zur gleichmäßigen Entleerung jener bei.

Warum sind so viele einst mit paradiesischer Fruchtbarkeit beglückte Länder nach und nach zu fast unbewohnbaren und unfruchtbaren Wüsten herabgesunken, als welche wir sie gegenwärtig beklagen? Sie waren früher reich mit Bäumen aller Art besetzt; nur diese machten sie zum fruchtbaren Paradiese. Dieses verschwand, als das einheimische Volk entweder selbst verwilderte oder ein anderes fremdes, barbarisches Volk sich eindrängte und sich eines unbesonnenen, frevelhaften Vertilgungskrieges und Raubmordes an der Baumwelt schuldig machte, worauf dann Stürme und Hagel, Dürre und Ueberschwemmungen als ebenso natürliche als gerechte Strafen über das Land hereinbrachen. Darum blieb lange Zeit um Alexandrien der segnende Regen aus, weil die ganze Gegend fast aller Bäume beraubt worden war. Der gegenwärtige Pascha, dieses wohl einsehend, that nichts eiliger und rastloser, als die öden Fluren um Alexandrien wieder mit Bäumen zu bepflanzen, und seine Opfer und Mühen werden schon jetzt zum Theil belohnt, indem die Regen anfangen öfter als sonst das vertrocknete Land zu tränken und dadurch wieder fruchtbarer und wohnlich zu machen.

Raubt nur einem Lande seinen Baumschutz, und Ihr habt Alles gethan, um es zu einer unfruchtbaren, menschenarmen Wüste zu machen! Man hat hiermit aber auch ein laut sprechendes Zeugniß von der wohlthätigen Wirkung des Baumes für ein fruchtbares, gesundes Klima.

Wenn der Waldbaum auf die Regulirung des Klimas mehr wirkt als der Obstbaum, so ist jener dazu aus vielen Ursachen auch mehr fähig. Der Waldbaum wächst nicht nur viel höher als der Obstbaum, sondern hat auch auf dem Gebirge einen weit höhern Standort, vermöge dessen er in die höhere Atmosphäre weiter hineinreicht, als der Obstbaum in den Niederungen. Oft ist der Waldbaum ganz im Bereiche dichter Wolken und verharrt in ihrer düstern Gesellschaft oft tage-, ja wochenlang, wo er gewiß einen für die Erde bereichernden Tauschhandel vollführt. Was den Waldbaum in seiner mächtigen Einwirkung auf das Klima eines Landes wesentlich unterstützt, ist sein dichtgeschlossener Stand mit seinen Kameraden und die Beschaffenheit des oft fußhoch mit halbverwestem, stark Wasser anziehenden Humus versehenen Bodens zu seinen Füßen. Alle diese auf die Regelung des Klimas, besonders auf die Bewässerung des Landes mächtig einwirkenden Umstände stehen dem Waldbaume zu Gebote und fehlen dem Obstbaume. Je mehr wir aber Obstbäume anpflanzen, so daß das Land, von einem Hügel herab angeschaut, wie ein Obstwald erscheint; je mehr wir durch sorgfältigen Anbau des Obstbaumes dafür sorgen werden, daß er kerngesund, stark und hoch heranwächst, desto mehr wird er auch auf Verbesserung des Klimas einwirken. Das Gedeihen des Obstbaumes hängt gar sehr von der erziehenden Hand des Menschen ab, wie wir später zeigen werden.

Kein Vernünftiger wird glauben, daß die Vögel im großen Haushalte der Natur nur da sind, um zur bloßen Ausschmückung und Zierde zu dienen oder etwa nur durch ihre lieblichen Concerte oder durch ihr Federkleid oder durch ihre possirlichen Handlungen und Geberden uns zu ergötzen; sie haben vielmehr ihre große und wichtige Bestimmung und gehören mit als nothwendiges Glied in den großen Haushalt, das ohne Störung nicht vermißt werden kann, und wenn man glaubte, manche Vogelarten verfolgen und sogar ganz ausrotten zu müssen des etwaigen Schadens wegen, den sie verursachen, so hat man bald darauf ein solches Verfahren durch die übelsten Folgen büßen müssen und einsehen gelernt, daß der Nutzen, welche jene Vögel stiften, unvergleichlich größer ist, als der Schaden, welchen sie anrichten. Man rottete hier und da durch ausgesetzte Prämien den Sperling aus und sah sich mit großer Beschämung bald wieder genöthigt, eine frische Brut davon aus einem fremden Orte herbeizuschaffen.

Die meisten Vögel lieben den Aufenthalt auf Bäumen, ohne welche sie nicht leicht leben können. Nur äußerst wenige machen davon eine Ausnahme, wie z. B. die Lerche, die Wachtel; selbst die unaufhörlich die Luft durchschiffende Schwalbe setzt sich in ihren Feierstunden auf einen Baum und zwitschert ihr gefälliges Liedchen. Wir dürfen uns auch nicht so sehr wundern, daß Baum und Vogel zwei so befreundete, zusammengehörige Wesen sind. Des Vogels Element ist die Luftregion, und in diese Luftregion strebt auch der Baum mit seinem Gipfel viel weiter hinein als alle anderen Pflanzen. Der Vogel liebt die Reinlichkeit und berührt nur ungern die schmutzige Erde. Auf dem Baume findet er immer ein reinliches Haus, das geräumig genug ist, damit sich der Vogel auf- und ab-, hin- und herbewegen kann. Nach lange angestrengtem Fluge findet er sein bequemstes Absteigequartir auf dem Baume, und von diesem fliegt er am bequemsten und leichtesten weiter fort. Auf dem Baume findet der Vogel gewöhnlich seine Nahrung, und auf ihm ruht und schläft der Vogel am sichersten. Der Baum ist ihm eine Warte, von welcher aus er die weite Gegend mit scharfem Auge auf allerhand Ungeziefer, das dem Landwirth und Gärtner schadet, durchforschen kann; auf den Baum flieht er in Gefahren und findet daselbst sein Asyl und sicheres Versteck im dichten Laube. Wandert der Vogel weiter durch Flur und Hügel, so ist immer ein Baum, ein Strauch sein Einkehrhaus, das er aus weiter Ferne erspäht und dem er auf seiner Straße im Luftmeere zueilt. Darum liebt der Vogel den Baum und Strauch so sehr und wandert dorthin, wo er sie findet; daselbst schlägt er seine Wohnung auf zum großen Nutzen des Pflanzenbauers. Und wenn der Waldbaum im Kampfe mit dem Pfluge auf die unwirthbaren Höhen sich flüchten muß, so fliehet der Vogel mit ihm dorthin, wenn er im Lande keinen anderen Baum findet. Wollen wir die Vögel fortziehen und hausen lassen im fernen Walde und ohne Vögel im Lande bleiben? Es wird sich kann leben und wirthschaften lassen ohne Vögel! Darum lasset uns Brücken bauen über das ganze Land von lauter Obstbäumen, damit die lieben Vögel vom Walde aus über das ganze Land ziehen, im Lande nisten und mit ihren Kindern im Lande bleiben, uns zum Nutzen!

Wahrlich! Kein Feld, keine Wiese, kein Bachufer, kein Rain, kein Weg sollte ohne Baum sein, schon der lieben Vögel wegen, und wir würden es dann gewiß auch loben, wenn wir auf der Wanderung oder bei der Ernte auf Wiese und Feld unter das schattige Dach eines Baumes vor den sengenden Strahlen der Sonne flüchten, unsere müden Glieder zur Ruhe ausstrecken oder unser Mahl verzehren könnten. Nicht nur auf, sondern auch unter dem Baume ist gut sein. Und macht uns ein plötzlicher Regenguß eine unangenehme Ueberraschung, dann vermag auch das lose Blätterdach einige Zeit zu schützen.

Hat uns der Obstbaum im Herbst mit seinen Früchten reichlich beschenkt, so spendet er uns auch noch, ehe er in seine Winterruhe geht, sein Laub als Streu für unsere Thiere und als Deckmaterial für manche Pflanzen; er gibt uns seine überflüssigen Aeste als Heizmaterial für unsere Oefen, damit wir uns gegen des Winters Kälte schützen; er aber bleibt arm und nackt draußen im Frost, Sturm und Schneegestöber, und wenn sein Blut schon längst erstarrt ist durch des Winters Kälte, ist er dem Wanderer noch ein Wegweiser und gibt dem einsamen Vogel eine Wohn- und Schlafstätte.

Nachdem der Obstbaum ein halbes Jahrhundert und darüber unser Wohlthäter war und reichlich lohnte für das Plätzchen, das wir ihm gönnten, und altersschwach und gebrechlich noch einige Jahre die letzten Kräfte anstrengt, um uns die letzten Früchte zu spenden an den wenigen frischen Aesten, die ihm noch übrig geblieben, stirbt er endlich ab und gibt uns seine Leiche zur letzten Benutzung als Brenn- und Nutzholz.

Wo ist wohl eine andere Pflanze, die ein so langes Leben hat, in diesem langen Leben so wenig Pflege von uns verlangt und demungeachtet fast jedes Jahr uns mit reichen Gaben beschenkt? Hat man nicht Beispiele, daß man von einem einzigen Baume in manchem Jahre eine ganze Wagenladung Obst heimführte und eine ganze Familie sich durch den langen Winter an den Früchten eines einzigen Baumes labte?

Drum laßt ein Lebehoch dem Baume bringen
Und ihn und seine süße Frucht besingen!

Pflanzet Obstbäume und erziehet und pfleget sie gut!

„Kommst du in ein Land oder Ländchen, wo die Landstraßen mit Obstbäumen besetzt sind, da — mein Sohn — ruhe aus; Du bist in einem Lande, wo rechtliche Leute wohnen, die den Kopf am gehörigen Orte haben.“

Diese Worte legt Zschokke einem Handwerksmanne in den Mund als Belehrung und Rath für seinen Sohn, der sich eben anschickte in die Fremde zu gehen.

Ich habe diese Worte unseres Zschokke für merk- und denkwürdig genug gehalten, um sie an die Spitze dieses Abschnittes zu stellen. Je länger ich über diese Worte nachdachte, desto mehr ergriffen sie mich, und ich habe sie vorausgeschickt, weil ich glaube, daß auch meine Leser davon werden ergriffen werden; wenigstens wünsche ich dieses zu ihrem und zum allgemeinen Besten.

Vom bloßen Ergriffensein bis zum wirklichen Begreifen ist aber noch ein weiter Schritt und noch ein weiterer bis zur wirklichen Anwendung des ganz Begriffenen. Zum Ergriffenwerden gehört Empfänglichkeit für die Sache, zum Begreifen Nachdenken, zur praktischen Anwendung aber Liebe für die gute Sache. Dahin möchte ich Euch gern bringen, denn ich setze jene drei guten Eigenschaften vertrauensvoll bei Euch voraus.

Ich will hier über den Obstbaum nur Einiges anführen, aber gerade Etwas, das ich als sehr nützlich erachte und worüber noch sehr wenig gesprochen wurde, weil man kein rechtes Vertrauen dazu hatte; desto höher steigerte sich dieses Vertrauen durch viele Erfahrungen, welche ich durch fortgesetzte Aufmerksamkeit auf die Obstbaumzucht machte, und durch viele Mittheilungen, welche mir von verschiedenen Seiten her gemacht wurden.

Ich will meine Leser nicht etwa nur zur Obstbaumzucht aufmuntern, damit sie das Lob rechtlicher Leute verdienen, die den Kopf am gehörigen Orte haben, denn die bloße Aufmunterung schafft noch keine kräftigen, gesunden, lange dauernden, schönen und fruchtbaren Obstbäume, wie ich sie wünsche, sondern die Sache muß auch richtig angegriffen werden. Wie sehr bei allen Bestrebungen für die Obstbaumzucht noch gefehlt wird, das wird man leider nur gar zu sehr gewahr, wenn man einige Reisen macht und seine Augen für die Obstbaumzucht offen hat. Man trifft da oft einen so armseligen Stand der Obstbaumzucht an, daß man sehr daran zweifeln muß, ob in solchen Gegenden auch rechtliche Leute wohnen, die den Kopf am gehörigen Orte haben; vielmehr sollte man das Gegentheil daraus schließen, und man hat dann selten fehlgeschlossen. Der Obstbaum ist ganz der Pflege des Menschen anheimgegeben; man kann also sagen: wie die Obstbäume in einer Gegend, so die Menschen in derselben. Wären hier rechtliche Menschen, so würden sie den Obstbaum mehr schonen, und hätten sie den Kopf am gehörigen Orte, so würden sie den Obstbaum besser pflegen, so daß er dem Lande zur Zierde gereichte und reiche Ernten spendete. Man wird also einsehen, um was es sich eigentlich handelt, um das durch Zschokke zugesicherte Lob durch die Obstbaumzucht zu verdienen. Es handelt sich um schöne, kräftige Obstbäume auf den Landstraßen nicht nur, sondern auch in den Gärten, auf den Weiden, auf dem Ackerlande. Dazu will ich zu verhelfen suchen in den nachfolgenden Blättern.

Wo man fleißig Bäume pflanzt, die schon gepflanzten nicht wieder ausrottet, dort allein hat man den Kopf am rechten Orte. Wo man kein Freund der Baumwelt ist, dort mag man noch so Großes thun, den Kopf noch so hoch erheben, man hat letzteren doch nicht am rechten Orte, denn man hat die Nothwendigkeit des Baumes für die ganze Erde und für jedes einzelne Land noch nicht begriffen; dann ist aber auch noch wenig Weisheit im Kopfe, das Auge ist noch kurzsichtig. Wo man dem Baume sein Recht nicht gibt, dort mag überhaupt noch wenig von Rechtlichkeit die Rede sein.

Die Erziehung des wilden Waldbaumes wird ganz der Hand der Mutter Natur überlassen, und unter dieser Erziehung bildet er sich so heran, daß er seine beiden Zwecke erreicht: er dient dem Nutzen und der Schönheit. In der Baumwelt bildet aber der Obstbaum durch seine Blüthe und Frucht den Adel; er fordert aber auch eine höhere Bildung unter der Leitung des Menschen; er muß die Schutzjahre in seiner Jugend unter der Pflege des Menschen durchmachen und kann diese Pflege bis in sein hohes Alter nicht vermissen, daher er immer in der Nähe der menschlichen Wohnungen und, man kann sagen, der Menschen Hausfreund bleibt.

Ich frage aber: Hat man bisher immer und überall den Obstbaum so intelligent erzogen und so sorgfältig gepflegt, daß er auch seine beiden Zwecke mit möglichster Vollkommenheit erreichte? Sind Eure Obstbäume so kraftvoll erzogen, daß sie mit reicher Frucht lohnen und ein Schmuck der Gegend sein können?

Glaubet mir, wo man den Obstbaum noch selten findet, dort ist noch wenig Cultur, und wo man die vorhandene Baumwelt nicht angemessen pflegt, da sinken Cultur und Wohlstand des Landes. Mit dem letzten Baume ist das Land unfruchtbar und unbewohnbar — eine Wüste geworden. So lehrt uns die Geschichte der Völker auf eine traurige Weise.

Der Obstbaum ist sogar ein sehr gutes Mittel gegen die Auswanderungslust. Wer seine noch so ärmliche Hütte mit einem schönen Kranze von Obstbäumen umgeben hat und letztere mit aller Liebe und Sorgfalt als seine vieljährigen, treuen Hausfreunde pflegt; wer noch dazu seine Aecker mit schönen Obstbäumen besetzt und dadurch sein Eigenthum in ein kleines Paradies verwandelt, den wird wohl selten eine Auswanderungslust beschleichen; seine lieben Bäume haben ihre Wurzeln nicht nur in die Erde, sondern auch in sein Herz geschlagen, und es wäre ihm unmöglich, seine alten guten Freunde zu verlassen, unter deren Schatten er so süße Ruhe genoß, deren Früchte ihn so oft erquickten, die ihm so manches Stück Geld brachten. Wer weiß, wo und wie spät er als Auswanderer in fremden

Landen wieder so treue, liebe Freunde finden würde. Ist wohl gar der größte Theil des Landes ein Obstgarten, dann wird der Obstbaum um so mehr seinen Zauber auf die Bewohner ausüben und sie an das Vaterland fesseln.

Man muß, wie ich, in einer Gegend wohnen, welche Meilen lang und breit ein großer Obstgarten ist, um zu wissen und zu fühlen, welche Anziehungskraft der Obstbaum ausübt und welchen Wohlstand er schafft. In einer obstbaumreichen Gegend sind die Menschen viel fröhlicher, und der Mensch bleibt da, wo er fröhlich sein kann. Er liebt seine Gegend und mit der Gegend das ganze Vaterland. Der Obstbaum läßt das Auswanderungsfieber gar nicht aufkommen; er besticht die unter ihm Wohnenden mit seiner Schönheit und seinem Reichthum; seine dicht ausgebreitete Krone verdeckt den Blick nach der Fremde.

Welche Anziehungskraft der Obstbaum hat, das zeigt uns so mancher Auszügler. Nachdem er den Seinigen Alles übergeben hat, behält er für sich nur noch einige Obstbäume oder einen ganzen Garten, um sich an seinem Lebensabend daran zu erfreuen.

Pflanzet und pfleget nur fleißig Obstbäume und schaffet Euch ein kleines Paradies um Eure Wohnung! Auswanderungslust und Noth werden Euch dann nicht so leicht mehr stacheln! Der Obstbaum wird Euer Herz und Eure Gedanken auf sich ziehen, das Vaterland wird Euch lieb und theuer bleiben bis zum Grabe!

Regierungen und Vereine haben seit langer Zeit alle Mittel angewendet, um den Obstbaum emporzubringen, und doch klagt man in vielen Ländern und Gegenden darüber, daß alle diese Mittel nicht nach Wunsch gefruchtet haben und daß hier und da noch viel zu thun, überall aber noch Vieles besser zu machen sei!

Man sollte kaum glauben, daß es möglich sei, wenn man hört, daß es sogar Gegenden gibt, wo man feindselig gegen den Obstbaum auftritt. Erkundigt man sich nach der Ursache, so ist die kurze Antwort die: Man läßt hier nicht leicht einen Vogelbeerbaum, um so weniger einen Obstbaum aufkommen. Thätige Gutsbesitzer theilten mir mit, daß die heute ausgesetzten Obstbäume sicher nicht viel länger als einen Tag ständen.

Ich will die Ursachen nicht alle aufzählen, welche hier und da noch der Hebung der Obstbaumzucht entgegenstehen; sie sind alle von der Art, daß sie auf den Grundbesitzer einen düstern Schatten werfen. Zu bewundern ist nur, daß Alle den Genuß des Obstes lieben, seine Schönheit bewundern, seinen Geschmack höchst erquickend finden und doch dabei so wenig für die Obstbaumzucht thun. Man könnte das Obst selbst bauen und das Geld für dessen Ankauf ersparen; ja man könnte vielleicht noch eine beträchtliche Einnahme durch Obstverkauf erhalten; allein dieses Alles zündet die Liebe für die Obstbaumzucht nicht sehr an. Noch mehr, man braucht durch den Obstbaum nicht einmal die Feldfrüchte zu beeinträchtigen; man hat sonst noch Plätze genug, die ganz öde liegen, mit welchen der Obstbaum sehr gern fürlieb nehmen würde; allein man gönnt ihm nicht einmal diese leeren, oft einen widrigen Anblick gewährenden Flecken, welche der Obstbaum nicht nur mit dem schönsten Kleide bedecken, sondern auch noch sehr rentabel machen würde; man ist noch viel zu träge; indem man sich die Obstbaumzucht, insbesondere im Anfange, als zu schwierig und künstlich aus bloßer Unwissenheit vorstellt, läßt man sich davon abschrecken.

Ich will hier noch die Geschichte von einem wilden Birnbaum mittheilen. Schon lange spricht derselbe sehr anschaulich durch sein eignes Beispiel für Hebung der Obstbaumzucht und besonders für die Bepflanzung öder Plätze mit Obstbäumen; aber Niemand will ihn hören. Er steht groß und gewaltig in der Nähe eines Weges, den täglich viele Menschen wandern, und er wird nicht müde, zu predigen. Alle gehen aber vorbei und thun als hörten sie ihn nicht; ja, sie würdigen den Prediger in der Wüste nicht einmal eines Anblicks; er predigt tauben Ohren, und doch ist das, was dieser Prediger spricht, sehr wichtig und äußerst nützlich. Er predigt aber nicht sowohl mit Worten als mit Thaten, und wenn Beispiele anerkanntermaßen mehr wirken als Worte, so sollte man glauben, er habe schon alle Bewohner der ganzen Gegend bekehrt, was aber nicht der Fall ist.

Der Inhalt seiner Predigten war ein Aufruf zur Obstbaumpflanzung; daß dieselbe möglich sei, zeigte er durch sein eigenes Beispiel. Er schickte den Spruch voraus:

Wo Du findest einen leeren Raum,
Eile doch und pflanze einen Baum!
Ist er nicht zu Ehr' und Nutzen Dir
Und des ganzen Landes schönste Zier?
Rühmt nur den als braven Landwirth nicht,
Dessen Herz kaum fühlt die süße Pflicht,
Zu verschönern jeden öden Raum
Und zu nützen hoch durch einen Baum!

Alsdann fuhr der Birnbaum fort:

„Da stehe ich schon länger als hundert Jahre und lebe noch immer als Einsiedler; ja, man läßt mich, wie ich fürchte, als Einsiedler sterben. Die Einsamkeit thut mir aber weh. Es wäre hier noch Raum für Hunderte, ja für Tausende von Obstbäumen! Mit welch' schönem Kleide würden wir diesen nackten Raum schmücken, welchen reichen Segen würden wir alljährlich spenden? Ich habe durch mein Beispiel schon so lange und hinreichend dargethan, daß es hier für den Obstbaum wohnlich genug ist. Bin ich auf diesem öden und wüsten Boden nicht eine stattliche Figur geworden? Wie ich, so findet auch jeder andere Obstbaum hier passenden Boden, Luft, Licht, Feuchtigkeit, Wärme, Sonnenschein. Aber dafür haben die Wenigsten ein Verständniß.

Sie sehen mich und gehen ohne Gedanken und Gefühl vorüber, während sie doch sehr viel zu denken hätten, z. B.: Wenn dieser Baum in der wüsten, uncultivirten Gegend so schön und kräftig heranwuchs, sollten hier nicht auch noch andere, und zwar edle Obstbäume gleich schön und kräftig wachsen können, und zwar um so schneller und kräftiger, je mehr sie von der menschlichen Hand eine Unterstützung erfahren würden? Wie schön und segensreich würden dadurch alle öden Gegenden werden? Zu einem kleinen Paradiese würden sie sich umgestalten lassen!

Allein solche Gedanken kommen bei trägen Menschen nicht leicht. Der Boden ihres Geistes ist selbst noch eine Wüste; kein neuer, guter Gedanke kann sich darauf regen und Leben fassen. Man läßt Alles sein, wie es beim Vater und Urgroßvater war. Nur nichts Neues anfangen, man könnte sonst aus dem Geleise kommen und sich verirren. Beim Alten steht man doch auf einem sichern, festen Boden. Es war lange Alles gut und recht; es wird es auch noch lange sein. Die Alten waren auch keine dummen Leute — so denken Viele, und so bleibe ich hier der ewige Einsiedler, und der öde Raum bleibt, wie er vor hundert Jahren war, während er doch bekleidet sein könnte mit einer großen Anzahl fruchtspendender Bäume, welche die Gegend schmücken und fruchtbar machen und ihre Bewohner bereichern würden!"

Indeß soll man Obstbäume pflanzen nicht nur auf öden Plätzen, in Gärten, auf Rainen, an Ufern, an den Wegen und Straßen, sondern auch auf dem Ackerlande, besonders da, wo dasselbe hoch gelegen und schutzlos den scharfen, rauhen Winden ausgesetzt ist. Welchen Segen in solchen Lagen die Bepflanzung des Ackerlandes mit Obstbäumen bringt, will ich an einem aus dem Leben gegriffenen Beispiele klar und eindringlich zu machen suchen. Es ist die gräflich Thun'sche Domaine Perus in Böhmen, welche zum größten Theil auf einer Hochebene liegt, in Folge dessen dem Winde von allen Seiten preisgegeben und arm an Niederschlägen ist. Dauernde Nordwinde, anhaltende Dürre bei versengenden Sonnenstrahlen gefährden insbesondere im Frühjahr das Wachsthum. Der Kalkgehalt des Bodens, die Höhe der Lage und die dadurch bedingte Beschaffenheit des Klimas machen die Hochebene vorherrschend trocken; der Gras- und Blattwuchs ist daher minder üppig als es der sonst fruchtbare Boden gestatten würde, und es erwachsen der Cultur Hindernisse, welche bei trocknen Jahrgängen nur schwer überwunden werden. Gleichwohl ist der Ertrag, welcher im Jahre 1830 9 fl. 11 kr. pr. österr. Metze Area war, im Jahre 1862 auf 20 fl. 84 kr. gestiegen. Außer der Einführung der Fruchtwechselwirthschaft, dem ausgedehnten Futter- und Rübenbau ist jene Ertragssteigerung erzielt worden durch die Anpflanzung von Obstbäumen auf dem Ackerlande.

Die Anlage von Fruchtbäumen hat nicht nur die Einförmigkeit der Hochebene wohlthätig unterbrochen, sondern auch und hauptsächlich die

Nachtheile des Klimas gemildert und die Rente des Bodens angemessen gesteigert. Das ist jedenfalls ein großer Ruhm für die Obstbaumzucht. Wenn ein Obstbaum im Durchschnitt jährlich auch wenig mehr als ¼ fl. Ertrag liefert, so ist doch der Nutzen, welchen er durch die Milderung des Klimas für das Pflanzen- und Thierleben bringt, weit höher anzuschlagen. Freilich ist zur Hervorbringung dieser Wirkung eine dichtere Pflanzung von Obstbäumen auf einem größeren Areal nothwendig.

In Peruz sind sämmtliche Felder von Obstbäumen umgeben und die Schlagabtheilungen und Unterabtheilungen durch Baumreihen begrenzt. Die sämmtlichen Pflanzen auf einer Fläche von 2048 Joch landwirthschaftlichen Bodens machen die respektable Zahl von 40,000 Obstbäumen aus. Alljährlich werden 2000 junge Stämme ausgesetzt. Es gedeihen Aepfel, Birnen, Zwetschen, Nüsse und Weichseln. Der Obsterlös beträgt jährlich bis 7000 fl.

Vertheilt man die 40,000 Obstbäume gleichförmig auf die 2048 Joch landwirthschaftlichen Bodens der Domaine, so kommen auf 1 Joch ungefähr 20 Obstbäume, was in der That schon ziemlich viel ist. In kurzer Zeit dürfte aber die Anzahl noch höher steigen.

Daß die Ungunst der Witterung durch Baumpflanzung in Etwas gemildert werden kann, lehrt das Beispiel von Peruz. Betrachten wir jene Gegenden, wo über die Ungunst der Witterung vorzugsweise geklagt wird, so sind es insbesondere diejenigen, wo man nur äußerst wenig Bäume findet.

Nehmen wir an, daß im Durchschnitt jede Ortschaft 500 Joch landwirthschaftlichen Bodens hat, so sollte sie, um der Herrschaft Peruz zu gleichen, 10,000 Obstbäume besitzen, sie besitzt aber vielleicht höchstens 2000, und diese sind noch dazu in der unmittelbaren Nähe des Ortes so zusammengedrängt, daß viele Bäume nicht einmal als solche gezählt zu werden verdienen.

Neben der stärkeren Kräftigung des Bodens und der bessern physikalischen Bestellung desselben ist es besonders die Obstbaumzucht, durch welche man bewirken kann, daß wir weniger von der Ungunst der Witterung zu leiden haben. Dieses wird aber nur dann geschehen, wenn die Baumzucht über eine größere Gegend in stärkerer Dichtheit ausgedehnt wird, so daß sie dem Auge aus der Ferne als ein großer, ununterbrochener Garten erscheint.

Besonders ist es angezeigt, die Höhen etwas dichter mit Obstbäumen zu besetzen, wozu sich für geringern Boden besonders der Wallnußbaum eignet. Derselbe würde wegen seiner Größe auf das Klima einen stärkern Einfluß äußern. Ebenso sollten alle Hutweiden mit Obstbäumen bepflanzt werden, und zwar so dicht als möglich. Solche Anpflanzungen müssen aber, wenn sie merklich bessernd auf das Klima wirken sollen, von allen Gemeinden geschehen.

Dazu gehört freilich ein großer Vorrath von Bäumen; aber denselben herbeizuschaffen ist nicht so schwer. Wir wollen hier absehen von Gemeindebaumschulen und von Baumschulen bei den Schulen, welche überall bestehen sollten, wollen vielmehr wünschen, daß jeder einzelne Landwirth für sich eine Baumschule anlege. Die Erfüllung dieses Wunsches ist nicht im geringsten schwierig, im Gegentheil sehr leicht ausführbar, da sich gewiß bei jedem Hause ein Plätzchen für eine Obstbaumschule findet.

Es wird durchaus nicht verlangt, daß unsere Getreidefelder in Obstgärten umgestaltet werden sollen. Es ist schon genug, wenn die Grenzen der Aecker mit Obstbäumen besetzt werden.

Mögen uns die günstigen Erfahrungen auf der Domaine Peruz schon jetzt aufmuntern, so viel als möglich für Anpflanzung von Obstbäumen zu sorgen, um das Klima nach und nach zu einem treuen, günstigen Bundesgenossen für das landwirthschaftliche Gewerbe umzugestalten!

Nun glaubt man zwar, daß der Obstbaum in einigen Gegenden nicht mehr so gut gedeihe als früher, daß er nicht mehr so stark heranwachse, nicht mehr so fruchtbar sei, nicht mehr so alt werde als zu der Väter Zeiten, daß gegenwärtig viel mehr Obstbäume eingingen und zu ersetzen seien als sonst, und man schiebt die Ursache auf alles Andere, nur sich selbst läßt man ganz aus dem Spiele; da soll die Witterung, da sollen Insekten die Schuld tragen; daß man aber selbst etwas versäumt, kommt Niemand in den Sinn. Und doch können wir bei der Obstbaumzucht, wenn wir nur guten Willen haben und verständig auf sie einwirken, sehr viel thun, um sie wieder zu heben, wenn sie gesunken ist, um sie auch dort einzuführen, wo sie sich noch nicht eingebürgert hat, um die Hindernisse zu heben, welche ihr entgegenstehen.

Alt, fruchtbar und eine Zierde wird der Obstbaum nur dann, wenn wir ihn verständig erziehen und ferner mit Sorgfalt behandeln; die Obstbaumzucht wird sich in jeder Gegend für alle Zukunft lohnend behaupten, wenn wir es nur von unserer Seite nicht fehlen lassen.

Nichts ist so bildend für Alt und Jung, nichts erfüllt mit mehr Freude, als wenn man selbst die Kunst versteht, Obstbäume zu ziehen und diese Kunst auch übt.

Es ist ein großer Fehler zum Schaden der Obstbaumzucht, daß man diese selbst auf großen Gütern ganz den Händen von Leuten überläßt, welche oft keine höhere Bildung als gewöhnliche Taglöhner haben, aber auch keinen höheren Lohn als diese erhalten. Dabei ist nicht leicht eine Verbesserung, ein Fortschritt in der Obstbaumzucht zu erwarten; der Schaden aber, welcher dadurch herbeigeführt wird, ist nirgends größer als bei der Obstbaumzucht, wo in der Baumschule nicht für ein Jahr, sondern für ein halbes oder ganzes Jahrhundert gearbeitet wird. Man kann sich vorstellen, auf wie lange sich ein Schaden erstreckt, wenn die Arbeiten in der Baumschule mit dem gewöhnlichen Schlendrian betrieben werden.

Gewiß wäre es wünschenswerth, daß sich alle Wirthschaftsdirigenten ebenso in der Obstbaumzucht fortzubilden trachteten, als in den übrigen Wirthschaftszweigen, um in den auf die Obstbaumzucht bezüglichen Kenntnissen über dem gewöhnlichen Arbeiter zu stehen und ihn mit Einsicht überwachen zu können.

Leider habe ich mich nur zu oft überzeugt, daß sich Zöglinge auf landwirthschaftlichen Lehranstalten in allen Wirthschaftszweigen mehr auszubilden suchen, als in der Obstbaumzucht. Es hat den Anschein, als glaubten sie, dieser Zweig gehe ihrem Stande gar nichts an oder sei für denselben zu geringfügig.

Möchte ich sie doch überzeugen von der hohen Wichtigkeit der Obstbaumzucht! Die ernstliche Beschäftigung damit greift tief in das naturwissenschaftliche Studium ein, und ich kann versichern, daß die neuesten Forschungen und Versuche ein glänzendes Zeugniß davon ablegen.

Diejenigen Zöglinge einer landwirthschaftlichen Lehranstalt, welche die Bewirthschaftung eines größeren oder kleineren Gutes zu übernehmen gedenken, sollten doch bedenken, daß ihnen auch die Verschönerung und der Ertrag der Güter durch die Obstbaumzucht am Herzen liegen muß. Sie sollten bedenken, daß sie als Beamte über dem angestellten Obstbaumwärter zu stehen haben, um diesem die gehörige Leitung angedeihen lassen zu können.

Ich kenne einige Fälle, wo man auf Gütern neue Baumschulen anlegte und Obstbaumgärtner dazu anstellte. Da aber der Beamte von der Obstbaumzucht auch nicht das Geringste verstand, also den Obstbaumgärtner nach Belieben schalten und walten ließ, so kam man schon nach einigen Jahren dahin, daß man kein brauchbares Bäumchen hatte. Der Schaden belief sich sehr hoch. Statt daß man Bäumchen zum Verkauf hätte haben sollen, mußte man sie kaufen.

Ich rufe deshalb allen landwirthschaftlichen Zöglingen zu: Ohne Obstbaumzucht kein Gartenbau, keine Landwirthschaft! Um aber die Obstbaumzucht mit dem Gartenbau und der Landwirthschaft in eine solche Verbindung zu bringen, daß dadurch Schönheit und Nutzen befördert werden, dazu gehört kein geringes Studium, welches schon auf der Anstalt betrieben werden sollte.

Dem Umstande, daß die Obstbaumzucht noch weit weniger betrieben wird als sie betrieben werden sollte, liegt durchaus nicht Mangel an Liebe zu derselben zum Grunde. Man hat im Gegentheil den Obstbaum sehr lieb. Wenn sich aber diese Liebe nicht mit der wünschenswerthen Thätigkeit dafür bezeigt, so fand ich immer, daß nur Mangel an Kenntnissen in der

Obstbaumzucht das Hinderniß einer größeren Bethätigung war. Wo ich dieses Hinderniß wegräumte, erfuhr ich oft Folgen, über welche ich staunen mußte.

Die Vorliebe und die Empfänglichkeit für Obstbaumzucht sowohl als die Beschäftigung mit derselben stellt sich bei einer ganzen Gemeinde und bei Einzelnen in derselben gar bald ein, wenn nur ein Mann vorhanden ist, welcher dieselbe mit allem Eifer praktisch betreibt und seine Nachbarn durch Wort und Beispiel dazu aufmuntert, aber nicht allein aufmuntert, sondern sie auch in ihren beginnenden Bestrebungen hilfreich unterstützt. Dazu sind so recht eigentlich die Geistlichen und Lehrer geeignet und deshalb auch berufen. Freilich müssen Geistliche und Lehrer selbst mit gutem Beispiele vorangehen; sie müssen Mustergärten besitzen, welche Alle bewundern und dadurch in ihnen den Wunsch rege machen, auch derartige schöne Gärten zu besitzen. Ist dieser Wunsch erst vorhanden, so kostet es nur eine kleine Unterstützung durch praktische Belehrung, und in kurzer Zeit werden sich Viele größere und kleinere Obstgärten anlegen, um darin Hochstämme und Zwergbäume zu pflanzen. Spielt man ihnen edle Sorten in die Hände, welche sie bisher nicht kannten, dann wird der Eifer desto größer.

Anzucht und Pflege der Obstbäume.

Die Erzeugung neuer Obstsorten.

Es ist zwar schon an einer anderen Stelle einmal von der Erzeugung neuer Obstsorten die Rede gewesen; es ist dieses aber dort nur in der Richtung geschehen, um festzustellen, ob die Erzeugung neuer Obstsorten überhaupt rathsam ist? Hier handelt es sich darum, Werth und Bedeutung dieser Erzeugung näher darzulegen und ihre praktische Ausführung zu lehren. Der Gegenstand ist nicht blos von theoretischem Interesse, sondern auch von wirklichem Nutzen für die Landwirthschaft überhaupt, und für die Obstbaumzucht insbesondere.

Die Natur erhält und vermehrt ihre Pflanzen in der Regel durch Samen. Aus Samen wird dieselbe Pflanze in ihrer ganzen Eigenthümlichkeit wieder erzeugt. Wir ahmen hierin die Natur bei vielen unserer land- und forstwirthschaftlichen Pflanzen nach; desgleichen thut auch der Gemüsegärtner, der Blumenzüchter in der ganz sichern Erwartung, daß aus dem Samen dieselbe Pflanze hervorgehe, von welcher sie erzeugt wurde. Einige sehr seltene Ausartungen ausgenommen, die ihre Ursache im Boden, in der Witterung oder im Samen selbst haben, finden wir uns nie getäuscht. Darum trägt ja die Pflanze ihren Samen, um sich selbst fortzupflanzen, und zwar in ihrer eigenen Art.

Allein unsere edlen Obstbäume weichen mit Ausnahme einiger wenigen von dieser Regel ab. Sie tragen in ihren Früchten Samen; wir säen den Samen; was aus demselben hervorwächst ist wohl ein Baum derselben Art; ein Birnkern bringt wohl einen Birnbaum hervor, allein der Baum weicht in vielen Eigenschaften von jenem Baume ab, von dessen Frucht der Samen genommen wurde. Der aus Samen entstandene Baum weicht mehr oder weniger ab in der Festigkeit des Holzes, in der Beschaffenheit seines Wuchses überhaupt und seiner Zweige insbesondere, ferner in Hinsicht seiner Krone, seiner Blätter, ganz vorzüglich aber in der Beschaffenheit seiner Frucht, um welche es sich besonders handelt und wegen welcher der Obstbaum eigentlich gezogen wird. Wir säen Kerne von einer Bergamotte an, lassen die daraus entstandenen Bäumchen fortwachsen, bis sie tragen, und siehe da, an allen den Bäumchen hängt keine genießbare Birne; es sind fast lauter Holzbirnen, keine einzige Bergamotte befindet sich darunter. So ist es mit den Samen aller edlen Birnsorten, so mit den Aepfeln, Kirschen, Pflaumen.

Da es also nicht möglich ist, aus Samen unsere edlen Obstsorten fortzupflanzen, so sind wir genöthigt, zu einem andern Mittel unsere Zuflucht zu nehmen. Wir säen zwar noch Obstkerne an, nehmen sie aber gerade von den wilderen Arten und ziehen Bäume daraus, die wir aber keine Früchte tragen lassen; wir setzen vielmehr einen Theil (Auge, Reis) jenes Baumes darauf, dessen Frucht wir fortzupflanzen wünschen. So besteht der neue Baum eigentlich aus zwei Theilen, aus einem Theile des aus Samen gezogenen Baumes und aus einem Theile des Baumes, dessen edlere Frucht wir wünschen. Jener bildet die Unterlage, dieser die Krone. Jener dient als Träger und Ernährer, dieser bringt die gewünschte Frucht hervor. Beide machen ein Ganzes, den Baum, aus.

Diese Fortpflanzung nennen wir die künstliche, ungeschlechtliche, gemeinhin Veredelung, jene aus Samen die natürliche, geschlechtliche. Erstere dient zur Fortpflanzung der edlen Sorten, letztere liefert den sogenannten Wildling. Wir nennen ihn Wildling, weil er meist nur eine mehr oder weniger ungenießbare, wilde Frucht, Holzbirne, Holzapfel, für sich selbst und ohne alle Veredelung hervorbringt.

Die Fortpflanzung durch bloßen Samen nennt man die natürliche, weil die Natur in der Regel ihre Pflanzen durch Samen vermehrt; geschlechtlich nennt man die Fortpflanzung durch Samen, weil dieser aus der Blüthe entstanden ist, bei welcher man eine geschlechtliche Befruchtung im wirklichen Sinne annimmt.

Alle bisherigen Erfahrungen beweisen uns, daß die Natur unsere edlen Obstsorten nicht erhalten, nicht fortpflanzen kann. Dieselben würden sogar verschwinden, wenn der Mensch seine Hand zurückzöge. Und doch kann diese edleren Obstsorten nur die Natur erzeugt haben, und zwar hat sie sehr viele derselben ohne alle Beihülfe der Menschen erzeugt, wenn wir dieselben auch gegenwärtig absichtlich erzeugen sehen durch die unterstützende Hülfe des Menschen. Die Natur erzeugt jede edlere Sorte nur einmal an einem Baume als dem einzigen Exemplare. Der Mensch nimmt dieses eine Exemplar aus der Hand der Natur und erhält und pflanzt es fort durch seine Kunst. Nach unserer bisherigen Erfahrung dürfte die Natur dieselbe edle

Sorte nicht zweimal hervorbringen; bringt sie eine edle Sorte hervor, so ist es jedesmal eine andere.

Kann die Natur die edlen Obstsorten wohl erzeugen, aber durch deren Samen nicht erhalten und nicht fortpflanzen, so sehen wir im Gegentheil, daß sie die sogenannten wilden Obstarten nicht nur erzeugen, sondern auch fortpflanzen kann, und zwar durch deren eigenen Samen.

Ersteres erscheint in Bezug auf die Natur eine Schwäche, in Bezug auf uns aber ein Uebelstand zu sein, und dennoch ist es in Wahrheit keins von beiden. Die Nichtfortpflanzung der edlern Sorten durch deren Samen ist vielmehr den Naturgesetzen angemessen und für uns eine Wohlthat, denn eben dadurch steht uns für alle Zukunft die Erziehung neuer edler Sorten offen, während es nicht denkbar und nicht möglich wäre, wie die Natur nur edle Obstsorten erzeugen könnte, wenn dieselben mit gesetzlicher Strenge durch deren Samen fortgepflanzt würden.

In Bezug auf die Naturgesetzmäßigkeit bei der Nichtfortpflanzung der edlern Obstsorten durch deren Samen stehen wir nun bei der wichtigen Frage: Weshalb bringen die Samen unserer edleren Obstsorten nicht die Sorten hervor, von denen sie entnommen sind, sondern schlagen vielmehr der Erfahrung gemäß in den von ihnen erzeugten Bäumen und Früchten in die sogenannte wilde Art zurück?

In diesem Zurückschlagen liegt ein Fingerzeig für die Antwort auf die oben gestellte Frage.

Die wilden Obstarten, die Holzbirne, der Holzapfel, waren früher als unsere edlen Obstsorten; diese stammen von jenen ab. Die wilden Obstarten sind die ursprünglichen, natürlichen, naturwüchsigen Arten, während dagegen unsere edlen Obstsorten, von den wilden Obstarten abstammend, keine eigenthümlichen Arten, sondern nur Varietäten, Abänderungen, Spielarten sind; wir nennen sie deshalb auch nur Sorten.

Wenn sich auch die wilden Obstarten in vielen Rücksichten von den edlen Obstsorten unterscheiden, indem sie z. B. ein härteres Holz haben, zum Theil Dornen tragen, durch kleinere, rauhere, spitzere, behaartere Blätter sich auszeichnen, insbesondere aber Früchte hervorbringen, welche größtentheils klein, hart, herbe, sauer und daher ungenießbar oder doch weniger brauchbar sind, so reichen diese und noch mehre andere Eigenschaften dennoch nicht hin, um die wilden Obstarten und die edlern Obstsorten als verschiedene Arten von einander zu trennen. Beide sind Verwandte, ja sogar nächste Blutsverwandte zu einander. Wollten wir hier einen Vergleich uns erlauben, so könnten wir sagen: die edlern Obstsorten bilden den Adel unter dem Obste, die wilden dagegen die Gemeinen. Der Adel ist aber aus den Gemeinen hervorgegangen durch Auf- und Annahme reicherer Eigenschaften. Die adeligen Menschen sind deshalb keine andern Menschen als die nichtadeligen. Anfangs gab es nur eine Klasse von Menschen; die Adeligen sind erst aus derselben hervorgegangen.

Gerade so ist es auch mit dem wilden und edlen Obste. Die wesentlichen Eigenschaften beider sind ganz gleich; sie sind dieselben Eigenschaften bei den edlen Obstsorten, nur vollkommener, besser, brauchbarer.

Wenn wir den Bildungsgang der Erde betrachten, so gelangen wir zu dem sehr wahrscheinlichen Schluß, daß die wilden Obstarten früher existirten als die edeln Obstsorten. Letztere brauchen einen bessern Boden als die ersteren. Daß der Boden nur nach und nach fruchtbarer und besser wurde, nachdem er früher reiner Felsen gewesen, unterliegt keinem Zweifel; die wilderen Obstarten als die genügsameren, konnten also früher existiren als die edlern, anspruchsvollern; ja sie konnten lange vor dem Erscheinen des Menschengeschlechts existiren, da sie die Hülfe der Menschen zu ihrer Fortpflanzung nicht nothwendig hatten. Sie pflanzten sich selbst als natürliche, naturwüchsige Arten durch ihre Samen mit allen ihren Eigenthümlichkeiten fort.

Es fragt sich nun weiter: Wie sind die edlen Obstsorten aus den wilden Obstarten als ihren Stammeltern hervorgegangen? Hat hier ein Zufall gewirkt oder müssen wir an feststehende Naturgesetze glauben?

In den Wirkungen der Natur müssen wir allen Zufall ausschließen; Alles geschieht nach nothwendigen Gesetzen; jede Wirkung hat ihre bestimmte Ursache. Es gibt keine Ursache, welche nicht ihre entsprechende Wirkung und keine Wirkung, welche nicht ihre entsprechende Ursache hätte. Ursache und Wirkung sind viel enger und viel näher mit einander verbunden, als wir uns gewöhnlich vorstellen; die Ursache ist eben das Wirken, und die Wirkung ist die thätige Ursache, Ursache und Wirkung sind auf das engste mit einander verknüpft. Wir halten aber oft beide auseinander und wissen sie nicht mit einander zu vereinigen, besonders wenn eine Wirkung als das Resultat mehrer Ursachen erscheint, welche sehr oft dem Raume und der Zeit nach weit auseinander zu liegen scheinen. Wir sehen dann oft die Wirkung, finden aber nicht die Ursache, welche unsern Augen mehr entrückt ist und nur durch unsern forschenden Verstand gesucht werden kann. Von der Ursache gilt sehr oft, was der Dichter sagt: „In's Innre der Natur dringt kein erschaffner Geist."

Die Ausdrücke Ursache und Wirkung sind nur beziehungsweise zu gebrauchen. Was wir nach einer Richtung hin Ursache nennen, ist nach einer andern Richtung hin Wirkung, und im Gegentheil, was nach einer Richtung hin Wirkung zu nennen ist, wird nach einer andern Richtung hin als Ursache zu betrachten sein. In der Natur ist jedes Einzelne Ursache und Wirkung zugleich, und zwar so, daß sich in der Natur Alles einander zubildet, sowie es in einem jeden beliebigen Organismus geschieht. Ein solcher belebter Organismus ist auch die Natur in der That, sonst könnten die einzelnen Organismen, Thiere und Pflanzen, von dem warmen Lebenshauche am Busen der Natur nicht ihr eigenes Leben fristen.

Die Natur hat vielleicht schon seit Hunderttausenden von Jahren an der Erzeugung von Pflanzen überhaupt und von Obstbäumen insbesondere gearbeitet. Unsere Erde selbst ist in einer freilich sehr lange dauernden Entwickelung begriffen. Sie ist nicht immer dieselbe gewesen und wird nicht immer dieselbe bleiben Sie hatte einen Anfang und wird ein Ende haben; zwischen beiden liegen ihre Ent- und Abwickelungsstufen. Je nachdem ihr Leben selbst vorgeschritten war, änderten sich auch ihre Organismen überhaupt, sowie das Pflanzenleben insbesondere. Viele Pflanzen- und Thierarten sind verschwunden, weil sie die Bedingungen zu ihrem Dasein auf der Erde nicht mehr fanden; andere sind wieder hervorgegangen, weil die Bedingungen in der Entwickelung der Erde für ihr Entstehen und Bestehen gekommen waren. Bei allen diesen Veränderungen nach Hunderttausenden von Jahren zeigt die Natur demungeachtet ihre feststehende Gesetzmäßigkeit. Diese zeigt sie insbesondere in der Fixirung der bestehenden Pflanzenarten, von denen sie in jeder Entwickelungsperiode den ihr nur immer möglichen Reichthum hervorbringt. Obwohl die verschiedensten Pflanzenarten neben und unter einander stehen und ihr Fortpflanzungsgeschäft durch Erzeugung von Samen aus der Blüthe oft zu gleicher Zeit betreiben, wo bei der Befruchtung doch so leicht eine Gegenseitigkeit stattfinden könnte; obgleich eine und dieselbe Pflanzenart oft auf verschiedenen Bodenarten und Lagen sich ansiedelt, weil ihr Samen dahin getragen wird, so behauptet die Natur dennoch die strengste Scheidung und Aufrechterhaltung ihrer einmal vorhandenen Pflanzenarten, und wenn jemals irgendwo eine Alterirung vorfallen sollte, was wohl sehr selten vorkommen mag, so kehrt auch hier wieder die Natur zu der bestimmten Art zurück, und zwar in der kürzesten Zeit, so daß man durch Jahrtausende eine bewundernswerthe Constanz der Arten wahrnahm.

Auch unsere wilden Obstarten sind feste, constante Pflanzenarten, welche sich unbeirrt durch Boden, Klima, Befruchtung ꝛc. schon Jahrtausende durch ihre Samen fortpflanzen, ohne ein wesentliches Kennzeichen ihrer Art zu verlieren oder ein anderes Kennzeichen mehr zu erhalten, wodurch sie eben ganz aus der Art schlagen würden.

Aber minder wesentliche Veränderungen sind dennoch hier und da vorgekommen; sie bedingten aber kein Ausderartschlagen; sie bildeten nur Abarten, Varietäten, Spielarten mit Beibehaltung aller wesentlichen Merkmale der Art. Die Abänderungen kamen vorzugsweise in der Beschaffenheit der Frucht vor; diese war vielleicht größer, anders gefärbt, hatte einen andern Geschmack ꝛc.

Allein die Natur brachte diese Abweichung nur in einem Exemplare hervor. Ohne dieses Abweichen durch Samen weiter fortzupflanzen, kehrte sie vielmehr selbst durch den Samen dieser abgewichenen Exemplare immer gleich wieder zurück zu der ursprünglichen reinen Art.

Jeder dieser Abweichungen liegen immer eine oder auch mehre Ursachen in der Natur selbst zu Grunde. Sind wir auch nicht im Stande, diese Ursachen bestimmt anzugeben, so läßt sich doch so viel darüber sagen, daß sie entweder in einer besonderen Bildung des Samens selbst, oder in der Beschaffenheit und Lage des Bodens, oder im Klima rc. liegen müssen. Es ist sogar höchst wahrscheinlich, daß schon beim ersten Keimen die Abweichung bewirkt wurde und daß sie späterhin unmöglich ist.

Es ist selbstverständlich, daß von dem Samen einer Obstsorte, welche sich von der ursprünglich wilden Art etwas entfernt, eher wieder eine Abweichung zu erwarten ist als von dem Samen der ursprünglichen wilden Art. Mit jeder Abweichung ist für künftige neuere Abweichungen ein größerer Spielraum gegeben.

Auf diese Weise haben wir unsere edleren Obstsorten aus der Hand der Natur durch lauter Abweichungen von den ursprünglichen wilden Arten erhalten. Wir hatten dabei nur das zu thun, was die Natur nicht thun kann; wir mußten für eine künstliche Erhaltung und Fortpflanzung sorgen, da die natürliche Fortpflanzung durch Samen bis jetzt unmöglich ist.

Man hat sich von jeher bemüht und bemüht sich besonders in neuerer Zeit, die hier und da entstandenen und vorfindlichen noch unbekannten bessern Obstsorten aufzufinden; ja man gibt sich selbst Mühe, neue edlere Sorten zu erzeugen, da man gegenwärtig weiß, wie man darauf hinzuwirken hat, um eher und sicherer zum Ziele zu gelangen.

Eine Menge neuer edlerer Sorten hat man in Wäldern gefunden, die dort von selbst aus Samen aufwuchsen. Man traf ihrer auch viele in den Gärten und Höfen der Stadt- und Landleute an, welche so manchen Baum aufwachsen ließen, ohne ihn zu veredeln, weil sie das Veredeln entweder nicht verstanden oder dasselbe aus Nachlässigkeit unterließen.

Es herrscht unter den Landleuten ein Aberglaube ganz eigener Art, welcher sehr viel dazu beigetragen hat, neue Obstsorten zu erzeugen. Man hat nämlich den Glauben, daß aus jedem Kerne einer Frucht, welche am heiligen Christabend verzehrt wird, ein Baum mit guten Früchten auch ohne alle Veredelung hervorwachsen müsse. Zu diesem Glauben mag Veranlassung gegeben haben die Heiligkeit dieses Abends, wo bei dem festlichen Mahle nie Obst fehlen darf. Man bewahrt aber auch für diesen Abend die besten Sorten Obst auf. An diesem Abend werden die Kerne von dem genossenen Obste sorgfältig gesammelt und die besten und schönsten zur Saat genommen. Ich kam in viele Häuser, wo man mir Früchte von derartig gezogenen Bäumen zeigte. Meistentheils sind es Aepfel, welche man zieht, weil sich diese bis zum heiligen Abend besser halten und weil man überhaupt vom Winterobst mehr Aepfel als Birnen hat. Letztere fehlen beinahe ganz. Ich fand viele von solchen Kernen gezogene Apfelsorten wohl sehr groß und schön, aber selten von einem ausgezeichneten Geschmack. Ich ließ mir die Bäume zeigen. Es waren in der Regel schöne, große, gesunde Bäume. Viele derselben waren schon von den verstorbenen Vätern gepflanzt worden und standen eben deswegen und als sogenannte heilige Abendbäume in großer Achtung.

Wenn der meiste Aberglaube gewöhnlich nur schädliche Folgen hat, so gilt dieses wenigstens nicht von dem eben erwähnten. So Mancher, welcher sonst keinen Obstbaum gepflanzt haben würde, wurde dazu durch diesen Aberglauben veranlaßt, und wenn man auch nicht immer eine edle Frucht erzeugte, so war überhaupt schon das ein Gewinn, daß die Obstbaumzucht befördert wurde, und mancher schöne, kräftige, naturwüchsige Baum sein Dasein erhielt, wodurch er eine Zierde der Gegend wurde.

Der Aberglaube der Landleute in Bezug der Obstkerne von den am heiligen Abend genossenen Früchten, welche gewöhnlich die besten sind, ist nicht ohne einige Wahrheit. Man muß ihrer Ansicht beipflichten, daß Samen von edlen Obstsorten eher wieder bessere Obstsorten hervorbringen, als die Samenkerne von wildem Obste, aber sicher nicht deswegen, weil die Früchte am heiligen Abend genossen wurden. Die Hoffnung, eine bessere Frucht hervorzubringen, gibt jeder Kern einer guten Frucht, sie mag genossen werden an welchem Tage immer. Der französische Gelehrte le Cocq meint, ein solcher Samen schlage nicht mehr so sehr ins Wilde zurück, sondern habe einen größern Spielraum, indem er sich schon etwas mehr von der Fessel der Natur emancipirt habe.

Die neueren Pomologen und Obstbaumzüchter, welche das Bestreben haben, neue edle Obstsorten hervorzubringen, wählen daher auch die Kerne von den edelsten Obstsorten.

Manche sehen schon darauf, daß sie einen hoffnungsvollen Samen erzeugen. Sie haben z. B. zwei sehr edle Obstsorten, von denen jede eine ausgezeichnete Eigenschaft besitzt. Sie wünschen die guten Eigenschaften beider Sorten in einer Sorte vereinigt zu sehen. Zu diesem Behuf befruchten sie die Blüten beider Obstsorten mit einander, was freilich am bequemsten und sichersten bei Bäumchen geschehen kann, welche man in Töpfen zieht. Daß man davon wieder die besten, vollsten und schönsten Samen auswählen muß, liegt am Tage. Der verstorbene Chorherr von St. Florian in Oesterreich, Schmiedberger, hat dieses schwierige Geschäft unternommen und mehre neue edle Obstsorten erzeugt.

Man unterstützt bei der Erzeugung neuer edler Sorten die Natur auf alle mögliche Weise von Seite des Menschen durch guten Boden, durch Gewährung einer guten Lage, hinlängliche Wärme, Feuchtigkeit ꝛc.

Ich bin der Ansicht, welche ich auch durch viele Gründe motiviren könnte, daß das Bäumchen die Fähigkeit, eine neue edlere Frucht zu erzeugen, gleich bei seinem ersten Hervorgehen aus dem Samen erhielt und daß alle späteren Behandlungen zum Behuf des gehofften Zweckes wenig oder gar nichts mehr erzielen. Die edlere Obstsorte entsteht ganz wahrscheinlich aus einem besser zubereiteten Safte; dieser Saft wird aber nur durch die Beschaffenheit des Holzes und der darin befindlichen Gefäße zubereitet. Setzt man ein edles Reis auf einen echten Wildling, welcher z. B. nur Holzbirnen getragen hätte, so wird der zur Erzeugung und Ernährung einer Holzbirne vom Wildlinge gelieferte Saft, sobald er in das Holz der edlern Sorte, welche ihm aufgesetzt wurde, gelangt, so umgewandelt, daß er tauglich wird, die edle Sorte zu ernähren und vollkommen in ihrer Art heranzubilden. Das Holz mit seinen Gefäßen ist gleichsam die chemische Werkstätte, in welcher der Saft für jede Obstsorte zubereitet wird. Setzen wir auf einen Baum hundert edle Sorten, was sehr oft auf sogenannten Probebäumen geschieht, so muß der eine Saft, welcher im Stamme emporsteigt, in dem Holze einer jeden Sorte auf eine besondere Weise zubereitet werden. Die erste Anlage zur Werkstätte für einen bessern Nahrungssaft zu einer edlern Frucht muß gleich vom Keime aus geschehen; dieses kann aber nur stattfinden, wenn man dem Samen gleich bei der Aussaat die günstigsten Bedingungen zu seinem Wachsthume gewährt, wenn man ihn z. B. in die sehr gute Erde eines Mistbeetes zum Wachsen bringt. Man kann dabei auch Töpfe anwenden. Allein ich fand fast immer, daß die Samen in Töpfen ohne Mistbeet zu langsam wachsen, und zwar langsamer als im freien Lande.

Es ist hier nicht der Raum, daß ich meine Ansichten weiter entwickeln kann; vielleicht wird der nachdenkende Leser meinen Ideengang selbst errathen. Man kommt durch Mistbeete nicht nur viel früher zum Ziele, indem die Bäumchen in einem Jahre so weit heranwachsen, als dieses im freien Grunde in 2—3 Jahren nicht geschieht, sondern man gewöhnt auch das Bäumchen, welches man für die Erzeugung einer neuen edlen Frucht erzieht, gleich vom Keimen aus dem Samen an alle Bedingungen zu einer geeigneten Ausbildung seines Holzes, zur Bereitung seines bessern Nahrungssaftes.

Nun kommen wir aber zu einem Punkte, welcher Viele abschrecken dürfte von dem Bestreben, neue edle Obstsorten zu erzeugen. Dieser Punkt betrifft die Geduld.

Wer wird wohl 10, 15, 20 Jahre warten wollen auf die erste Frucht eines Wildlings? Und doch dauert es oft so lange, ehe uns derselbe seine erste Frucht zur Prüfung liefert. Man veredelt den Wildling lieber schon im dritten, vierten Jahre und weiß dann doch, was man zu erwarten hat. Auch beschleunigt die Veredelung die Tragbarkeit des Bäumchens, so daß es schon gleich nach der Bildung seiner Krone uns mit den ersten Früchten erfreut. Freilich geschieht es bei der Veredelung nicht selten, daß der

Wildling ohne alle Veredelung und von selbst eine bessere Frucht getragen haben würde, als man ihm durch Veredelung aufnöthigte, so daß dann die Veredelung eigentlich diesen Namen gar nicht verdient, sondern vielmehr eine Verschlechterung zu nennen ist nicht nur in Bezug auf die Frucht, sondern auch bezüglich der Gesundheit des Baumes; allein die Gewißheit einer bekannten guten Frucht ist hier erwünschter als die Ungewißheit sammt dem langen Warten. Darum veredelt man den Wildling.

Allein das lange Warten auf die erste Frucht des Wildlings ist noch nicht der einzige Uebelstand, es ist damit noch ein anderer verbunden und zwar sogar noch bei dem Erscheinen der ersten Frucht. Die ersten Früchte eines jeden jungen Bäumchens lassen noch keine sichere Beurtheilung zu; sie sind weder in ihrer äußeren Gestalt noch nach ihrer Güte vollkommen ausgebildet. Man muß also oft noch einige Jahre warten, bis sie sich vollkommen ausbilden und sich in ihrem wahren Werthe für die Zukunft zeigen. Der junge Baum hat nämlich in seinen ersten Jahren noch zu viel mit seinem eigenen Wachsthum, mit der Bildung seiner Krone und deren Zweigen zu thun, als daß er alle seine Kraft auf die Ausbildung seiner wenn auch nur wenigen Früchte verwenden könnte. Die Erfahrung hat hinlänglich gelehrt, daß die Bäume um so schönere und bessere Früchte hervorbringen, je älter sie sind.

In Sterkowitz begegnet man beiden Uebelständen auf folgende Weise: Man säet Kerne von den besten, edelsten Obstsorten in sehr gute Erde und gibt ihnen alle Bedingungen zu einem schnellen Wachsthum, wozu ein Treibkasten oder Mistbeet gute Dienste leistet. Die ausgesäeten Kerne werden nach den Sorten, von denen sie genommen, genau bezeichnet. Dadurch wird die Abstammung evident gehalten, falls aus einem der Kerne eine neue edle Frucht entstehen sollte. Man kann nun diese mit jener vergleichen, von welcher sie abstammt, was sehr interessante und lehrreiche, vielleicht auch sehr nützliche Erfahrungen liefert. Es dürfte sich auf diese Weise zeigen, ob nicht die Samen von einer edlen Obstsorte vielleicht mehre und bessere neue Sorten liefern als jene von einer anderen.

Nach 1—2 Jahren ist der Wildling so weit herangewachsen, daß er zu einem Reise gebraucht werden kann. In einem Treibkasten oder Mistbeete ist dieses sicher bei jeder Obstart, ja sogar bei den langsamer wachsenden Birnen der Fall, wie Beweise in Sterkowitz vorliegen. Das von dem Wildlinge genommene Reis wird auf einen ältern tragbaren Baum gesetzt. So erhält man in 2—4 Jahren sicher eine oder mehre vollkommen ausgebildete Früchte.

Taugt die neue Frucht zu keinem Gebrauch und hat sie überhaupt keinen Werth, so veredelt man den Wildling. Bringt aber das aufgesetzte Reis eine neue edle Frucht, so läßt man den Wildling fortwachsen. Wenn man auch noch so lange auf seine erste Frucht warten müßte, man wird die

Geduld nicht verlieren, denn man weiß mit Gewißheit, daß und welche gute Frucht er tragen wird. Wenn die erste Frucht auch nach Geschmack und andern äußern Eigenschaften nicht ganz befriedigen sollte, so läßt man sich dadurch nicht beirren; sie wird nach und nach zu jener Vollkommenheit gelangen, welche die Frucht an dem aufgesetzten Reise zeigte; man wird nur noch zu warten haben, bis der Wildling eine größere Stärke erlangt haben wird.

Man könnte wohl an dem Wildlinge selbst gewisse Operationen anwenden, wodurch seine Tragbarkeit beschleunigt würde, man vermeide aber jede Operation sorgfältig, wodurch der Wildling an seiner Gesundheit, Kraft und natürlichen Entwickelung leiden könnte. Man wünscht ja nicht nur eine neue edle Frucht, sondern auch einen neuen, gesunden, kräftigen, starken, dauerhaften, naturwüchsigen Baum. Jeder Baum einer Obstsorte hat seine ihm eigenthümliche Entwickelung und Form. So ist es auch bei der neuen Obstsorte. Man hat also den neuen Stamm ganz seiner naturgemäßen Entwickelung zu überlassen und nur das Nothwendigste zu seiner Erziehung zu thun. Die natürliche Gestaltung des Baumes gehört ja mit zur Beschreibung der Frucht, und wenn auch diese der Zweck, der Baum nur Mittel zum Zweck ist, so stehen doch beide in einem stets zu würdigenden Verhältnisse.

Doch der erste Baum einer neuen Frucht hat noch eine weit größere Bedeutung. Er soll der Stammvater von Hunderttausenden von Kindern werden, welche seine Eigenschaften als Erben mit sich nehmen. Es soll nicht nur die neue Frucht, sondern mit ihr auch der Baum den Eintritt in die Obstbaumzucht beginnen.

Ein Baum, welcher eine neue edele Frucht das erste Mal hervorgebracht hat, verdient eine besondere Achtung. Er ist durch und durch edel, von der Wurzel an bis zum Gipfel, vom Kopf bis zum Fuße; er hat einen ursprünglichen Adel, und zwar von Geburt aus; er bedurfte der Veredelung und der Verletzung durch das Messer nicht, er erlitt keine das naturwüchsige Wachsthum störende Verwundung; er besitzt in sich die Fähigkeit, ein höheres Alter zu erreichen. Spätere Geschlechter werden noch ihre Augen auf ihn wenden und ihn als Stammvater einer neuen edlen Sorte begrüßen. Nach allen Weltgegenden werden seine Zweige versendet zur Ansiedelung seiner Frucht, mit welcher zugleich der Name eines Landes, einer Gegend, eines Ortes, einer Person Ruf über weite Grenzen hinaus erhält.

Aber die Freude, eine neue edle Frucht, besonders von einiger Auszeichnung, zu erzeugen, wird keinem Obstbaumzüchter so bald und so leicht zu Theil, wenn er auch die Zeit der Hoffnung noch so sehr abzukürzen versteht. Man muß oft Hunderte von Versuchen machen, ehe man etwas Befriedigendes erlangt.

Wenn der berühmte belgische Pomolog van Mons uns so viele von ihm neu erzeugte, mitunter sehr treffliche Obstsorten hinterließ, so muß man bedenken, daß er sich durch sein ganzes Leben damit beschäftigte und Hunderttausende von Wildlingen blos zu dem Zweck zog, neue Obstsorten zu erzeugen.

Man könnte hier die Frage aufwerfen: Warum man sich noch bemühen soll mit der Erzeugung neuer edler Obstsorten, da man doch von jeder Obstart, besonders von Aepfeln und Birnen, eine überaus große Anzahl von Sorten besitzt, welche jedem Bedürfniß genügen? Keine Baumschule ist im Stande, die reichen Schätze der Pomologie zu fassen. Die Auswahl ist so groß und mannigfaltig, daß man wahrhaftig in Verlegenheit kommt. Bei Weitem hat man noch nicht Alles in die pomologischen Verzeichnisse aufgenommen, und doch hat man schon viele umfangreiche Bände angefüllt. Ein großer Theil edler Obstsorten existirt noch bei Privaten in stiller Verborgenheit und ist dem Publikum und der Wissenschaft noch gar nicht bekannt. Es wird die Zeit kommen, wo der pomologische Forschergeist auch diese verborgenen Schätze an das öffentliche Tageslicht ziehen wird, weil sie es verdienen. Die Pomologie hat jetzt schon einen Reichthum von Sorten, den sie beinahe nicht zu bewältigen vermag, da die Unterschiede fast verschwinden; sie besitzt unter ihren zahlreichen Sorten sehr viele, welche in Bezug auf äußere Schönheit und köstlichen Geschmack nichts mehr zu wünschen übrig lassen. Wozu also das Streben, noch mehr neue edele Obstsorten zu erzeugen?

Ich antworte darauf Folgendes: Der Mensch strebt stets nach Vollkommenerem, Besserem, Edlerem, Ausgezeichneterem, und daß er danach strebt und streben kann, ist eben seine Würde, sein Vorzug vor allen übrigen Geschöpfen der Erde.

Nun ist sicher nicht zu bezweifeln, daß man in der Obstbaumzucht noch nicht zum Höchsten gekommen ist, daß man es vielmehr in derselben noch weiter bringen kann, daß man noch Besseres, Schöneres zu erzeugen im Stande ist; die eben erstrebte Stufe ist nur eine Vorstufe zu einer noch höheren Stufe, von welcher aus es immer leichter wird, noch höher zu steigen. Wenn wir auch von jeder Obstart Sorten haben, von denen wir mit Verwunderung gestehen müssen, daß sie nichts mehr zu wünschen übrig lassen, so dürfen wir uns dennoch nicht einbilden, das Höchste erreicht zu haben. Bisher haben wir die Erfahrung gemacht, daß uns die Natur immer noch mit neuen pomologischen Geschenken beglücken kann und vielleicht noch einen unendlichen Reichthum von diesen Geschenken in ihrem Schoße trägt. Wäre es nicht eine Art von beschämender Trägheit und Gleichgültigkeit, wenn wir nicht Alles dankbar annehmen würden, was sie uns darbietet? Ja, es wäre sogar für uns entehrend, wenn wir uns nur passiv verhielten und nur nähmen, was uns die Natur gibt. Viel ehrenvoller ist es, wenn wir uns selbst bemühen, ihre Geschenke zu erhalten. Sie wird, dieses unser Streben lohnend, uns sicher zahlreiche und edle Geschenke spenden; uns geziemt es, die Schätze der Natur auszubeuten, so lange uns die Natur willig entgegenkommt und wir den Schlüssel dazu haben. Wir sind dieses der Pomologie als Wissenschaft, wir sind es unserer Bildung, wir sind es der allgemeinen Wohlfahrt schuldig.

Die Natur läßt uns freilich ihre pomologischen Geschenke fast nur in der Art zufließen, wie etwa die Lotterie ihre Treffer; aber eben dieser Seltenheit wegen behalten ihre pomologischen Geschenke einen unwiderstehlichen Reiz. Dieser Reiz ist in der Pomologie um so größer, da hier die Natur das Schönste mit dem Nützlichen vereint hat. Der große Naturforscher Oken fängt sein botanisches Werk mit den niedrigsten Pflanzen an und steigt bis zu den höchsten empor; er schließt es mit dem Apfelbaume, den er mit seiner Frucht als den Gipfelpunkt ansieht, bis zu welchem es die Natur im Pflanzenreiche gebracht hat; dürfen wir uns da noch wundern, wenn das Obst für den Pomologen eine so große Anziehungskraft hat? Wenn es so Viele gibt, welche getrieben von der niedrigen Sucht nach irdischen Schätzen keinen anderen Wunsch kennen, als einen Treffer in der Lotterie zu machen und ihre Geduld im Hoffen und Harren nicht verlieren und sogar ihr letztes Geldstück daran wenden, warum sollten wir es den Pomologen verargen, wenn sie Mühe und Geduld, Wissenschaft und Scharfsinn ein- und daransetzen, um für die Pomologie eine Eroberung zu machen? Glückt ihnen diese, so haben sie sicher eine größere Freude darüber, als der Gewinner in der Lotterie. Wir wollen den Pomologen diese Freude als Lohn ihrer Bestrebungen von Herzen gönnen, denn sie ist eine hohe, weil zugleich von wissenschaftlichem Werthe. Der Pomolog tritt dabei zugleich als Naturforscher auf.

Aber der neue Fund hat nebst der Freude, welche er dem Einzelnen gewährt, auch noch einen Nutzen für das Allgemeine, der nicht zu übersehen ist. Es ist ein Gewinn, den kein Vernünftiger bestreiten wird, eine Errungenschaft, welche wir dankbar anerkennen müssen, wenn die Zahl unserer edlen Obstsorten wirklich durch eine neue Sorte vermehrt wird. Diese ist in gewisser Rücksicht vielleicht gerade sehr passend für die Gegend, wo sie erzeugt wurde, denn hier hat sie sich gleichsam von Geburt an an Boden und Klima gewöhnt. Es ist nur zu wünschen, daß man nicht blos in jedem Lande, sondern sogar in jeder besonderen Gegend sich bestrebt, aus Kernen neue edle Obstsorten zu erziehen und sie dann durch Veredelung weiter fortzupflanzen. Man würde auf diese Weise vielleicht Obstsorten erhalten, welche für das Land, für die besondere Gegend die passendsten wären, weil sie sich in ihrem Geburtslande befinden.

Was aber bei der Erzeugung neuer edler Obstsorten noch mehr hervorzuheben ist, betrifft den Umstand, daß uns mit der neuen Frucht zugleich ein neuer, gesunder, kräftiger, naturwüchsiger Baum gegeben wird. Je mehr neue edle Sorten erzeugt werden, desto mehr erhalten wir dergleichen Bäume.

Es wird oft darüber geklagt, daß mehre unserer älteren Obstsorten nicht mehr kräftig wachsen wollen, daß sie bald kränklich werden, in der Fruchtbarkeit nachlassen, keine großen, schönen und guten Früchte mehr liefern. Wer etwa durch 50 Jahre in so mancher Gegend den Verlauf der Obstcultur mit einiger Aufmerksamkeit beobachtet hat, könnte vielleicht verleitet werden, jenen Klagen wirklich beizustimmen. Im Gegentheil hat man auch wieder die erfreuliche Erfahrung gemacht, daß viele Bäume der neu erzeugten edlen Sorten einen weit schönern, kräftigern Wuchs haben, daß sie fruchtbarer sind und schönere Früchte tragen. So konnte ich die Schönheit der neuen belgischen Früchte in Sterkowitz nicht genug bewundern; der Baum der vor kurzer Zeit erzeugten Schlehenpflaume übertrifft daselbst an Ueppigkeit des Wachsthums fast alle Pflaumenbäume.

Sollten sich diese Erfahrungen wirklich bestätigen, dann würden sich jene Männer ein sehr großes Verdienst erwerben, welche sich bestreben, neue edle Obstsorten aus Samen zu erziehen.

Es ist nicht zu leugnen, daß die Erzeugung neuer Obstsorten schon an und für sich zur Hebung der Obstbaumzucht in mehrfacher Hinsicht dient. Eine neue Obstsorte reizt schon durch ihre Neuheit zum Anbau, aber sie verdrängt auch nach und nach die schlechteren Obstsorten, von denen wir leider noch sehr viele anbauen, welche für den Handel entweder gar nicht taugen oder durch denselben nicht viel eintragen.

Da wir bei der bisherigen Erhaltung und Fortpflanzung unserer edelen Obstsorten ein Verfahren anwenden müssen, welches von der Cultur aller übrigen landwirthschaftlichen Pflanzen ganz abweicht, so kommt uns die Natur durch ihr bisheriges Verfahren auf eine Weise entgegen, welche wir nur für höchst vortheilhaft ansehen müssen.

Wir besitzen unsere edelen Obstsorten mit Ausnahme des Baumes, der sie zuerst erzeugte, nicht wurzelecht, eben weil wir sie durch Samen nicht fortpflanzen können, indem sie größtentheils in die wilde Obstart zurückschlagen. Alle unsere edelen Obstbäume bestehen daher, wie schon erwähnt, aus zwei Stücken, die Unterlage ist ein Wildling aus Samen gezogen, und darauf ist die Krone von irgend einer edlen Sorte gesetzt.

Manche edle Sorte würde, wäre sie wurzelecht, bald in diesem, bald in jenem Boden nicht gut fortkommen; selbst Klima und Lage könnten ihr nachtheilig werden. Durch das Zurückschlagen des Samens, selbst von edlen Sorten, erhalten wir in den daraus entstandenen Wildlingen für die edleren Obstsorten festere, dauerhaftere Unterlagen, welche einem ungünstigen Boden und Klima mehr Widerstand leisten, wodurch die edleren Obstsorten eben eine weitere und stärkere Verbreitung finden.

Wir haben ferner mehre edle Obstsorten, welche vorzugsweise in ihren Stämmen Krankheiten unterworfen sind, wie z. B. dem Krebs, dem Brande &c. Viele Stämme edlerer Sorten leiden erfahrungsgemäß theils durch die Winterkälte, theils durch Eis und Schnee, theils durch die heißen Sonnenstrahlen des Sommers. Bei solchen Obstsorten kann man den Stamm vom Wildlinge erziehen und dadurch die edle Sorte selbst dauerhafter machen. Ein berühmter Pomolog meiner Gegend hat deshalb den Entschluß gefaßt, alle seine Wildlinge nicht mehr unten am Boden, sondern oben zu veredeln, und allen seinen edeln Sorten einen wilden Stamm zu geben. Dieser leidet zugleich von einer zugefügten Wunde nicht so sehr und verleidet manchem Thiere das dem Baume so schädliche Benagen.

Es ist nicht unwahrscheinlich, daß ein gesunder, kräftiger Wildling, als Unterlage gebraucht, einen günstigen Einfluß auf das Wachsthum eines Reises äußert, welches von einem kränklichen Baume genommen wird, deren wir leider nur zu viele haben.

Wie kann dieses auch anders kommen, da wir so viele edle Obstsorten haben, welche vielleicht schon über tausend Jahre alt sind? Sie stammen theils unmittelbar, theils mittelbar von einem ersten Baume dieser Sorte, mit welchem sie als neue erzeugt wurden; sie sind also durch das gewöhnliche Verfahren der Fortpflanzung, durch Theile dieses ersten Baumes gleichsam fortgesetzte, nur verlängerte Theile dieses ersten Baumes. Wie viele kränkliche Bäume einer Sorte mögen aber vom ersten bis zum letzten gegenwärtigen die Vermittlerrolle gespielt haben, wodurch die fortgesetzte Veredelung litt?

So sehen wir denn, daß es eine Wohlthat für die Obstbaumzucht ist, daß die Natur vermöge ihrer Gesetzmäßigkeit nur ihre sogenannten wilden Arten fortpflanzt, daß sie bei fast allen, selbst von edlen Sorten ausgesäeten Obstkernen größtentheils ins Wilde zurückschlägt und uns dadurch kräftige, gesunde, dauerhafte Unterlagen darbietet, dabei aber dennoch von Zeit zu Zeit einige und, wenn wir uns bestreben die Natur zu unterstützen, sehr viele Stämme mit neuen edlen Sorten liefert, wodurch wir zugleich wieder ein frisches, gesundes, kräftiges Material für Edelkerne erhalten.

Der große belgische Pomolog van Mons scheint die Hoffnung gehegt zu haben, daß man es dahin bringen kann und wird, daß die Samen der edlen Obstsorten nicht mehr ins Wilde zurückschlagen, sondern immer wieder neue edle Sorten liefern. Er glaubte, daß dieses dadurch möglich werde, daß man den Samen einer eben erst aus Samen gezogenen edlen Obstsorte wieder ansäe und dieses durch einige Generationen fortsetze, indem man immer wieder Gebrauch mache von dem Samen der besten wurzelechten Sorten. Dazu gehören freilich mehre Menschenalter. Nur eine Regierung könnte die Sache planmäßig durchführen. van Mons hätte sie selbst schon sehr weit durchgeführt und wenigstens die Erfahrung gemacht, daß nach jeder Generation aus einer bestimmten Anzahl Samen nicht nur immer mehre bessere Obstsorten entstanden, sondern daß auch nach jeder folgenden Generation die jungen Bäumchen früher tragbar wurden.

Wenn wir es nicht läugnen können, daß wir es einmal dahin zu bringen vermögen, aus jedem Samen einer edlen Sorte auch wieder einen Baum mit einer edlen Sorte zu erzeugen, so bleibt doch noch der starke Zweifel übrig, ob wir es je dahin bringen werden, aus jedem Kerne dieselbe Sorte zu erziehen, von welcher er stammt.

Zwar haben wir es bei so manchen Pflanzenarten dahin gebracht, daß wir auch die Varietäten, Spielarten, Sorten davon zum Theil durch Samen fortpflanzen können, wie dieses z. B. bei manchen Getreide-, Runkelrübensorten 2c. der Fall ist, allein es liegt hier die Erfahrung vor, daß die Fortpflanzung größtentheils nur in einem dafür geeigneten Boden für immer möglich ist, wie es z. B. mit der märkischen Rübe der Fall ist. Viele Pflanzensorten schlagen nach längerer oder kürzerer Zeit zurück, wenn sie auf einen andern Boden, in einem ungewohnten Klima einige Jahre lang aus ihrem daselbst gezogenen Samen angebaut werden und dieser nicht von Zeit zu Zeit aus jenen Gegenden bezogen wird, wo die Sorte einheimisch ist.

Ebenso dürfte es sich auch mit der Erziehung edler Obstsorten verhalten. Wenn man es auch endlich mit vieler Mühe dahin bringen würde, eine edle Sorte aus ihrem Samen in einem bestimmten Boden und Klima fortzupflanzen, so dürfte dieses mit dem Samen derselben Sorte nicht der Fall sein in einem andern Boden und Klima.

Gerechten Zweifel erregen folgende Umstände: Erstens ist die Anzahl der Obstsorten schon zu groß und der Unterschied zwischen manchen Sorten verschwindend klein. Zweitens ist der Einfluß der gegenseitigen Befruchtung in der Blüthezeit nicht zu entfernen. Drittens scheint die Ausbildung des Samens um so mehr zurückzutreten, je größer die Fleischmasse der Frucht wird, so daß es größere Sorten gibt, die gar keinen Samen hervorbringen. Viertens entstand jede neue Sorte nothwendigerweise durch bestimmte, uns unbekannte Bedingungen, welche wir ihrem Samen nicht zu geben im Stande sind, obwohl zu hoffen wäre, daß aus demselben dieselbe Sorte wieder zu erlangen sei, wenn wir ihm alle jene Bedingungen angedeihen lassen könnten.

Indessen kann der Mensch viel, sehr viel thun. Werfen wir einen Blick auf die landwirthschaftlichen Pflanzen oder in die Gemüse- und Blumengärten, so werden wir eine unzählige Menge von Sorten, Varietäten, Spielarten, Abarten finden, welche der Mensch durch Samen fortpflanzt. Diese Fortpflanzung ist nur möglich und hat nur Bestand durch der Menschen Kunst und Fleiß. Durch diese hat der Mensch die Natur gleichsam über sich erhoben und die Natur gleichsam zu übernatürlichen Hervorbringungen zu leiten verstanden. Zieht der Mensch heute seine Künstlerhand zurück, so verschwinden alle diese Varietäten, Spielarten, Sorten; die Natur ist nicht im Stande, sie für sich allein fortzupflanzen.

Es wird kein Vernünftiger darüber im Zweifel sein, daß es des Menschen Pflicht ist, die Natur zu größerer Schönheit und Nützlichkeit für das menschliche Geschlecht zu erheben und sie weiter zu bringen, als sie es selbst vermag. Dazu hat der Mensch in sich die Fähigkeit. Er soll die Erde zu einem kleinen Himmel umgestalten und sich dieses Himmels erfreuen. Dazu gehört freilich, daß wir die Erde mit verständigen Augen anschauen und unsere Kunst mit ihrer Thätigkeit in eine vernünftige Verbindung bringen.

Schließlich muß ich noch Einiges über die Erziehung von Obstbäumen aus Samen behufs der Erzeugung neuer edler Obstsorten hinsichtlich der verschiedenen Obstarten beifügen.

Bei den Kernobstsorten, bei Birnen und Aepfeln, wird es am seltensten gelingen, eine neue edle Sorte aus Samen zu gewinnen; auch wird man bei jedem aus Samen erzogenen Bäumchen sehr lange warten müssen, ehe man von ihm eine Frucht erhält, wenn man nicht auf dieselbe Weise verfährt wie in Sterkowitz. Ich kannte einen sehr alt gewordenen Pomologen, welcher sich bestrebte, neue Obstsorten zu erzeugen, ohne die oben angegebenen beschleunigenden Mittel anzuwenden. Es gelang ihm nicht durch sein ganzes Leben, auch nur eine einzige neue edle Apfel- oder Birnsorte zu erzeugen. Nachdem er oft länger als 15 Jahre auf die ersten Früchte gewartet hatte, sah er seine aus Kernen erzogenen Bäumchen Früchte tragen, welche den Holzbirnen und Holzäpfeln nicht sehr unähnlich waren. Freilich war sein großer Garten nach Lage und Boden der Obstbaumzucht nicht günstig. Nur ein außerordentlicher Fleiß konnte hier Obstbäume zu einiger Vollkommenheit erziehen. Nach seinem Tode ging aber auch die große Sammlung edler Obstsorten in diesem Garten mit schnellen Schritten zu Grunde.

Dagegen kannte ich einen Gutsbesitzer, welcher in der neuesten Zeit eine kleine Baumschule von etwa 800 Stück Birnen und Aepfel auf einem sehr kräftigen, schwarzen, tief rajolten Boden anlegte. In 3—4 Jahren waren die Bäumchen ohne Pfähle so hoch und schlank herangewachsen, daß die meisten die Krone zu bilden anfingen, welche man mit erhobenen Armen nicht leicht erreichen konnte. Einige wenige wurden veredelt, welche aber gleich im ersten Winter bis zur Veredlungsstelle herab erfroren, nachdem sie klafterhoch gewachsen waren. Von den unveredelten Bäumchen litt keiner das Geringste vom Froste. Jeder, welcher diese Bäumchen sah, glaubte, daß sie veredelt seien. Die Rinde war glatt wie Glas, größtentheils grünlich mit vielen eingesprengten Punkten, die Blätter groß, grün und sehr breit. Die Bäumchen zeigten nicht einen Dorn. Beim Beschneiden der Seitenzweige bemerkte man, daß das Holz viel weicher sei, als bei den gewöhnlichen Wildlingen, lauter Anzeichen, daß von ihnen edlere Früchte zu erwarten seien. Jeden Vorübergehenden lachten diese unveredelten, schlanken, ohne Pfahl aufrechtstehenden Birn- und Apfelbäumchen an, und in kurzer Zeit waren sie sämmtlich zu einem hohen Preis verkauft. Gleich im ersten Jahre wuchsen sie sehr gut fort, in welchem Boden sie auch zu stehen kamen.

Ueberhaupt habe ich durch meine Nachforschungen die Erfahrung gemacht, daß die Setzlinge aus Baumschulen mit besserem Boden in jedem Boden besser gedeihen als aus Baumschulen mit schlechterem Boden, was gerade gegen die allgemeine Meinung ist, und doch läßt sich meine obige Erfahrung als eine naturgemäße begründen. Die im besseren Boden gezogenen Bäumchen haben weitere Gefäße und mehr Wurzeln; sie können also in jedem Boden mehr Nahrung aufnehmen, während die in schlechterem Boden gezogenen Bäumchen enge Gefäße, weniger und schlechtere Wurzeln haben, zum Theil verkrüppelt sind und deshalb im besten Boden nicht mehr Nahrung aufnehmen können, als es deren Beschaffenheit erlaubt.

Darum fürchte man gar nichts wegen allzugroßer Verzärtelung, wenn man behufs der Erzeugung neuer Obstsorten den Samen dazu in dem besten Boden, ja sogar in Mistbeeten ansäet, um eher zum Ziele zu gelangen.

Mit den Steinobstsorten ist man gewöhnlich glücklicher. Es zeigen sich an den aus Samen gezogenen Bäumchen nicht nur sehr häufig, sondern auch sehr bald edlere Früchte.

Am glücklichsten ist man mit Aprikosen und zum Theil auch mit Pfirschen, welche oft schon im dritten Jahre Früchte bringen, wie ich mich selbst überzeugte.

Die Kirschen wachsen eben so schnell. Von dem bekannten Obstbaumzüchter Schamal erfuhr ich, daß derselbe Kirschen aus Samen zieht, welche schon nach einem Jahre als Alleebäumchen gebraucht werden können. Sicher werden diese nicht erst veredelt.

Man fürchtete bisher, die Zwetschen aus Samen zu erziehen, indem man erfahren haben wollte, daß sie sehr schwer keimen, daß sie langsam und schwach wachsen und endlich schlechtere Früchte liefern als die Bäume, von denen sie genommen. Diesen Vorwürfen, welche man dem Samen der Zwetschen macht, muß ich aus eigener Erfahrung entgegentreten. Ein Obstzüchter hiesiger Gegend zieht schon seit längerer Zeit Zwetschenbäume aus Samen sowohl zum eigenen Gebrauch als auch zum Verkauf. Ich besuchte ihn, um mich mit meinen eigenen Augen zu überzeugen. In 3—4 Jahren sind die Bäumchen so weit herangewachsen, daß sie verkauft werden können. Er hat selbst schon viele tragende Bäume; die Früchte derselben unterscheiden sich nicht im geringsten von jenen Zwetschen, welche durch Ausläufer fortgepflanzt werden. Letztere Fortpflanzungsweise scheint in hiesiger Gegend der Ruin der Zwetschenbaumzucht zu werden, zu deren Hebung es nothwendig wäre, die Stämmchen aus Samen zu erziehen, was in Hinsicht der Früchte nichts befürchten zu lassen scheint, da die Zwetsche eine ursprüngliche naturwüchsige Obstart ist, welche die Natur durch Samen in ihrer Eigenthümlichkeit ganz sicher fortpflanzt; doch wird es zur Erzielung sehr großer und schöner Früchte zweckdienlich sein, die aus Samen erzogenen und deshalb kräftigen Bäumchen mit einer vorzüglichen Zwetschensorte zu veredeln. Auch in Sterkowitz fand ich diesjährige ausgesetzte Zwetschenbäume, welche der Veredlung unterzogen wurden.

Was die übrigen Pflaumen betrifft, so wird man bei Versuchen, aus ihren Samen neue edle Sorten zu erziehen, schon nicht so glücklich sein, denn sie sind bloße Spielarten, Varietäten, Sorten, deren Stammeltern als natürliche Arten wir nicht einmal mit Gewißheit kennen. Demungeachtet scheint die Erzeugung neuer edler Sorten nicht so schwierig zu sein, wie bei Birnen und Aepfeln. Herr Rodt in Sterkowitz hat bereits eine ausgezeichnete Pflaume aus Samen erzogen, welche seinen Namen trägt, und ein andrer in meiner Nähe lebender Pomolog hat uns mit einer Schlehenpflaume beschenkt, welche allgemeine Verbreitung verdient, theils wegen ihres gesunden starkwüchsigen Baumes, theils wegen der Güte und Brauchbarkeit der Frucht.

Ich habe im vorigen Jahre von allen Pflaumensorten Kerne gesäet und kann versichern, daß sie im ersten Jahre Aepfel und Birnen im Wachsthum weit übertrafen. Es sind unter den Bäumchen Exemplare, welche eine Höhe von 2—3 Fuß erreichten.

Die Kernsaat; die Aussaat entkörnter Zwetschensamen.

Wenn man bei der Erziehung der Obstbäume in Baumschulen vorher Samen ansäet, um daraus Wildlinge zur nachfolgenden Veredelung zu erhalten, so wählt man dazu gewöhnlich Samen von wilden Obstarten aus Gründen, die schon in dem vorhergehenden Abschnitt hervorgehoben worden sind.

Will man dagegen aus Samen neue, bessere Obstsorten ohne Veredelung erziehen, dann wählt man Samen von den besten Sorten, weil sie eher Hoffnung geben, daß aus ihnen etwas Besseres hervorgehe. Es ist selbstverständlich, daß man dazu wieder nur die vollkommensten Samen auswählt.

Bei Erzeugung des Samens geben sich manche Pomologen besondere Mühe, welche nur mit vieler Kunst vollbracht werden kann. Sie wünschen z. B. aus einem Samen eine Frucht zu erziehen, welche zwei ausgezeichnete

Eigenschaften in sich vereinigt, die aber bisher nur an zwei verschiedenen Obstsorten getrennt vorkamen. Zu diesem Zweck werden die Blüten der einen Obstsorte mit jenen der andern befruchtet, eine Operation, welche sehr viel Aufmerksamkeit und Geschick erfordert. Aus einer solchen von zwei verschiedenen ausgezeichneten Früchten — deren Eigenschaften man in einer Frucht vereinigen will — befruchteten Blüte entsteht oder soll entstehen ein Samen, aus dem ein Baum mit Früchten hervorwachsen soll, welcher die ausgezeichneten Eigenschaften der beiden Früchte hoffen läßt. Das mag freilich sehr selten der Fall sein. Es kann die Operation der Befruchtung der Blüten nur bei Topfbäumen mit einiger Sicherheit vorgenommen werden, in deren Besitz nur Wenige sind. Ich will deshalb auch die Operation der Befruchtung nicht näher beschreiben.

Die Auswahl des Samens ist die Hauptsache, auf welche man das Augenmerk zu richten hat. Man wählt dazu die Kerne der ausgezeichnetsten Sorten, und aus diesen wieder die vollsten und abgerundetsten. Will man sehr bald zum Ziele gelangen, so säet man den Samen in ein Mistbeet; jedenfalls muß er in die beste Erde kommen. Im Mistbeete gewinnt man einen Vorsprung von mehreren Jahren.

Hiernächst will ich Einiges über die Aussaat entkörnter Zwetschensamen mittheilen.

Bei einem meiner Ausflüge kam ich auch nach Hagensdorf bei Kaaden. Ich traf in dem dasigen Park mehrere Weiber, welche in der Mitte mehrerer Kisten saßen, einen Hammer in der einen Hand thätig sein ließen und mit der andern Hand einen Zwetschenstein auf die schmale Kante gestellt hielten. Der Hammer zerschlug die steinige Schale, aus welcher dann der eigentliche Samen zum Säen genommen wurde.

Der Stein erhält den Hammerschlag auf der schmalen Seite, weil auf diese Weise der innere Samen selten leidet, was der Fall sein würde, wollte man auf die breite Seite schlagen.

Die Samen hatten ein sehr üppiges, volles Aussehen, und ihre Keime spitzten schon überall hervor. Viele waren sogar schon zwischen den harten Schalen (Steinen) hervorgedrungen, ohne die zwei Hälften des Steines ganz zersprengt zu haben. Wahrscheinlich würden sie auch nicht im Stande gewesen sein dieses zu thun.

Von den ganz gelegten Steinen gehen gewöhnlich nur wenige, und zwar spät auf, während die von den Schalen befreiten Samen, weil sie schon gekeimt haben, gleich freudig wachsen und im ersten Jahre gleich eine Höhe von mehr als 1 Fuß, oft von 2 Fuß erreichen.

Man wird das Befreien der Samenkerne von den Steinen eine mühsame, langwierige Arbeit nennen; das ist sie aber nicht im geringsten. Kinder und gebrechliche Personen können sie verrichten. Sollte es nicht möglich sein, daß eine Person in 1 Stunde 500 Kerne öffnet? Dann würde sie in 1 Tage von 10 Arbeitsstunden 5000 Steine enthüllen. Die Arbeit bezahlt sich durch den Erfolg sehr gut. Der Erfolg ist, daß fast alle Samen aufgehen, ohne erst das Hinderniß des Sprengens der Steine überwinden zu müssen, was die meisten nicht im Stande sind.

Ich sah in Hagensdorf bereits eine große Tafel von vorjähriger Pflanzung mit Zwetschensämlingen besetzt, welche alle 1—2 Fuß hoch waren. Hierdurch ist denn erwiesen, daß die Samen der Zwetschensteine mit leichter Mühe zum Wachsen gebracht werden können, und zwar schon im ersten Jahre zu einer Höhe wie Apfel- und Kirschensämlinge, mit einem staunenswerthen Wurzelreichthum, was bisher bezweifelt wurde.

Die Baumschule.

Man klagt so sehr darüber, daß Birn- und Apfelbäumchen, aus den Wäldern ins Freie versetzt, nicht fortkommen wollen. Diese Erscheinung rührt wohl blos davon her, daß sie im Walde zu sehr gegen Kälte und Hitze geschützt waren, welche nun mit aller Gewalt auf sie eindringen, wenn sie ins Freie versetzt werden. Es ist eine sehr irrthümliche Meinung, der Baumschule so viel als möglich Schutz zu verschaffen und sie nur dort anzulegen, wo sie diesen Schutz findet. Nein! Es wird für die Bäumchen viel besser sein, wenn sie von der ersten Jugend an gegen jede Witterung abgehärtet werden.

Darum ist es auch keineswegs wohlgethan, wenn die Bäumchen in der Baumschule zu enge stehen, so daß die Baumschule selbst zum Walde wird und keine Luft und kein Sonnenstrahl zu den Bäumchen dringen kann. Wenn man auf ein weites Auseinandersetzen der Bäumchen in der Baumschule Rücksicht nimmt, so verliert man dadurch, daß man auf einer bestimmten Fläche weniger Bäume zieht, gar nichts; die etwas weiter von einander entfernten Bäumchen wachsen schneller und stärker empor, indem sie hinlänglich Raum, Luft und Licht genießen und ihre Wurzeln mehr ausbreiten können.

Sehr gut wäre es, wenn man in der Baumschule die Pfähle entbehren könnte. Diese kommen gegenwärtig bei der Holznoth nicht nur hoch zu stehen und machen viel Arbeit, sondern nehmen auch einen bedeutenden Raum in der Baumschule hinweg, und zwar um so mehr, je stärker sie sind und je enger die Bäumchen stehen, wodurch sie ein nicht geringes Hinderniß werden für die so günstige Einwirkung von Luft und Licht. Daß es möglich ist, Bäumchen in der Baumschule ohne Pfähle zu erziehen, davon habe ich so manche Erfahrung gemacht.

Eine andere Ursache, daß die Bäumchen in der Baumschule so langsam heranwachsen, ist das alte Vorurtheil, für die Baumschule tauge nur ein etwas magerer Boden. Ein in demselben aufgezogener Baum komme dann in jedem Boden fort und wachse desto sicherer, wenn er später in einen bessern Boden versetzt werde.

Weit gefehlt! Hat man Pflanze oder Thier in der ersten Zeit verkrüppeln lassen, dann hilft später auch der beste Boden, die beste Pflege nichts oder nicht viel mehr. Die Gefäße sind zu enge gleich vom ersten Anfange an; sie können dann von dem reichen Ueberflusse nichts mehr aufnehmen, als wozu sie in der ersten Zeit befähigt wurden.

Wir ziehen viele unserer Pflanzen, z. B. Salat, Kopfkohl, Sellerie rc., unter Glasfenstern in der allerbesten Erde und fürchten uns nicht, sie später rauherer Witterung auszusetzen und sie in weit geringeren Boden zu verpflanzen, wenn sie auch noch so üppig getrieben haben; ja gerade die üppigsten sind uns die liebsten und sie gedeihen auch am besten; dagegen werfen wir Schwächlinge und Krüppel weg, weil wir aus Erfahrung wissen, daß sie nicht viel taugen und später nur ein kümmerliches Wachsthum zeigen. Sollte nur allein das Obstbäumchen eine Ausnahme davon machen?

Also wohlgemerkt! Man gebe der Samen- und Baumschule einen guten, wohlzubereiteten Boden, und man wird sich nicht so lange mit der ersten Erziehung der Obstbäume plagen müssen; dieselben werden nicht nur schneller, sondern auch schöner emporwachsen, und die Hoffnung wird um so eher erfüllt werden. Die Veredelungen werden sicherer und leichter anschlagen, weil das Bäumchen saftreicher ist. Da die Gefäße des Bäumchens eine bessere Ausbildung erhalten und eine reichere Wurzelkrone bilden, so werden sie fähig sein, in jedem Boden mehr Nahrung aufzunehmen. Sie werden zwar später Früchte ansetzen, aber dafür früher größere, stärkere Bäume werden, welche ein hohes Alter versprechen, eine angemessene Größe erreichen und bessere, schönere und mehr Früchte liefern.

Ich habe mir alle Mühe gegeben, die Baumschulen hiesiger Gegend zu besuchen. Ich habe ihren Boden und die Pflege derselben kennen gelernt. Ich habe auch überall, wo man Obstbäume aussetzte und dieselben aus verschiedenen Baumschulen ankaufte, mich erkundigt, aus welcher Baumschule sie am besten gedeihen. Da fand ich alle Stimmen für eine Baumschule der Gegend besonders günstig sich aussprechen, und gerade diese Baumschule hat den üppigsten schwarzen Boden, und die Bäumchen schießen in ihr schnell, schlank und glatt wie Kerzen empor. Ich mochte hinkommen, wohin ich wollte, ich erkannte die Bäumchen aus dieser Baumschule auf den ersten Blick.

In einer andern Baumschule wurden in fünf Jahren vom Samen an Bäumchen gezogen, welche ohne Seitentriebe eine Höhe erreichten, daß man nicht leicht im Stande war, die Kronen mit emporgestreckter Hand zu erreichen, und die Bäumchen wuchsen ganz gerade, ohne Hilfe von Pfählen empor. Sie mußten also auch stark genug sein, um in ihrer ersten Jugend auf eigenen Füßen stehen zu können. Aus ihrem Aussehen glaubte man, daß alle veredelt worden seien, und doch war dieses nur mit äußerst wenigen der Fall. Der Boden war aber auch ein fetter, schwarzer Weizenboden und sehr tief rajolt.

Ich kann nicht umhin, in Bezug auf die Baumschulen noch eine Erfahrung mitzutheilen, welche sehr wichtig ist. Auf einem Gute hatte man eine Baumschule, welche seit undenklichen Zeiten auf demselben Platze unterhalten wurde. Man machte endlich aus dieser Baumschule einen Garten und etablirte daneben eine neue Baumschule. Die aus der alten Baumschule versetzten Bäumchen wollten nicht nur nicht fortwachsen, sondern ein großer Theil ging auch ein. Die eingegangenen Bäumchen wurden nach 6—8 Jahren durch andere Bäumchen aus der neuen Baumschule ersetzt, was auch später mit vielen andern aus der alten Baumschule noch herstammenden und zu Grunde gegangenen geschehen mußte. Bis jetzt hat man bemerkt, daß die aus der neuen Baumschule versetzten Bäumchen alle jene überwachsen haben, welche noch aus der alten Baumschule herstammen. Die Ursache, warum die Bäumchen aus der alten Baumschule nach dem Versetzen hinter denen aus der neuen Baumschule zurückblieben, obgleich sie einen Vorsprung von mehreren Jahren hatten, kann nur darin liegen, daß der Boden der alten Baumschule durch langjährige Benutzung zur Erziehung von Obstbäumchen einen Mangel an Bodenbestandtheilen zur nothwendigen Ernährung erlitten und vielleicht nicht mehr die gehörige physikalische Beschaffenheit hatte. Daher ist es sehr rathsam, nach einer Anzahl von Jahren den Platz für die Baumschule zu wechseln, wenn man nicht mit besonderem Fleiß für die immerwährende Verbesserung des Bodens Sorge trägt, was aber freilich nach vielen Jahren nicht mehr helfen dürfte.

Noch gedenke ich einer Einrichtung der Baumschulen, welche mir sehr zweckmäßig erscheint und von welcher ich auch schon Beispiele antraf. Diese Einrichtung besteht darin, daß man die Baumschule ebenso in Beete eintheilt, wie im Gemüsegarten, und auf jedes Beet 2—3 Reihen Bäumchen setzt. Von den zu beiden Seiten eines jeden Beetes angebrachten Fußwegen aus kann die Baumschule sehr bequem behandelt werden, ohne daß man sie so sehr, wie gewöhnlich geschieht, mit den Füßen zu betreten nöthig hat, der Boden also nicht festgetreten wird. Ich habe nur zu oft erfahren, welcher Schaden durch Betreten des Bodens in der Baumschule angerichtet wird. Ist die Baumschule in Beete mit dazwischen liegenden Fußsteigen, wie im Gemüsegarten, eingetheilt, so kann man die Käufer und zum Theil auch die Arbeiter nur die Wege zu betreten anhalten, von welchen aus man auf eine bequeme Weise die Bäumchen betrachten und auswählen kann.

Neue Erziehung der Obstbäumchen; das Piquiren.

Nach meinen für mich unzweifelhaften Erfahrungen lege ich alles Gewicht auf die Erziehung eines kräftigen, gesunden Wildlings. Er ist als Unterlage der Träger und Ernährer der aufgesetzten Edelkrone. Man kann das kräftigste und gesundeste Edelreis auf einen Wildling setzen; ist dieser kränklich, ein Schwächling, verkrüppelt, wohl gar ein Ausläufer und kein Sämling, nie und nimmermehr wird sich aus dem aufgesetzten Edelreise eine schöne, kräftig wachsende, fruchtbare Krone bilden; nie und nimmermehr wird daraus ein gesunder, kräftiger, starker, schöner, langes Leben versprechender Baum werden; er wird als Invalide oder Krüppel eine kurze Zeit vegetiren, ohne dem Auge einen schönen Anblick zu gewähren, ohne eine Zierde des Ortes zu sein, auf dem er steht, ohne für die auf ihn verwendete Mühe durch ein zufriedenstellendes Erträgniß zu lohnen. Eher ist zu hoffen, daß ein schwächliches, kränkliches Reis auf einem kräftigen Wildlinge sich stärken werde.

Um einen kräftigen, gesunden, starken Wildling zu ziehen, muß man schon beim Samen und vom Keime anfangen. Insbesondere beruht die Kraft und Gesundheit des Wildlings auf einem reichen Wurzelvermögen, und auch für dieses muß vom Keime an gesorgt werden.

Die meisten Obstbaumzüchter achten auf den Wildling nicht sehr; sie lassen ihn 3—4 Jahre fast ganz aus den Augen. Er ist ihnen eben noch ein Wildling, welchen sie als solchen keiner großen Aufmerksamkeit werth halten. Mit seiner Dressur, meinen sie, habe es Zeit, bis er veredelt werde.

Mir kommt dieses beinahe ebenso vor, als wenn manche Eltern an ihren noch nicht schulfähigen Kindern alle Unarten dulden und sie zu rechten Wildfängen ausarten lassen, in dem guten oder vielmehr schlechten Glauben, daß die Schule sie schon wieder zur Art bringen werde, bedenken aber nicht, daß der Lehrer mit ihren Kindern ein Kreuz hat und öfters nicht weiß, wie er es anzustellen habe, um die vielen aus den Kindern gewachsenen und in ihnen festsitzenden Dornen zu entfernen.

Wir wollen einmal sehen, wie die Wildlinge erzogen oder vielmehr wachsen gelassen werden, denn von einer Erziehung kann nicht die Rede sein.

Ich will den Obstzüchtern in Hinsicht der Sammlung des Samens keine Vorwürfe machen, beschuldigen muß ich sie aber, daß sie den Samen allzu dick säen, daß sie die dicht aufgegangenen Pflanzen 2—3 Jahre an dem Orte stehen lassen, wo sie aufgingen. Die Folge davon ist, daß sich die Pflänzchen gleich Anfangs an einander drängen und daß dieser Uebelstand immer zunimmt, je größer sie werden. Es kann da nicht anders kommen, als daß ein großer Theil derselben eingeht, ein anderer Theil als Schwächlinge heranwächst. Der stärkere Theil hat nicht selten die Gestalt eines struppigen Schlehenstrauchs. Wie wenig sich bei einem so dichten Stande die Wurzel entwickeln kann, ist nicht schwer einzusehen. Es kann sich nicht viel mehr gestalten als eine äußerst schwache Pfahlwurzel. Beim Versetzen in die Baumschule muß die Pfahlwurzel stark zugestutzt werden. Da das Bäumchen keine andern Wurzeln hat, so wächst es, in die Baumschule versetzt, nur langsam fort, hat wenig Saft und Trieb, und die Veredelung schlägt nur schwer an. Der Uebelstand wird noch größer, wenn man auch alle Schwächlinge in die Baumschule versetzt, welche man füglich wegwerfen sollte. Man schleppt dann die jungen Bäumchen wohl noch 6—8 Jahre in der Baumschule herum, ohne aus ihnen etwas Tüchtiges zu bilden, während man bei einer andern sorgfältigeren Zuchtmethode die schönsten und kräftigsten Bäumchen in der Hälfte der Zeit heranziehen könnte.

In solchen Baumschulen blühen freilich die Bäumchen sehr bald und setzen auch Früchte an, so daß der Züchter eine ziemliche Menge Früchte gewinnt, was ihm nicht unlieb ist. Er rühmt sich etwa auch vor dem Käufer, daß seine Bäumchen sehr frühzeitig tragbar sind und zeigt wohl auf die Stellen hin, wo sie im vorigen Jahre schon Früchte getragen haben. Der unkundige Käufer läßt sich von dem getäuschten Züchter gleichfalls täuschen und verlangt gerade jene Bäumchen, welche schon getragen haben.

Es ist aber dieses frühzeitige Tragen von Früchten, und zwar schon in der Baumschule, nicht im geringsten eine empfehlende Erscheinung, sie verräth vielmehr eine Schwäche und Kränklichkeit der Bäumchen, was schon deren äußeres Aussehen nur zu deutlich wahrnehmen läßt. Man macht das Uebel nur noch schlimmer, wenn man die Blüten nicht entfernt und die Früchte reif werden läßt. Man bürdet dann dem Bäumchen eine zu große Last auf; er hat blos für die Ausbildung der Früchte zu arbeiten und bleibt im Wachsthum zurück.

Ein gesundes, kräftiges Bäumchen bildet sich erst vollkommen aus, treibt mehr ins Holz, setzt nur Laub- und keine Fruchtaugen an, eilt seiner Mannbarkeit entgegen; erst dann, wenn es diese erreicht, wenn es gleichsam ausgetobt hat, setzt es Blütenaugen an. Hier ist das Sprüchwort: „Die Jugend muß austoben“ an seinem wahren Platze. Solche Bäume werden nicht nur sehr kraftvoll, sondern später auch sehr fruchtbar und bringen das, was sie in der ersten Jugend zu ihrem eigenen Vortheile und ganz naturgemäß versäumt haben, hundertfach wieder ein, wenn sie auch wegen ihrer etwas länger dauernden Unfruchtbarkeit harte Urtheile von ihrem Besitzer über sich ergehen lassen müssen. Es ist ein sehr unvernünftiger Wunsch und eine sehr thörichte Freude, wenn man an einem ganz jungen Bäumchen schon Früchte sehen will. Die Forderung, welche wir damit an das Bäumchen stellen, muß bei einigem Nachdenken als eine sehr unnatürliche erscheinen; daran sollte schon die Unvollkommenheit der ersten Früchte mahnen.

Der Stolz des Baumzüchters sollte vielmehr darin bestehen, in seiner Baumschule Bäumchen mit starkem, kräftigem Holze zu besitzen, und der Käufer sollte blos auf diesen Vorzug sehen, wenn er für sich Bäumchen sucht. Er wird mit ihnen eher zum Ziele kommen, als mit fruchttragenden, verkrüppelten Schwächlingen, welche, selbst in den besten Boden versetzt, nur sehr langsam fortwachsen.

Die neuesten Fortschritte in der Erziehung der Obstbäumchen sind zum Theil Männern zuzuschreiben, welche ich als Landsleute ehrenvoll begrüßen muß. Der eine dieser Männer ist Schamal in Jungbunzlau in Böhmen. Aus seiner Baumschule sind unzählige veredelte Bäume, noch mehr aber einjährige Wildlinge nach allen Gegenden Europas, sogar nach Amerika gewandert. Er sendete zu verschiedenen Versammlungen und Ausstellungen seine jährigen Wildlinge. Man staunte über ihre Stärke und Länge und über ihr vieles und feines Wurzelwerk. Stärke und Länge sind freilich eine ganz natürliche Folge der frühen, reichen Wurzelbildung; diese letztere zu bewirken ist aber für Viele noch ein Räthsel. Das Räthsel können nun Alle wissen und Anwendung davon machen.

Erwähnen muß ich, daß Schamal in seinen Baumschulen keinen sehr humosen, sondern vielmehr einen kiesigen, grobsandigen Boden hat.

Ich will Schamal selbst sprechen lassen, ehe ich über seine Praxis und über die angestaunten Erfolge derselben etwas Weiteres mittheile.

„Durch ein spielend leichtes Umpflanzen oder Piquiren* meiner Baumpflänzlinge in ihrer zartesten Jugend, nämlich nach ihrem Emporkeimen im Mai, bin ich vollends Herr ihres Wachsthums. Piquire ich sie in 6 Zoll abstehende Reihen und in diesen selbst etwa 2—3 Zoll weit von einander, dann werden sie zum Herbst desselben Jahres federkielstark und sind somit bei ihrem schön geregelten Wurzelvermögen zu meiner Zimmercopulation im nächsten Frühjahr am geeignetsten. In 12 Zoll entfernten Reihen werden sie bedeutend stärker, in 24—30 Zoll abstehenden und baumschulmäßigen Reihen aber sogar fingerstark und verhältnißmäßig hoch. Aus einer ähnlichen Pflanzung verkaufte ich einjährige 4—5 Fuß hohe Kirschsämlinge, welche gleich in Alleen an den bleibenden Standort verpflanzt wurden und bis zum Herbst nach der Auspflanzung — daher als zweijährige Sämlinge — die schönsten Kronen hatten. Welch ein wesentlicher Vortheil, wenn man derart um viele Jahre früher zum erwünschten Ziele gelangen kann!"

*) Unter Piquiren versteht man das 2—3 Zoll weite Auseinandersetzen der aufgegangenen Sämlinge, nachdem sie die ersten Blätter getrieben haben.

Der andere berühmte österreichische Obstbaumzüchter hat seine Baumschule in Hitzing nächst Wien. Sein Name ist Hooibrenk. Der Garten desselben liegt am rechten Ufer der Wien und bildete früher einen Theil des verwilderten Flußbettes. Er hat zum Untergrunde grobes Geschiebe, welches kaum fußhoch mit Erde, größtentheils aus Straßenkoth und sonstigen Abfällen bestehend, bedeckt ist. Demungeachtet ist der Stand der Obstbaumsaaten ein vortrefflicher. Ein Gartenbeet enthält 5000—6000 Sämlinge, welche kaum 2 Zoll von einander abstehen, 2—3 Fuß hoch sind und beim Herausheben vorzügliche Wurzeln zeigen, obwohl sie kaum ein Jahr alt sind.

Ueber 12,000 Birn-, Marillen- und Pfirsichensämlinge sind bereits im ersten Herbst, also als einjährige Bäumchen, in Gartengeschirre versetzt und bereits veredelt in Glaskästen befindlich. Die Glaskästen sind 4 Fuß tief in die Erde gegraben und bestehen aus zwei Glasfenstern, welche die beiden Abhänge eines sogenannten Satteldaches bilden. Zwischen diesen Glaskästen sind Mauern von halber Ziegelstärke, welche einen 2 Fuß breiten Gang frei lassen. Ein großer Theil der Fenster gegen die nordwestliche Abdachung ist blos mit ölgetränktem Papier überzogen, und sie widerstehen nach Hooibrenk's Versicherung in ausgezeichneter Weise dem Froste.

Durch die Versenkung der Glaskästen in die Erde, auf welche die Fenster aufstehen, wird die Erdwärme benutzt und bei den Lohbeeten nur eine verhältnißmäßig geringe Heizung benöthigt.

Die Hauptvortheile, welche die in dreifacher Reihe darin über einander gestellten Geschirre mit ihren Obstsämlingen genießen, bestehen in einer gegen Frost geschützten Temperatur, in der erleichterten Uebersicht und in dem Lichte, welches die veredelten Stämmchen genießen, wodurch ihre Entwickelung einen namhaften Vorsprung gewinnt. Es werden nämlich die im Herbst eingesetzten Stämmchen auf ihrem untern Theile dadurch veredelt, daß in der Breite des Edelreises ein Einschnitt in die Rinde gemacht, das Edelreis rehfußartig geschnitten und dem Stamme angepaßt, die gelöste Rinde aber mit einem stärkeren Baumwollenfaden sammt dem Edelreise auf dem Stamme befestigt und der Zusammenstoß des Edelreises mit dem Wildlinge ganz wenig mit warm gemachtem Baumwachs verstrichen wird, um das Vortreten des Edelreises zu verhindern. Hooibrenk versichert, daß, wenn sich in acht Tagen das Wachs löse, dieses ein sicheres Zeichen der gelungenen Operation sei.

Aber nicht alle Gartengeschirre sind in solchen Kästen untergebracht; der bei weitem größere Theil bleibt auch im Winter im Grunde versenkt. Andere werden blos mit ihren Sämlingen niedergelegt und mit Laub bedeckt, um im Falle des Bedarfs zur Hand zu sein. Im Herbst, bis zu welcher Zeit die im Frühjahr eingesetzten Bäumchen Mannshöhe erlangen, wird dann der Stumpf ganz abgeschnitten, worauf die Wunde nach und nach verheilt.

Die veredelten Bäumchen bleiben der leichtern Versendung mit dem Wurzelballen halber und um dem Wachsthum keinen Nachtheil zuzuführen, in Geschirren, welche nach Bedürfniß mit größern vertauscht werden.

Das Geheimniß der starken Bewurzelung gleich im ersten Jahre besteht nach Hooibrenk's Versicherung ganz allein darin, daß, sobald das aus dem Samenkerne hervorgesproßte Pflänzchen das erste Blatt entwickelt und noch zu beiden Seiten seine Samenlappen hat, man dasselbe aus dem Boden hebt, die Hauptwurzel verkürzt und es gleich wieder in den Boden setzt. Dadurch wird die junge Pflanze zum Treiben von Nebenwurzeln gezwungen, welche es möglich machen, dieselbe im Herbst in Gartengeschirre zu versetzen, welche nicht über 3½ Zoll hoch und ebenso breit sind.

Sämlinge, welchen Hooibrenk die Herzwurzel nicht beschnitten hatte, waren kaum 1 Fuß hoch, also um die Hälfte gegen die beschnittenen zurück. Ebenso kürzt Hooibrenk auch die aus Samen aufgegangenen Waldbäumchen an der Herzwurzel mit dem besten Erfolg ein.

Wie schon erwähnt, lassen die meisten Züchter ihre Obstsämlinge 2—3 Jahre auf dem ersten Platze, wo sie keimten, stehen. Das ist ein alter, aber nicht anzuempfehlender Brauch, welcher, wenn man die neuesten Fortschritte in Betracht zieht, den Beweis liefert, daß das Alte nicht immer gut ist, sondern daß man es besser machen kann. Zwar würde man gegen diesen alten Brauch weniger einwenden können, wenn man die Samenkerne einzeln in einer gewissen Entfernung von einander aussteckte, wo dann die daraus hervorgesproßten Bäumchen, wenigstens in der ersten Zeit, Raum genug hätten, um sich naturgemäß zu entwickeln; sie würden bei einer solchen freilich etwas mühsameren Pflanzung im Anfange länger und stärker werden und ein etwas reicheres Wurzelwerk erhalten. Aber das ist für die meisten Obstbaumzüchter eine zu lange dauernde, eine zu kleinliche Arbeit. Sie wollen es sich bequemer machen, und diese Bequemlichkeitsliebe ist eben die Ursache, warum man so hartnäckig beim Alten bleibt. Man macht lieber Furchen für die Aussaat und streut die Kerne in dieselben. Man streut sie gewöhnlich dick ein, weil man glaubt, viele davon würden nicht aufgehen, und wenn auch alle aufgingen, so ständen die Reihen weit genug von einander entfernt, daß die Pflänzchen Raum hätten; allein auf einmal heben sich ganze Klumpen von Erde empor, bewältigt von dicht gedrängt keimenden Pflänzchen, welche bestrebt sind an das ersehnte Licht zu gelangen. Man merkt gar wohl, daß die Pflänzchen zu dicht kommen, allein man weiß keinen Rath oder kümmert sich um keinen. Einen Theil der Pflänzchen auszuziehen, damit die stehenbleibenden besser wachsen können, dazu ist man zu sparsam. Die schlechten wegzuwerfen — denkt man — ist noch immer Zeit, obwohl mit der zugewarteten Zeit viel, sehr viel an allen Pflänzchen verdorben wird. Daß man auch die erst hervorsprossende Pflanze, wenn sie eben nur erst ihre Samenlappen und noch keine Blätter zeigt, verziehen und mit aller Sicherheit, ja sogar mit dem größten Vortheil verpflanzen kann, das weiß man entweder nicht oder man scheut es als einen Anstoß gegen die althergebrachte Bequemlichkeitsliebe. Was ist nun die Folge?

Ein großer Theil der Bäumchen geht im ersten und zweiten Jahre wegen allzugroßen Gedränges zu Grunde. Es ist ein Kampf eines jeden einzelnen Pflänzchens um Behauptung des Raums und seiner Existenz. Die überlebenden stehen aber immer noch zu dicht. Sie schießen zwar etwas höher nach oben, weil sie sonst keinen Raum für ihre Thätigkeit haben und doch thätig sein müssen, bringen aber an ihrem fadenförmigen Stämmchen wenig Blätter hervor und sind also arm an den wichtigsten Organen zu ihrem Wachsthum in der Stärke und in der Länge. Ebenso mißlich, und man kann mit Recht sagen, noch mißlicher steht es mit dem unterirdischen Theile, mit der Wurzel. Da sich diese in der kindlichen Zeit des Pflänzchens um das Vielfache mehr ausbreiten sollte als der oberirdische Theil, so leidet sie noch mehr in Folge der allzugroßen Beschränkung des Raums durch die dicht anstehenden Nachbarn. Wie der oberirdische Theil nur immer nach oben sich drängt, gleichsam nach Luft und Licht schnappend, ebenso dringt der unterirdische Theil immer tiefer nach unten und bildet so eine einzige lange Wurzel, die Pfahlwurzel, ohne kaum bemerkbare Seitenwurzeln. Werden nach 2—3 Jahren die Bäumchen ausgehoben, um baumschulgerecht versetzt zu werden, dann ist man zur Sortirung gezwungen, und man kann sämmtliche Bäumchen füglich und ohne Mühe in drei Klassen theilen: in noch etwas erträgliche Schwächlinge, in bedenkliche Schwächlinge und in zur Zucht ganz untaugliche. Eine vierte Sorte existirt gar nicht mehr, nämlich die während der zwei oder drei Jahre abgestorbenen Bäumchen.

Jetzt erst, nach der Versetzung, athmen die Bäumchen — weil aus dem Gedränge gekommen — etwas freier auf, und da ihre langen Pfahlwurzeln dem Gesetze der Beschneidung — freilich zu spät — unterworfen worden sind, so fangen sie an nach der Seite zu treiben, weil sie dazu gezwungen sind und auch Raum dazu haben. Doch geht das Wachsthum viel langsamer vor sich, als man des weiten Raums wegen, der jedem Pflänzchen zugemessen wurde, glauben sollte, obwohl man damit auch nach dem Versetzen in die Baumschule noch allzu sparsam ist und dadurch mehr verliert als gewinnt. Allzu sparsam sein ist geizig sein, und der Geiz findet immer seine Bestrafung, in unserm Falle in dem langsamen Wachsthum der Bäumchen und in den vielen mißlingenden Fällen der Veredelung.

Wie kann auch das Wachsthum in der Baumschule rasch vorwärts schreiten, da die Bäumchen mit einem Aussehen aus der Baumschule kommen, als hätten sie die Auszehrung, von welcher sie sich auf ihrem freieren Standorte erst nach und nach erholen müssen? Man hat bei dieser Manipulation nicht nur gleich vom Anfange an viele Bäumchen verloren, sondern an den übrigen auch Schwächlinge erhalten, mit denen man sich 7—10 Jahre herumschleppen muß, ehe man sie an ihren bleibenden Standort setzen kann, während man bei einer andern Behandlung, die ich bald näher beschreiben werde, in 4—5 Jahren stärkere, schönere, gesundere, fruchtbarere, dauerhaftere Bäumchen zum Versetzen haben würde. Da hat man also einen bitteren Zeitverlust erlitten, und Zeit ist eine theure Waare, die nicht immer wieder zu erkaufen ist. Wer mit der Zeit zu wirthschaften versteht, nur dem trägt sie reiche Zinsen. Es ist ein großer Unterschied, wenn man ein Kapital zu gleichen Zinsen schon in einem Vierteljahre oder erst nach einem Jahre umsetzt.

Das gerade Gegentheil erfolgt, wenn man die aufgegangenen jungen Pflänzchen, nachdem sie die ersten Blättchen zu bekommen anfangen, sogleich versetzt, so daß jedes einzelne Pflänzchen von dem andern in einer angemessenen Entfernung zu stehen kommt, wie wir dieses oben mit den eigenen Worten Schamal's hörten, wobei etwas freilich die Hauptsache bleibt, welche uns Hooibrenk als Lösung des Räthsels mittheilt.

„Ja — höre ich die starr Conservativen einwenden — wenn man die Pflänzchen gleich nach ihrer Geburt versetzt, dann muß es eine Menge Leichen geben! Das Pflänzchen ist ein gar zu armseliges, zartes, schwaches Wesen, das man kaum wagen darf in die Hand zu nehmen, ohne es beschädigend zu drücken, zu geschweigen, was beim Herausnehmen und Wiedereinsetzen zu Grunde gehen muß. Zudem ist dieses eine zu mühevolle und kleinliche Arbeit, welche bei großen Kernaussaaten ins Unendliche geht. Setzt man die Sämlinge nur 2 Zoll auseinander, dann muß man sie nochmals verpflanzen, wenn sie in baumschulgerechte Abstände zu stehen kommen sollen. Welche endlose Arbeiten! Müssen die Bäumchen bei so wiederholten gewaltsamen Störungen nicht sehr leiden?“

Ich antworte Folgendes, ganz der Wahrheit getreu, auf diese widerwilligen Entgegnungen: Sowohl aus eigener als aus Anderer Erfahrung muß ich bestätigen, daß bei einer so frühzeitigen Ueberpflanzung sehr wenig Pflänzchen eingehen, von hundert kaum 2—3, wenn die gehörige Vorsicht angewendet wird; und wenn auch mehrere eingehen sollten, so ist dieses sicher verschwindend wenig gegen jene Anzahl der eingehenden Bäumchen, wenn, wie gewöhnlich, das Verpflanzen später erfolgt. Zudem wachsen die frühzeitig, gleich nach ihrer Geburt versetzten Bäumchen schneller und vollkommener heran, weil sie mehr Raum haben, während die Bäumchen, wenn man sie längere Zeit dicht beisammen stehen läßt, wie sie aufgegangen sind, aus Mangel an hinlänglichem Raum als Schwächlinge fortwachsen.

Will man bei dem Verpflanzen so sicher als möglich gehen, so warte man einen Regen ab oder nehme zum Begießen seine Zuflucht. Das Verpflanzen selbst macht gar keine größeren Schwierigkeiten als das alljährliche

Versetzen von Millionen anderer kleiner Pflanzen in Garten und Feld. Die über der Oberfläche des Bodens erscheinenden Pflänzchen lassen sich leicht aus der Erde ziehen, besonders wenn man sie etwas angießt oder mittelst des Setzholzes die Erde mit den Pflänzchen von der Seite emporhebt. Zum Wiedereinsetzen macht man mit dem Setzholze ein Loch, hält das Pflänzchen hinein und drückt es etwas mit Erde fest. In einer Stunde kann man Tausende versetzen, wenn Alles dazu vorbereitet ist. Wenn das Verpflanzen gleichwohl nicht ohne alle Mühe abgeht, so wolle man bedenken, daß in der Welt überhaupt nichts zu erringen ist, ohne Mühe anzuwenden. Daß man aber durch ein solches Versetzen der kaum hervorgesproßten Obstbäumchen viel gewinnt, habe ich schon erwähnt und werde weiter unten noch mehr davon sprechen. Und wenn später das Verpflanzen in baumschulgerechte Reihen noch einmal erfolgen muß, weil die bereits herausgewachsenen Bäumchen mehr Raum brauchen und dieses auch behufs der Veredelung nothwendig ist, und wenn endlich das dritte Versetzen aus der Baumschule auf den bleibenden Standort vorgenommen werden muß, so dürfen wir nicht befürchten, daß das Bäumchen in seinem Wachsthum zu sehr gestört werde; gerade diese Störungen wirken auf das fernere stärkere Wachsthum des Bäumchens günstig; gerade hier bewährt sich das alte Sprüchwort sehr anschaulich, welches sagt, daß alle guten Dinge drei sein müssen. Immer ist es der Wurzelreichthum, das Fundament des Bäumchens, welches durch das Versetzen gewinnt. Bei einer dreimaligen Versetzung hat das Bäumchen von einem Versetzen zum andern Zeit genug zum Wachsthum, und eben dadurch, daß es immer in neu zubereiteten Boden, in immer größerer Entfernung von seinen Nachbarn und mit beschnittenen Wurzeln versetzt wird, erhält es stets einen neuen Reiz zum Wachsthum.

Der eigentliche und Hauptzweck dieser so frühen Verpflanzung ist kein anderer, als einen großen Reichthum von Wurzeln an den noch zarten Bäumchen gleich in ihren ersten Lebensjahren hervorzuzaubern. Je mehr Wurzeln, desto besser wächst das Bäumchen; je früher sich die Wurzeln an dem Bäumchen vermehren, desto schneller wächst es heran, so daß es schon nach den ersten Jahren die Kinderschuhe auszieht.

Das ganze Geheimniß, gleich von dem ersten Versetzen an nach dem Hervorsprossen des Bäumchens einen großen Reichthum von Wurzeln an demselben hervorzubringen, besteht aber in Folgendem:

Nachdem das Samenkorn aufgegangen ist und das Pflänzchen die ersten zwei Blätter getrieben hat, nimmt man dasselbe vorsichtig aus der Erde und schneidet ihm etwa zwei Drittel seiner einfachen Wurzel ab, wozu man ein scharfes Messer nimmt, damit der Wurzel durch Reißen, Drücken oder Quetschen kein Schaden zugefügt wird.

Vorher muß man aber schon ein gut zubereitetes Beet in Bereitschaft haben, auf welchem man die leitenden Linien zum Verpflanzen vorgezeichnet hat, damit man die Pflänzchen mit der stark zugestutzten Wurzel sogleich wieder einsetzen kann, ohne sie längere Zeit in freier Luft liegen zu lassen, denn das junge Würzelchen ist noch sehr zart und weich und sehr empfindlich gegen die freie Luft. Diese an sich schon große Empfindlichkeit wird ganz natürlich durch die Verwundung noch mehr gesteigert.

Beim Verpflanzen muß man aber sehr behutsam mit den Pflänzchen umgehen, und zwar muß man sich hüten, seine beiden Samenlappen abzubrechen. Diese sind gleichsam die ersten Blätter oder vertreten vielmehr die Stelle derselben und sind mit Nahrungsstoffen für die erste Existenz des Bäumchens angefüllt. Bei Aprikosen und Pfirsichen bleiben diese Samenlappen in der Regel unter der Erde, bei Aepfeln, Birnen, Pflaumen und Kirschen gehen sie aber mit über die Oberfläche des Bodens heraus. Die Stelle, wo sich die Samenlappen befinden, ist der Indifferenzpunkt, von wo aus die Pflanze nach ihren beiden einander entgegengesetzten Polen zutreibt. Unter den Samenlappen vegetirt die Wurzel, über den Samenlappen treibt der oberirdische Theil empor mit seinen Blättern, Zweigen, Blüthen &c. Die Samenlappen vergrößern sich durch einige Tage, als wollten sie wirkliche, bleibende Blätter werden. Anfangs etwas dicker und weißlich, werden sie nach und nach dünner, platter und grünlich, doch bald, ja fast plötzlich, werden sie gelblich, grau, schrumpfen zusammen und fallen ab. Sie haben ihre Bestimmung erreicht, welche darin besteht, dem jungen Pflänzchen die erste Kindesnahrung zu geben in dem Zeitpunkte und so lange, als sich das Pflänzchen noch nicht selbst ernähren kann, indem die Organe der Ernährung, Wurzel und Blätter, sich eben erst entwickeln, wozu sie die ersten Stoffe aus den Samenlappen entnehmen. Haben diese letzteren ihre Nahrungsstoffe abgegeben, und kann sich das Pflänzchen durch seine eigenen Wurzeln und Blätter forthelfen, dann sind die Samenlappen überflüssig, sie vertrocknen und fallen ab. Man trachte also, dem Pflänzchen beim ersten Versetzen die Samenlappen zu erhalten. Bei der Versetzung braucht das Pflänzchen diese erste Nahrung aus den Samenlappen um so mehr, da es einen großen Theil seines wichtigsten Ernährungsorganes durch das starke Verkürzen der Wurzel verloren hat und in seiner Entwickelung einige Störung erleidet.

Ferner ist es nothwendig, daß die Samenlappen bei jenen Obstarten, wo sie nach dem Keimen der Samen über der Erde erscheinen, wie bei Aepfeln, Birnen, Pflaumen und Kirschen, beim Versetzen auch wieder über die Erde zu stehen kommen, weil im entgegengesetzten Fall die Samenlappen vor der Zeit eingehen und das Pflänzchen längere Zeit kümmerlich fortvegetiren würde. Sind die Samenkerne der Pflaumen etwas zu tief in die Erde gekommen, und bleiben deshalb beim Keimen die Samenlappen unter der Erde, so sieht man den über der Erde erscheinenden Pflanzen gleich an, daß an ihnen etwas nicht in Ordnung ist. Von den Samenlappen der Pfirsichen und Aprikosen habe ich schon erwähnt, daß sie beim Keimen unter der Erde bleiben; beim Versetzen bringe man sie daher naturgemäß wieder unter die Erde, obgleich ich absichtlich an einigen Pflänzchen dieser Obstsorten die Samenlappen ohne Erdbedeckung ließ, wodurch sie eine graue Farbe wie die Blätter erhielten und ungestört fortwuchsen.

Aus meinen eigenen Erfahrungen kann ich noch Folgendes anführen: Es ist nicht nothwendig, daß man gerade auf das Erscheinen der ersten Blätter wartet, wie Hooibrenk angibt, indem derselbe vielleicht der Meinung ist, als könne das Pflänzchen nicht früher und auch nicht später mehr versetzt werden.

Kommen die Pfirsichen- und Aprikosenpflänzchen über die Erde, so kann man nicht einmal wahrnehmen, wie viel Blätter sie haben, weil diese Anfangs zu sehr an dem Stengel anliegen. Wartet man, bis sich die Blätter von dem Stengel etwas entfernen und eine freiere Stellung nehmen, so findet man auf einmal 5—6 Blätter. So viel habe ich als sicher erfahren, daß jene Pflänzchen, welche noch gar keine Blätter zeigten, sondern die Samenlappen noch ganz zusammenliegend hatten, am besten fortwuchsen, auch wenn ich sie bei Sonnenschein setzte und das Sonnenlicht den ganzen Tag darauf fiel. Ich drückte sie fest in die Erde ein, so daß nur die Samenlappen von der Erde unbedeckt blieben, und begoß sie nur einmal. Ich staunte über das Verhalten derselben. Es schien, als wenn sie ganz unempfindlich gegen das Versetzen und die Verkürzung der Wurzel wären; sie wuchsen schnell und mit einer gewissen Ueppigkeit empor. Die Samenlappen vergrößerten sich ungewöhnlich, und unmittelbar darüber erschienen die ersten Blätter in vollkommenster Gestalt. Die Bäumchen zeigten in kurzer Zeit eine solide Stämmigkeit, wie sie nur gewünscht werden konnte. Da bei diesem ersten Versetzen des Bäumchens das Beschneiden des Würzelchens behufs der Vermehrung des Wurzelreichthums eigentlich die Hauptsache ist, so könnte man vielleicht glauben, daß jene Keimlinge, welche man mit noch geschlossenen Samenlappen und ohne entwickelte Blättchen versetzen will, die Operation der Wurzelverkürzung noch nicht zulassen werden, indem etwa von einer Wurzel noch nicht viel zu sehen ist; ich kann aber versichern, daß ich bei allen derartigen Bäumchen jederzeit schon eine mehr oder weniger lange Wurzel vorgefunden habe, von welcher ich ein gutes Stück abstutzen konnte. Bei keimenden Aprikosen und Pfirsichen erscheinen die Blätter sogleich über der Erde, sie liegen aber noch ganz zusammengerollt um den Stengel, und läßt man die hervorgesproßten Bäumchen nur 2—3 Tage stehen, so sind auf einmal 4—6 Blättchen zum Vorschein gekommen, welche sich von dem Stengel losgewunden und ihre natürliche Stellung eingenommen haben. Man kann wohl solche Pflänzchen mit Verkürzung ihrer Wurzel verpflanzen, allein man muß sich darauf gefaßt machen, daß mehrere dabei zu Grunde gehen. Ich habe gefunden, daß die Versetzung bei allen Obstbäumchen mit desto mehr Verlust verbunden ist, je mehr sie schon Blätter entwickelt haben. Am meisten Verlust ist bei Kirschen, Pflaumen, Aprikosen und Pfirsichen, am wenigsten bei Birnen und Aepfeln zu befürchten. Mehr Verlust hat man bei Verpflanzungen in Töpfe als ins freie Land.

Bei Aprikosen und Pfirsichen darf man nicht gleich an deren Fortkommen verzweifeln, wenn etwa die Pflänzchen von oben herab zu vertrocknen anfangen und vielleicht wirklich bis zur Erde herab vertrocknen. Ich habe gefunden, daß mehrere der von oben herab vertrockneten Bäumchen weiter unten wieder von Neuem trieben und sogar mehrere Triebe ansetzten, von denen man freilich nur einen fortwachsen lassen darf.

Ich kann nicht umhin, hier eine merkwürdige Erscheinung beizufügen, welche vielleicht Vielen nicht bekannt sein dürfte und den Beweis liefert, daß die Natur bestimmten Gesetzen folgt. Da ich trachtete, die Verpflanzung gleich beim ersten Hervorsprossen des Pflänzchens über die Erde vorzunehmen, so war ich fast jede Stunde des Tags auf dieses Hervorsprossen aufmerksam und belagerte so zu sagen mein Samenbeet. Da bemerkte ich denn, daß sich die Pflänzchen nur des Vormittags über die Erde hervormachten. Daß die so wirksame Morgensonne ihren guten Theil an dieser Erscheinung hat, ist mehr als wahrscheinlich.

Sollten die aufgegangenen Bäumchen ohnehin schon etwas entfernter von einander stehen, auch wohl schon mehr als zwei Blättchen haben, wo dann die Verpflanzung etwas unsicher ist, und man will ihnen auch ohne ein Versetzen den Vortheil der Wurzelverkürzung zu Theil werden lassen, so könnte man die Pfahlwurzel auch dadurch abschneiden, daß man mit einem Messer etwas schief unter die Erde nach dem muthmaßlichen Orte der Wurzel fährt und diese so abschneidet. Ganz passend dazu wäre eine Art Meisel mit einer Schärfe nach der Breite, wie ihn die Tischler haben. Ich habe damit mehrere Versuche gemacht, und damit ich die Wurzel ganz sicher traf, nahm ich nach einer Seite des Pflänzchens die Erde so weit hinweg, bis ich die Wurzel zu Gesicht bekam. Nach einem solchen Abstechen der Wurzel wuchs das Bäumchen sehr gut fort, und der später erfolgende üppige Wuchs gegen andere nicht so behandelte Bäumchen zeigte, daß diese Operation ihre guten Folgen hatte.

Es ist nothwendig, daß ich noch Einiges über die Vegetation der Wurzel und über die Wirkung des Beschneidens derselben sowohl beim ersten Versetzen in frühester Zeit, als auch beim wiederholten spätern Versetzen sage, um so manche Erscheinungen zu erklären.

Der aufmerksame Beobachter wird wahrgenommen haben, daß beim Keimen des Samens der unterirdische Theil des Pflänzchens, die Wurzeln, sich früher entwickelt, als der oberirdische Theil und diesem sowohl der Zeit als dem Umfange nach bedeutend voraneilt. Das Würzelchen ist bereits ziemlich tief in die Erde hinabgedrungen, ehe das sogenannte Federchen oder Stämmchen nach oben in die lichte Atmosphäre zu streben beginnt. Das nach der Tiefe geradeaus in senkrechter Richtung dringende Würzelchen ist eigentlich die sogenannte Pfahlwurzel, an welcher sich bald einige feine Seitenwürzelchen, freilich oft nur sparsam und von geringer Länge, ansetzen. Letztere sind die sogenannten Haarwurzeln, von welchen man glaubt, daß sie vorzugsweise die Organe der Einsaugung der Nahrungsstoffe für die Pflanzen sind, obwohl es gewiß ist, daß auch die stärkeren Wurzeln unmittelbar daran theilnehmen. Diese Haarwurzeln werden mit der Zeit stärkere Wurzeln und hören somit auf, Haarwurzeln zu sein. An diesen stärkeren Wurzeln setzen sich aber immer wieder Haarwurzeln an. Wie der Baum an seinem oberirdischen Theile immer weiter treibt, so auch der unterirdische Theil. Am oberirdischen Theile ist es hauptsächlich der Herz- oder Gipfeltrieb, welcher vor den Seitentrieben immer einen Vorsprung im Wachsthum hat, woran seine senkrechte, freiere und lichtere Stellung, sowie der Zug der Nahrungssäfte Ursache sein mögen. Ebenso ist es am unterirdischen Theile der Herz- oder Pfahlwurzel, welche vor allen andern Wurzeln im Wachsthum vorauseilt, und zwar in senkrechter Richtung nach der Tiefe. Pfahlwurzel als unterirdischer Theil und Stamm als oberirdischer Theil liegen in einer und derselben senkrechten Linie; die Wurzel ist nichts anderes als der umgekehrte oberirdische Stamm mit seinem Gipfel und seinen Seitenzweigen. Jeder wächst nach dem Elemente, in dem er sich befindet; daher können aus den Wurzeln Blätter, Zweige und Blüthen werden und die oberirdischen Zweige im Gegentheil zu Wurzeln sich gestalten, je nachdem die Elemente an ihnen, die lichte Atmosphäre und die finstere Erde, wechseln. Die Pfahlwurzel mit ihren Seitenwurzeln ist die unterirdische Krone des Baumes mit Aesten und Zweigen, und nach dieser unterirdischen Krone richtet sich im Verhältniß auch die oberirdische Krone.

Nimmt man im ersten oder auch zweiten Jahre ein Bäumchen sehr vorsichtig mit allen seinen Wurzeln heraus, so wird man die auffallende Erfahrung machen, daß das Wurzelwerk eine größere Ausdehnung hat als der oberirdische Theil, und daß insbesondere die Pfahlwurzel weit länger ist als jener, vorausgesetzt, daß der Pfahlwurzel kein Hinderniß in ihrem Streben nach unten sich entgegenstellt. Schon beim Keimen bemerkt man, daß dieses Würzelchen viele Male länger ist als das eben erst erscheinende Federchen, aber auch noch in einem Alter von 1—2 Monaten ist die Pfahlwurzel 2—3 Mal länger als das oberirdische Stämmchen. Nach und nach setzt sich aber der unterirdische Theil mit dem oberirdischen ins Gleichgewicht. An Länge bleibt die Pfahlwurzel gegen die Höhe des Gipfels später aus ganz natürlichen Gründen zurück, obwohl erstere, wenn es der Untergrund zuläßt, mehrere Klaftern tief in den Boden dringt und man schon Wurzeln unter dem Fußboden sehr tiefer Keller gefunden hat.

Daß das Würzelchen im Anfange sowohl der Zeit als der Ausdehnung nach einen Vorsprung vor der oberirdischen Pflanze hat, ist eine sehr weise Einrichtung der Natur. Das Würzelchen hat die Bestimmung, dem oberirdischen Theile der Pflanze nicht nur so bald als möglich Nahrung zuzuführen, sondern demselben auch den gehörigen festen Stand zu verschaffen. Um beide Zwecke sobald als möglich zu erfüllen, eilt das Würzelchen der Entwickelung des oberirdischen Theiles voraus; es erscheint der Zeit nach früher und bildet in der ersten Zeit eine größere Masse. Die Pfahlwurzel ist also ganz naturgemäß und nothwendig, und die Natur wird so lange mit besonderer Fürsorge für das Wachsthum derselben einstehen, als der Mensch keine Eingriffe in ihre Oeconomie macht. Ein solcher Eingriff ist aber die Verpflanzung.

Obwohl die Natur durch verschiedene ihr zu Gebote stehende Mittel, durch Wind, Wasser, Thiere ꝛc., die von ihr erzeugten Samenkörner in geringere und größere Entfernungen ausstreut und zur Befruchtung bringt, so unternimmt sie doch keine Versetzung von Pflanzen; sie läßt sie stehen an dem Orte, wo sie aus Samen oder als Ausläufer von Wurzeln derselben Pflanze entstanden sind. Daher wachsen auch die Wurzeln nach ihrer ersten Anlage und Richtung meistens nach der Tiefe fort. Sie werden von keiner cultivirenden Hand gestört und nach keiner andern Richtung hin abzuweichen genöthigt, als die weisen Gesetze der Natur ihnen vorzeichnen. Der Haupt- oder Pfahlwurzel wird die Richtung durch den oberirdischen Stamm vorgezeichnet, von dem sie ebenso sehr die Fortsetzung als der Gegensatz ist, und wie sich der eine Stamm bis in den Gipfel hinauf verzweigt, ohne sich als Stamm zu verlieren, so verzweigt er sich auch als Pfahlwurzel, ohne sich und ihr Streben in die Tiefe aufzugeben. Im Naturzustande sind die Bäume noch nicht in jene Entfernung von einander gepflanzt, welche es gestatten könnte, daß die Wurzeln weit nach der Seite hin zu dringen vermögen; auch ist der Boden noch nicht so cultivirt und mit Nahrungsstoffen künstlich noch nicht so bereichert, daß die Wurzeln instinctmäßig nach der reichern Nahrung an der Oberfläche des Bodens sollten hingezogen werden; im Gegentheil hat die junge Pfahlwurzel einen Zug nach der Tiefe durch die in derselben befindliche größere und gleichmäßigere Feuchtigkeit, welche theils selbst Nahrung ist, theils Nahrung zuführt. Dieses tiefere Eindringen in den Untergrund — oft der einzige Weg der Wurzel im Naturzustande bei dichtem Baumbestande — erhält die schwere Masse des hoch emporstrebenden und nach allen Seiten sich weit ausbreitenden Baumes gegen Wasser, Wind ꝛc. in einem sicheren Stande.

Anders verhalten sich die Pflanzen unter der cultivirenden Hand des Menschen, welcher sich Eingriffe in den natürlichen Gang der Dinge erlaubt, um gewisse Zwecke zu erreichen, z. B. um gewisse Pflanzen für die Bedürfnisse des Menschen tauglicher zu erziehen. Man darf hierbei nicht eigentlich ein Umstoßen oder Umgehen der weisen Naturgesetze annehmen, sondern man benutzt vielmehr diese Gesetze selbst zur Erreichung gewisser Zwecke, indem man sie so leitet, daß letztere dadurch gefördert werden. Die Hand des Menschen ergreift nicht nur die Samen der Pflanzen und streut sie an beliebigen Orten aus und cultivirt sie daselbst, indem sie dem daraus hervorkeimenden Pflanzenmund im Boden, ja schon dem Samen selbst eine zusagende Pflege angedeihen läßt, sondern sie hebt auch die Pflanzen selbst aus dem Boden und versetzt sie an andere Orte in eine andere Ordnung; ja, sie benutzt das Versetzen an und für sich schon als Mittel, um gewisse Zwecke mit der versetzten Pflanze zu erreichen.

Betrachten wir das Versetzen des Bäumchens etwas näher, um die Veränderungen zu erfahren, welche es dadurch erleidet. Bei dieser Operation werden viele Wurzeln verletzt, welches Schicksal besonders die Pfahlwurzel betrifft, welche die Natur so sehr auszubilden sucht, als könnte das Bäumchen ohne sie nicht gedeihen. Theils kann die Pfahlwurzel beim Ausheben der Pflanze nicht nach ihrer ganzen Länge aus der Tiefe des Bodens, bis zu welcher sie gedrungen, herausgebracht werden, und wenn dieses auch mit großer Mühe und Aufopferung an Zeit geschehen könnte, so würde es dennoch ohne Verletzungen nicht abgehen; größtentheils wird aber ein Theil abgerissen und im Boden gelassen; das Verletzte muß abgeschnitten werden, wenn das versetzte Bäumchen nicht Schaden leiden soll; theils ist es unmöglich, wenn man auch bei mehr erwachsenen Bäumchen die vollständige Wurzel herausheben könnte, diese wieder nach ihrer ganzen Länge in den Boden einzusetzen, indem eine zu tiefe Grube dazu erforderlich wäre. Das Bäumchen verliert also beim Versetzen einen großen Theil nicht nur von seinen stärkeren Wurzeln, sondern auch von seinen Haarwurzeln, und von letzteren um so mehr, je zahlreicher sie sich an den Enden der stärkeren Wurzeln angesetzt haben, welche gerade beim Versetzen verloren gehen.

-Das seiner Wurzeln so stark beraubte Bäumchen wird nun versetzt in dem Glauben, daß es fortwachsen werde, und diesen Glauben sieht man in kurzer Zeit zur Wahrheit werden. Der oberirdische Theil treibt ziemlich bald nicht nur Blätter, sondern auch Zweige. Es muß also auch die Wurzel leben. Wie mag es aber mit den Wurzeln, insbesondere mit der am stärksten beschnittenen Pfahlwurzel stehen? Nehmen wir im Herbst oder Frühjahr das Bäumchen vorsichtig aus dem Boden, um alle seine Wurzeln zur genauen Untersuchung zu erhalten, so wird sich herausstellen, daß das Bäumchen durch dieses abermalige Herausheben aus dem Boden nicht verloren ist, wenn es nur sorgfältig wieder versetzt wird. Was findet man an den Wurzeln?

Durch das Verkürzen der Pfahlwurzel und anderer stärkerer Wurzeln wurde deren Treiben nach unten Einhalt gethan. Nicht nur an der Schnittfläche, sondern auch weiter nach oben setzten sich mehrere Seitenwurzeln an in Gestalt von Haarwurzeln, also gerade solche Wurzeln, von denen man annimmt, daß sie zum Einsaugen der Nahrungsstoffe die tauglichsten seien. Hatte man beim Einsetzen schon vorhandene Haarwurzeln mit in die Erde gebracht, so wird man finden, daß diese fast gar keine Fortschritte gemacht haben, daß sie im Gegentheil größtentheils verschwunden sind, während die aus den stärkeren Wurzeln neu hervorgetriebenen Haarwurzeln ein üppiges Wachsthum zeigen. Die neuen Wurzeln laufen auch mehr horizontal aus und bleiben der Oberfläche des Bodens näher, wahrscheinlich deshalb, weil man beim Versetzen des Bäumchens um den Wurzelstock die bessere Erde gibt, welche man vorräthig hat. Dadurch nehmen die Wurzeln auch mehr theil an den so wohlthätigen Einflüssen der Atmosphäre, besonders aber an deren Wärme; dadurch wird aber auch das Wachsthum und die Vermehrung der Wurzeln nach allen Seiten befördert. Vertheilen sich die Wurzeln nach allen Seiten in gehöriger Ordnung, so wird man dieses auch bald an der Krone des Baumes bemerken; dieselbe wird eine regelmäßigere Vertheilung ihrer Aeste und Zweige erhalten.

Man hat den Glauben, daß jede Wurzel ihren besonderen Ast an der Krone zu ernähren habe. Ich kann nicht sagen, ob und wieviel Wahrheit an diesem Glauben ist.

Einen Vortheil muß ich aber noch erwähnen, welchen die vielen nach den Seiten von der zugestutzten Pfahlwurzel auslaufenden Seitenwurzeln gewähren; dieser Vortheil ist folgender: Merkt man, daß der Baum in spätern Jahren Mangel an Nahrungsstoffen leidet, oder will man sein Wachsthum befördern, seine Fruchtbarkeit und die Güte seiner Früchte erhöhen, so kann man in dieser Hinsicht sehr viel thun, wenn die Wurzeln des Baumes flacher verlaufen; man kann dem Baume durch Umgraben, durch Dünger, durch bessere Erde 2c. zu Hilfe kommen.

Denken wir uns einen Obstbaum — denn finden wird man kaum einen, — der nicht versetzt wurde, welcher also auf der Stelle, wo er aus seinem Samen hervorwuchs, stehen blieb und veredelt wurde. Seine Pfahlwurzel drang so tief als sie nur konnte in den Untergrund, wobei sie gewiß weniger Seitenwurzeln, am allerwenigsten aber in der Nähe der Oberfläche des Bodens trieb, weil sie ihrem natürlichen Triebe nach unten folgen konnte. Dabei kommt die Pfahlwurzel in einen Boden, welcher weniger Nahrungsstoffe hat und weit kälter ist als die obere Krume. Ich bezweifle gar nicht, daß auch ein solcher Baum eine Größe erreichen kann, welche jene der verpflanzten Bäume noch übertrifft, aber sicher wird sein Wachsthum weit langsamer von Statten gehen und seine Früchte werden kaum die Qualität erlangen wie die seiner verpflanzten Nachbarn.

Welch vortheilhaften Einfluß ein besserer, wohl zubereiteter Boden auf das Wachsthum des Baumes und dessen Früchte hat, zeigen jene Bäume, welche in einen rajolten Boden versetzt wurden. Nach meinen Beobachtungen in dieser Hinsicht muß ich Allen, welche an ihren versetzten Bäumchen baldige und große Freude erleben wollen, das Rajolen zu jedem Baume empfehlen. Wenn die Kosten des Rajolens auch etwas hoch zu stehen kommen, so zahlt sie doch das üppige Wachsthum und die Fruchtbarkeit überreichlich zurück. Da, wo eine neue Obstanlage nicht von der Stelle wachsen will, ist das Rajolen das einzige Hilfsmittel, welches bald ein freudiges Wachsthum veranlaßt.

Bei der Anzucht edlerer Früchte sorgt man für deren besseres Gedeihen dadurch, daß man in einer geringen Tiefe unter der Oberfläche des Bodens von Ziegeln oder Steinen ein Pflaster anlegt, durch welches keine Wurzeln dringen können; diese werden also genöthigt, über dem Pflaster zu bleiben, wo man ihnen einen fruchtbaren Boden gibt, in welchem sie sich nicht nur ausbreiten können, sondern auch reiche Nahrung und größere Wärme finden. Eine gleiche Bewandtniß hat es auch mit dem Topfbaume, bei welchem die Pfahlwurzel auf das schärfste beschnitten wird. Dieses und die bessere Erde bewirken, daß in kurzer Zeit der ganze Topf voll Wurzeln ist, welche alle als die schönsten Haarwurzeln erscheinen.

So hat denn das bloße Versetzen unserer Obstbäume, wobei die Wurzeln, besonders die von der Natur so sehr bevorzugte Pfahlwurzel, beschnitten werden müssen, die Obstbaumzucht sehr befördert. Die Natur rächt sich keineswegs, daß man eins ihrer weisesten Gesetze in Hinsicht der Bevorzugung der Pfahlwurzel durch menschliche Cultur beschränkt, sie wird vielmehr durch diese Beschränkung auf eine andere ebenso weise als wohlthätige Art wirksam, indem sie ihre ganze Kraft auf Erzeugung vieler Haarwurzeln hinwendet.

Wir wenden das Beschneiden an den oberirdischen Theilen des Baumes mit großem Vortheil an, bringen diesen zum stärkern Triebe, befördern die Vermehrung und Regulirung der Krone und deren Fruchtbarkeit, ja wir wirken dadurch sogar auf das stärkere Wachsthum der Wurzel zurück. Freilich gehört zu einem gedeihlichen Schnitt des oberirdischen Theils des Baumes eine wohl eingeübte Praxis, gestützt auf eine genaue Kenntniß der Natur, indem wir ihre Wirkungsweise vernünftig leiten und für unsern Nutzen auszubeuten suchen.

Wenn der Schnitt am oberirdischen Theile des Baumes so günstige Wirkungen hervorbringt, warum sollte er dieses nicht auch am unterirdischen Theile, an der Wurzel, thun, da, wie ich schon erwähnte, die Wurzel nichts anderes ist als eine Nach- oder Vorbildung des oberirdischen Theiles des Baumes, nur mit Abänderung des Elementes, in welchem sich die Wurzel befindet? Wir finden an dieser einen Stamm, Aeste und Zweige. Man beschneidet an einem Bäumchen den Herztrieb, um mehr Seitentriebe, um eine ausgebreitete Krone zu erhalten. Die Pfahlwurzel ist gleichfalls der Herztrieb der Wurzel; beschneidet man sie, so wird sie genöthigt, mehr Seitenwurzeln anzusetzen oder sich in den schon vorhandenen kurzen und schwachen Seitenwurzeln mehr auszubreiten. Man beschneidet am oberirdischen Baume einen schwachen Zweig schärfer, um ihm mehr Triebkraft und Stärke zu geben. Warum sollte dieses nicht auch an der Wurzel der Fall sein? Die Erfahrung spricht wirklich dafür. Jedes Beschneiden am Stamme oder der Wurzel verursacht eine Concentrirung des Saftes, und es liegt sehr in unserem Willen, wohin wir den concentrirten Saft leiten wollen, wenn wir mit gehöriger Einsicht beim Beschneiden verfahren. Die Natur wirkt bei Bildung der Wurzel nach demselben Gesetze wie bei Bildung des Stammes; sie begünstigt für sich, ohne Eingriff der Menschen, bei beiden den Herztrieb, hier die Pfahlwurzel, dort den Gipfeltrieb. Die Cultur kann durch Beschneiden beider dieselbe Wirkung hervorbringen und durch Beschränkung des einen Naturgesetzes die Wirksamkeit eines anderen befördern.

Das Beschneiden der Wurzel und der Krone ist freilich eine Verwundung des Baumes, eine Störung seines natürlichen Wuchses, ein gewaltsamer Eingriff in die Gesetze der Natur; der Erfolg zeigt aber, daß solche Wunden nur ein neuer Reiz für die Vegetation des Baumes werden, daß der Baum diese gewaltsamen Eingriffe in die Gesetze seines Wachthums zu Gunsten der Menschen willfährig verwendet, und daß nach kurzer Störung ein rascher Anlauf zum Wachsthum eintritt, welcher die kleine Verzögerung mehrfach wieder einbringt.

In neuerer Zeit hat man sogar durch eine kleine Verwundung mittelst der Spitze einer Nadel oder eines Federmessers Augen, Blätter und Triebe auf diejenige Stelle des Baumes hingezaubert, wo sie fehlten.

Die Erfahrung, daß man durch Verkürzung der Pfahlwurzel und anderer stärkerer Wurzeln den Reichthum der Seitenwurzeln bedeutend vermehren kann, war freilich schon längst allen Obstbaumzüchtern bekannt, aber sie haben diese Erfahrung nicht so ausgebeutet, wie sie es wohl zum großen Nutzen der Obstbaumzucht und zu ihrem eignen Vortheile verdient hätte. Man hat nicht zeitig genug diese Operation der Verkürzung an dem Bäumchen begonnen und dadurch viel versäumt, was später nicht mehr einzuholen war. Erst in der neuesten Zeit gab es Männer, welche Versuche mit dem Verschneiden der Pfahlwurzel gleich nach der Geburt des Bäumchens aus dem Samen vornahmen und dadurch Erfolge erzielten, welche räthselhaft und wunderbar erschienen.

In neuerer Zeit gibt es selbst gelehrt sein wollende Männer, welche die möglichste Schonung der Pfahlwurzel vertheidigen, weil sie dieselbe für nothwendig zur Befestigung des Baumes im Boden halten. Mir selbst wurde diese Entgegnung gemacht, als ich bereits in den vierziger Jahren über Erziehung von Aprikosenbäumchen aus Samen schrieb und empfahl, ohne später erfolgende Veredelung die Pfahlwurzel stark zu beschneiden. Ich glaube aber, daß der Baum durch die vielen Seitenwurzeln, welche nach Verkürzung der Pfahlwurzel aus dieser hervortreiben und weit nach allen Seiten ausgreifen, einen viel festeren Stand erhält, da er auf einer sehr breiten Wurzelbasis ruht.

Einen nicht unbedeutenden Vortheil muß ich hier noch anführen, welcher ebenfalls auf einer Abweichung von der uralten Praxis beruht und als eine empfehlenswerthe Neuerung angesehen werden kann.

Wenn man die aufgegangenen Pflänzchen sogleich mit Verkürzung ihrer Pfahlwurzel versetzt, und zwar auf Beete in Reihen, welche ungefähr 1 Fuß weit von einander entfernt sind, und in den Reihen selbst wieder jedem Bäumchen eine etwas größere Entfernung von seinem Nachbar gibt, so ist es möglich, schon im zweiten Jahre zur Veredelung zu schreiten, entweder durch Copuliren im Frühjahre oder durch Oculiren im Sommer. Die Veredelung wird nicht nur sehr sicher gelingen, sondern man wird auch einen sehr starken Trieb vom Edelreise oder Edelauge erwarten können, denn das Bäumchen ist schon nach einem Jahre stark genug und sehr kraftvoll herangewachsen und das Wurzelvermögen überaus reich geworden. Ich halte diese Zeit bei also behandelten Bäumchen gerade für die passendste zur Veredelung. Das ist freilich eine Neuerung, worüber Viele mit Bedenken oder Lächeln den Kopf schüttelten, als ich sie ihnen vorschlug und noch hinzufügte, daß man die Bäumchen erst nach dieser zeitigen Veredelung baumschulenmäßig aussetzen solle. Man machte den Einwand, daß einjährige Bäumchen noch zu schwach zur Veredelung seien und noch nicht die gehörige Triebkraft hätten.

Es freut mich deshalb nicht wenig, daß einer meiner Landsleute mit mir gleicher Ansicht in dieser Beziehung ist und diese seine Ansicht durch eine vieljährige Praxis als erprobt und ungemein vortheilhaft findet. Dieser Mann ist Franz Malicoa, fürstl. Schwarzenbergischer Obergärtner in Neuschloß bei Postelberg. Derselbe sagt:

„Es ist bisher üblich, Wildlinge in Baumschulen in die Reihen zu pflanzen, um sie daselbst zu veredeln. Das Resultat dieses Verfahrens gab aber stets einen ungleichmäßigen Stand der edlen Bäume, denn bei der größten Vorsicht und Sorgfalt mißrieth doch hier und da die Veredelung, wodurch später die Baumreihen unvollständig werden mußten. Gewöhnlich ließ man bisher die Wildlinge 1—2 Jahre in der Baumschule stehen, ehe sie zur Veredelung tauglich waren; dann begann man das Veredelungswerk selbst mit Oculiren; mißlang dieses, so copulirte man. Nun wurde die verstümmelte, durch mehrere Wunden bereits entstellte Unterlage dem gewaltthätigen Pfropfen unterzogen, und mißlang endlich auch diese Veredelungsmethode, so waren unterdessen 2—3 Jahre verstrichen, ohne daß der sorgfältige Pflanzer bei dem sich offenbarenden lückenhaften Stande sich eines Gelingens zu erfreuen hatte.

„Folgendes Verfahren, auf vieljährige Praxis, sowie auf

immer günstigem Erfolge beruhend, möchte ich durch Veröffentlichung zu einem Gemeingut machen. Bei größeren Obstanlagen erscheint es nicht nur räthlich, sondern sogar nothwendig, einen besonderen Raum für eine Saat- und einen für eine Pflanzschule auszumitteln; unter ersterem ist der Ort der Samenaussaat, unter letzterem jener Platz verstanden, in den durch Verstupfen oder Piquiren die Sämlinge zu dem Zweck übersetzt werden, um an ihnen gehörige Wurzelkronen unter gleichzeitiger Veredelung zu bilden und sie für die künftige Auspflanzung in die eigentlichen Baumschulreihen geschickt zu machen.

„In dieser dazu vorbereiteten Pflanzschule werden 3 Fuß breite Beete abgetreten und auf jedem dieser Beete vier Reihen, 6 Zoll von einander entfernt, gezogen. Diese Zwischenräume sind für die Reinhaltung, Lockerung und Veredelung zureichend. Diese vier Reihen auf jedem Beete werden der Länge nach mit vorgerichteten Sämlingen in 3 Zoll Entfernung besetzt. Nachdem diese Sämlinge in den Pflanzbeeten die Stärke eines Federkieles erlangt haben, was öfters schon im ersten, längstens im zweiten Jahre der Fall ist, macht man die Eintheilung mit den Obstsorten, um sie schon hier mit ihren richtigen Benennungen bezeichnen zu können, und damit man, wenn sie in die eigentliche Baumschule verpflanzt werden, die Ordnung erhalte. Sofort wird zur Veredelung jener Stämmchen, welche die geeignete Stärke haben, geschritten. Diese am Orte der Pflanzschule veredelten Bäumchen werden den Sommer hindurch gepflegt, im künftigen Frühjahr ausgehoben und in die eigentlichen Baumschulreihen als einjährige edle Bäumchen gepflanzt, woraus der Vortheil erwächst, daß man beim künftigen Ausheben der erwachsenen Bäume dieselbe Abtheilung in einem, längstens in zwei Jahren zugleich verpflanzen kann, während man bei dem gebräuchlichen Verfahren stets einen ungleichen Stand hat.

„Diejenigen Unterlagen, bei welchen die Copulation in der Pflanzschule mißlang, können im künftigen Frühjahr gepfropft oder abgeplattet werden; letztere Veredelungsmethode erscheint mir nicht so gewaltthätig zu sein als das Pfropfen.

„Dieser Ort soll die Veredelungsschule sein, wo man für die Baumschule alljährlich edle Bäumchen gewinnt, die sodann in die eigentliche Baumschule aussetzbar erzogen werden. Diese Methode der Aufzucht hat zugleich den Vortheil, daß durch das mehrmalige Versetzen die vollkommene Ausbildung der Wurzelkronen sehr gefördert und viel Zeit und Arbeit erspart wird.

„Was endlich den Schnitt bei der Verpflanzung betrifft, so wird der edle Trieb auf drei Augen zurückgeschnitten. Aus demselben wächst schon im ersten Jahre nach dem Verpflanzen ein beträchtlicher Trieb, der sodann nach bekannter Weise mit oder ohne Stange behandelt wird."

Auch Lucas befolgt dieselbe Methode. Derselbe verstupft die aufgegangenen Bäumchen auf 3 Fuß breite Rabatten, jedoch in querlaufenden, 9 Zoll von einander entfernten Reihen. Im nächsten Jahre werden die Bäumchen durch Copulation veredelt und dann erst in die eigentliche Baumschule versetzt.

Lucas macht die fernere zu berücksichtigende Bemerkung: „Bei der so frühen Veredelung im zweiten Jahre nach der Aussaat wird man wahrnehmen, daß der Stamm des jungen Bäumchens zwar nicht so rasch in die Höhe treibt, als wenn mehrjährige, schon feststehende Wildlinge veredelt werden, er wächst aber dafür weit kerniger empor, und das Wurzelvermögen wird bedeutend verstärkt. Eben dieses kernige, stämmige Emporwachsen ist einer der größten Vortheile, besonders wenn man in der Baumschule keine Pfähle anwenden will."

Ich komme endlich zu einem Punkte, über welchen Theoretiker und Praktiker einander in den Haaren liegen. Einer unserer größten Praktiker, dessen Erfolge Staunen erregen, behauptet, bei dem Versetzen der Bäumchen an ihren bleibenden Standort habe man gar keine Ursache, die Haarwurzeln zu schonen; man könne sie nach Belieben abreißen und sogar mit der Hand abstreifen; sie trügen zum Wachsthum des eben versetzten Bäumchens nichts bei, ja seien sogar noch hinderlich; man habe vielmehr nur die stärkeren Wurzeln vor Verwundungen zu schützen und sie sorgfältig zu beschneiden. Diese letzteren saugten gleich nach dem Versetzen die nothwendigen Nahrungsstoffe ein und trieben desto mehr Seitenwurzeln in kurzer Zeit, je mehr sie von den beim Herausheben aus dem Boden anhängenden vielen Haarwurzeln befreit würden. Würden diese Haarwurzeln mit in die Erde gebracht, so gingen sie ohnedies größtentheils zu Grunde.

Die Theoretiker sagen: Die Haarwurzeln sind gerade beim Versetzen am meisten zu schonen, weil sie es vorzugsweise sind, welche die Nahrungsstoffe für den Baum in der Erde einsaugen. Je mehr derselben an dem zu versetzenden Bäumchen bleiben, desto besser und schneller wird es fortwachsen. Wozu erzieht man denn durch das so frühzeitige Versetzen des Pflänzchens gleich nach dem Keimen so viele Wurzeln, insbesondere aber Haarwurzeln, wenn sie bei dem Versetzen wieder entfernt werden sollen?

Ich will diesen Streit zwischen Theorie und Praxis theils nach meinen eigenen Erfahrungen, theils nach meinen theoretischen Ansichten zu entscheiden versuchen.

Darüber wird wohl kaum Jemand streiten, daß es für das Bäumchen die vortheilhaftesten Folgen haben muß, wenn man durch frühzeitiges Versetzen gleich nach dem Hervorsprossen aus dem Samen, durch gleichzeitiges Beschneiden seiner noch jungen und zarten Pfahlwurzel einen reichen Wurzelersatz zu erzielen versucht und dieses Ziel in der That auch erreicht. Man bringt das Bäumchen durch den vermehrten Wurzelreichthum gleich im ersten Jahre so weit, als man es sonst kaum in 2—3 Jahren zu bringen im Stande ist.

Die Erfahrung lehrt ferner, daß das Bäumchen bei einem späteren abermaligen Versetzen, wenn dieses mit möglichster Belassung seines bisher erworbenen Reichthums an Haar- und übrigen stärkern Wurzeln geschieht, in der Regel nicht viel mehr Fortschritte macht, als wenn man von ihm seine Haarwurzeln ganz oder zum Theil entfernt und die stärkeren Wurzeln scharf beschneidet. Im letzteren Falle hat man sogar ein stärkeres Wachsthum beobachtet, wenn nur die Krone, der oberirdische Theil des Bäumchens, verhältnißmäßig beschnitten wurde. Die Erfahrung lehrt sogar, daß die meisten der beigelassenen Haarwurzeln gar bald absterben und daß sich statt der abgestorbenen neue erzeugen. Davon kann sich Jeder überzeugen, welcher ein mit vielen Haarwurzeln versetztes Bäumchen nach einiger Zeit wieder herausnimmt.

Daß der Erfahrung gemäß so viele Haarwurzeln, welche mit dem versetzten Bäumchen in die Erde gebracht werden, nicht fortwachsen, sondern vielmehr zu Grunde gehen, mag wohl davon herrühren, daß die so feinen und zarten Haarwurzeln denn doch etwas sehr empfindlich sein mögen und jedenfalls leiden, wenn sie auch mit der größten Vorsicht ausgehoben und wieder eingesetzt werden. Gleichfalls müssen wir annehmen, daß sie wegen ihrer Zartheit leiden, wenn sie aus ihrem unterirdischen feuchten und dunkeln, ihnen allein zusagenden Elemente in ein ihnen ganz ungewohntes und fremdes Element, in die luftige, lichte, austrocknende Atmosphäre, wenn auch nur auf kurze Zeit, versetzt werden. Endlich kommen sie in einen andern Boden, welcher Stoffe enthält, an welche sie nicht gewöhnt sind, weil entweder die Menge oder die Beschaffenheit derselben zu sehr abweicht von denjenigen, mit welchen sie auf ihrem früheren Standorte umgeben waren.

Die Erfahrung lehrt ferner, daß Bäumchen längere Zeit nach dem Einsetzen kein Zeichen von Wachsthum von sich geben wollten. Es war schon der Mai, auch der Juni fast verstrichen. Man hob sie wieder aus und fand die Schnittflächen der stärkeren Wurzeln etwas von Fäule oder Moder angegriffen; man schnitt diese Wurzeln noch weiter zurück bis auf das Gesunde, Lebendige, setzte die Bäumchen wieder ein, und dieselben fingen an zu wachsen. Bei solchen Bäumchen kann von schon vorhandenen gesunden Haarwurzeln keine Rede sein; diese trieben sie erst aus den beschnittenen stärkeren Wurzeln, welche durch die neuen Schnitte dazu, sowie zur Einsaugung von Nahrungsstoffen gereizt wurden.

Aber — wird man einwenden — wozu der so früh erzeugte Wurzelreichthum, wenn er beim ferneren Versetzen wieder beinahe gänzlich beseitigt werden muß, besonders was die Haarwurzeln betrifft? Ich habe schon erwähnt, und die Erfahrung bestätigt es zur Genüge, daß dieser gleich nach dem ersten Versetzen des eben aus dem Samen hervorgesproßten Pflänzchens erzeugte Wurzelreichthum auf das schnellere und stärkere Heranwachsen des Bäumchens in seiner frühesten Zeit einen auffallenden Einfluß hat. Er ist aber keineswegs verloren, wenn er beim abermaligen späteren Versetzen zum größten Theil entfernt wird und entfernt werden muß. Das Bäumchen hat einmal von seiner ersten Jugend an die Tendenz zu einer reichen Wurzelerzeugung sich eigen gemacht und diese Anlage dazu in seiner ganzen Organisation vom Kopf bis zum Fuß, von der Krone des oberirdischen Theils bis zur Wurzelkrone herab, und behält sie durch die ganze Zeit seines Lebens. Nach jeder spätern Versetzung, begleitet von einer stärkeren Wurzelverkürzung, wird diese Tendenz nach Wurzelvermehrung immer wieder nach dem frühern Verhältniß thätig werden und thätig bleiben.

Ich habe schon erwähnt, daß das Beschneiden der Wurzelkrone geradeso wie das Beschneiden der oberirdischen Krone einen Reiz zum stärkeren Triebe hervorbringt, und so trägt gerade das Beschneiden der Wurzeln bei dem späterhin erfolgten Versetzen dazu bei, die dem Bäumchen von der ersten Kindheit an aufgenöthigte und innewohnende Tendenz zum Wurzelreichthum zu unterstützen. Man mache nur einmal den Versuch, um sich von dieser Wahrheit zu überzeugen. Man nehme etwa sechs Bäumchen von jener Pflanzung, welche durch Verstupfung oder Piquiren einen großen Wurzelreichthum erlangt haben, und sechs Bäumchen von der gewöhnlichen Cultur, beschneide beide so stark an den Wurzeln, daß sie fast gleich viele und starke Wurzeln haben und versetze dann alle. Der Erfolg wird unter übrigens gleichen Bedingungen für die ersteren sechs Bäumchen ein günstiges Zeugniß geben, und zwar sogar in dem Falle, wenn man diesen Bäumchen alle Haarwurzeln nimmt, den andern aber so viel als möglich läßt.

Ich glaube nicht, daß Jemand daran zweifelt, daß das Bäumchen, auch ohne Haarwurzeln beim Versetzen zu haben, wachsen und Nahrungssäfte durch die stärkeren Wurzeln einsaugen kann; ebenso sicher hofft jeder Baumzüchter, ohne getäuscht zu werden, daß die beim Versetzen ganz fehlenden Haarwurzeln von den stärkeren Wurzeln sowohl an deren beschnittenen Enden, als auch weiter hinauf an deren Seiten wieder erzeugt werden.

Auch findet man es wahrscheinlich, daß die erste Erzeugung der Haarwurzeln, sowie auch deren Verlängerung, auf Unkosten des allgemeinen Baumsaftes geschieht, wie dieses auch bei der Erzeugung und dem Wachsthum der Blätter der Fall ist.

Endlich mache ich noch aufmerksam auf das ähnliche Verfahren der Gärtner mit anderen Pflanzen, wie z. B. mit dem Sellerie. Die Pflänzchen derselben werden öfters mehrmals verstupft, ehe sie auf ihren bleibenden Platz versetzt werden. Was die Gärtner bei diesem mehrmaligen Verstupfen machen, und welche Absicht sie dabei haben, ist wohl Jedem bekannt. Beim jedesmaligen Verstupfen werden nicht nur die Blätter, sondern auch die Wurzeln und gerade diese sehr stark verkürzt. Daß diese Verkürzung besonders die Haarwurzeln betrifft, ist ohne Zweifel. Dieses Alles geschieht nur deshalb, um die Selleriewurzel zu einem desto stärkeren Wachsthum zu bringen, da möglichst große, umfangreiche Wurzeln zu erhalten der einzige Zweck der Selleriecultur ist.

Aus den bisherigen Erörterungen wird man leicht entnehmen können, auf welcher Seite ich bei dem Kampfe zwischen Theoretikern und Praktikern stehe.

Das Pfahlgeben.

Wenn die Natur das Bäumchen gleich Anfangs mit Seitenzweigen von der Erde an wachsen läßt, so hat sie gewiß ihre weisen Absichten dabei; ja es muß für das Bäumchen sogar nothwendig sein. Die Seitenzweige sind die Mittel, wodurch das Bäumchen im Stamme erstarkt und für sich aufrecht stehen lernt, ohne einen Pfahl zu brauchen. Der Pfahl ist ein Hofmeister, welcher dem Bäumchen in jeder Hinsicht in der Baumschule mehr schädlich als nützlich ist. Der Gebrauch des Pfahls ist in der Regel ein Armuthszeugniß in der Erziehung der Obstbäumchen. Geben wir dem Bäumchen Alles und lassen wir ihm Alles, was es zu seiner Erstarkung braucht, dann ist die Anwendung des Pfahles unnöthig, wie schon vorhandene Baumschulen beweisen, welche die theuren, viel Zeit und Arbeit raubenden und das Bäumchen in seinem Wuchse störenden Pfähle entbehren. Nur einzelne Wildfänge müssen durch Pfähle gezähmt werden.

Diese neue Ansicht über Baumpfähle theilt auch Malicoa. Derselbe sagt: „Durch Beiseitelassen der Baumpfähle in der Baumschule erspart man nicht nur viel Zeit und Arbeit, sondern auch vielen Raum für die Bäumchen; dieselben werden ohne Pfahl weniger verwundet, das Ungeziefer hat weniger Schlupfwinkel. Der Gebrauch des Pfahls ist nur dort ein nothwendiges Uebel, wo man eine bessere Aufzucht der Obstbäume noch nicht kennt und nicht anstrebt. In meinen Baumschulen werden nie Pfähle angewendet, und doch habe ich weit schönere und geradere Bäumchen als dort, wo die Pfähle noch im Gebrauch sind. Daß die Anwendung der Pfähle die Aufzucht der Bäume wesentlich vertheuert, liegt am Tage.“

Macht es sich in gewissen Fällen doch nöthig Pfähle anzuwenden, so gilt — auch für das Pfählen der Bäume an dem bleibenden Standort — folgende Erfahrung. Man hat nämlich bisher geglaubt, daß es am zweckmäßigsten sei, die Pfähle entweder auf der West- oder auf der Nordseite der Bäume einzuschlagen. Auf der Westseite wollte man die Bäume gegen die herrschenden Westwinde mehr schützen; auf der Nordseite gedachte man sie gegen die rauhen Nordwinde zu decken. Allein in der neuern Zeit haben aufmerksame Baumzüchter die Erfahrung gemacht, daß es gerade die Südseite ist, an welcher die Bäumchen am meisten leiden, besonders wenn sie aus einer etwas dichter besetzten Baumschule kommen. Auf der Südseite treffen sie die heißen Strahlen der Mittagssonne und sie leiden Schaden durch den sogenannten Sonnenstich, wodurch die Rinde von oben bis unten abstirbt und der Baum zu Grunde geht. Daher finden es rationelle Baumzüchter für zweckmäßiger, den Pfahl auf der Südseite des Bäumchens zu geben, wodurch es einigermaßen gegen die heißesten Sonnenstrahlen geschützt wird.

Das Versetzen der Obstbäumchen an den bleibenden Standort.

Allen Obstbaumzüchtern empfehle ich sehr angelegentlich, vor dem Versetzen der Obstbäumchen an den bleibenden Standort nicht wie gewöhnlich blos Baumgruben zu machen, sondern den ganzen Raum, wohin der Baum zu stehen kommen soll, 3—4 Fuß tief und in einem Umkreise, welcher 6—8 Fuß Durchmesser haben kann, zu rajolen. Je mehr rajolt wird, desto besser, und sollte man damit auch die Wurzeln der schon anstehenden Bäume treffen, denn auch diesen wird man durch das Rajolen eine Wohlthat erweisen.

Beim Setzen der Obstbäume begeht man häufig den Fehler, daß man sie zu tief setzt. Man thut dieses in dem Glauben, daß die Bäumchen auf diese Weise besser gedeihen und fester stehen. Letzteres ist wohl wahr, sie stehen fester, aber sie bleiben auch fest sitzen. Man hat Bäumchen, welche schon einige Jahre standen, ohne wachsen zu wollen, ausgehoben, und fand sie ziemlich tief gesetzt; man versetzte sie nun abermals auf denselben Ort, aber sehr seicht, und sie wuchsen nun freudig fort. Will man, daß die auszusetzenden Bäumchen schnell und gut fortwachsen, so mache man wohl weite und tiefe Gruben — denn diese können nie zu groß sein — setze aber die Bäumchen sehr seicht. Man kann sie fast nie zu seicht setzen, weil sie sich in der lockern Erde bald wieder tiefer senken. Man setze sie also so, daß sie mit ihren Wurzeln fast noch etwas über die Oberfläche des sie umgebenden Bodens zu stehen kommen.

Was die Zeit des Versetzens anbelangt, so habe ich, gestützt auf die Beobachtung, daß die Wurzeln am meisten im Herbst wachsen, nachdem in der Krone des Baumes das Wachsthum aufhört, Versuche gemacht, die Bäumchen schon Ende August und im September zu versetzen. Diese Versuche wurden mit dem besten Erfolg gekrönt. Die Blätter fielen von selbst ab, was ein Zeichen ist, daß die Wurzeln schon weiter wuchsen. Die Augen vervollkommneten sich, ohne mehr in Blätter zu treiben. Im Frühjahr wachsen solche Bäumchen fort, als wären sie gar nicht versetzt worden, was ganz natürlich ist, weil ihre Wurzeln schon im Herbst anwuchsen. Ich machte diese Versuche schon vor 15 Jahren, ohne daß Jemand darauf achtete. Später erfuhr ich, daß ein Herrschaftsgärtner das Versetzen aller Obst-, Zier- und Waldbäume um eben diese Zeit mit dem besten Erfolge ausführt. Freilich muß man bei dieser Pflanzzeit darauf Rücksicht nehmen, ob der Boden trocken oder feucht ist. In allen Fällen muß man den versetzten Baum einschlämmen oder stark begießen.

Die Düngung.

Um die Obstbäume zu freudigem Wachsthum und reichem Fruchtansatz zu bringen, ist es nothwendig, den Boden bis zu den Wurzeln hinab mit nährenden Substanzen zu versorgen. Man kann zu diesem Behuf die Erde bis auf die Wurzeln vorsichtig wegnehmen; geschieht dieses im Herbst, so kann man verrotteten Stallmist auf die Wurzeln legen und denselben im Frühjahr wieder wegnehmen, um die frühere oder eine andere bessere Erde darauf zu geben. Man kann diese Art Düngung immer nur an einer Seite des Baumes vornehmen; im folgenden Jahre wird dann die andere Seite auf dieselbe Weise in Angriff genommen. Zuerst wählt man diejenigen Bäume zur Düngung aus, welche im Wachsthum zurückgeblieben sind.

Statt des Stallmistes kann man auch gut zubereiteten Compost auf die Wurzeln bringen und auf denselben liegen lassen.

Die Düngung mit verrottetem Stallmist hat dort, wo sie angewendet wurde, überraschende Erfolge hervorgebracht. Die Manipulation ist aber eine sehr schwierige.

Man kann den Dünger aber auch noch auf eine leichtere Weise zu den Wurzeln bringen. Man stößt nämlich mit einem Pfahle rings um den Baum tiefere Löcher oder gräbt diese mit einer Haue. Diese Löcher füllt man öfters mit vergohrener Mistjauche oder mit in Wasser aufgelösten käuflichen Dungmitteln. Ueber die Wirkung der verschiedenen käuflichen Dungmittel habe ich folgende Erfahrungen gemacht:

K n o c h e n m e h l äußerte nicht nur keine günstige Wirkung, sondern hatte im Gegentheil einen schädlichen Einfluß. Diese Erfahrung habe ich durch Versuche an vielen Bäumen in Töpfen und im Freien bestätigt gefunden.

Später versuchte ich zur Düngung der Obstbäume R a p s k u c h e n, und zwar mit vielem Glück. Die vortheilhafte Wirkung derselben zeigte sich fast augenblicklich. Ich löste nämlich die Rapskuchen in Wasser auf und wendete starke und schwache Lösungen an, indem ich die Erde um die Bäume damit begoß. Diese Art der Düngung ist ziemlich wohlfeil, indem man mit einem in Wasser aufgelösten Rapskuchen mehrere Bäume düngen kann. Diese Düngung ist um so werthvoller, weil man dadurch den Bäumen schnell aufzuhelfen vermag.

Auch Versuche mit Guano habe ich angestellt. Dabei ist aber große Vorsicht nothwendig, wenn man nicht viel schaden will, während ich von der Düngung mit Rapskuchen selbst bei der stärksten Lösung nur gute Erfolge gehabt habe. Wie bei der Düngung mit Jauche, so verfahre ich auch bei der Düngung mit aufgelösten Rapskuchen. Ich stoße nämlich bei größeren Bäumen mittelst eines Pfahles rings um den Stamm Löcher und gieße in dieselben die Auflösung, um sie den Wurzeln näher zu bringen. Bei schwachen Bäumen genügt das bloße Aufhacken der sie umgebenden Erde und darauf folgendes Begießen.

Das Beschneiden des oberirdischen Theils.

Das, was man dem Bäumchen Anfangs lassen muß, und zwar fast bis zu der Zeit, wo es versetzt wird, sind seine Seitenzweige. Viele Obstzüchter glauben, daß man dieselben nicht zeitig genug wegschneiden könne, indem man sie als Räuber betrachtet. Aber der Züchter begeht dadurch selbst einen argen Raub, indem er dem Bäumchen Hand und Fuß raubt, wodurch es sich Anfangs fort- und aufhelfen muß.

Erst 1—2 Jahre vor dem Versetzen des Bäumchens nehme man demselben die Seitenzweige, damit die Wunden noch in der Baumschule so viel als möglich verheilen.

Vor dem vielen Beschneiden der Obstbäume muß man sich so viel als möglich hüten, besonders in kälteren Gegenden. Jede Wunde ist ein gefährlicher Eingriff in den Organismus des Baumes. Nur die Nothwendigkeit muß zum Schnitte zwingen. Der Schnitt ist ein Uebel, das man dem Baume nur zufügen soll, um ein größeres Uebel zu verhüten oder einen höheren Zweck zu erreichen.

Ich habe Gärten gefunden, wo man die erwachsenen Bäume jedes Jahr derb beschnitt und wo das Beschneiden eines Baumes oft eine ganze Stunde Zeit erforderte; aber ich habe daselbst auch eine Menge Krüppel, Kranke und Leichen gefunden.

Da man mit dem Messer das Beschneiden nicht genug fördern kann, ist man in der neuern Zeit auf eine Art Scheere verfallen, welche man beim Beschneiden des Weins zu benutzen pflegt. Beim Wein macht man damit keinen Schaden, aber wohl einen sehr empfindlichen beim Obstbaum. Hier muß ein scharfer Schnitt dicht hinter einem Auge geführt werden; die Scheere aber kommt dem Auge nie nahe genug; sie drückt mehr als daß sie schneidet und schadet daher mehr als das Messer.

So sehr man diese Scheere in der neuen Zeit angepriesen hat, so muß ich sie doch aus eigner Erfahrung für die Obstbaumzucht verwerfen. Ein Gärtner, welcher von seinem Herrn den Auftrag erhielt, die Bäume mit der ihm übergebenen Scheere zu beschneiden, gestand mir aufrichtig die Gefahr für die Bäume, obgleich er mit der Scheere viel leichter und schneller arbeiten könne als mit dem Messer. Die Scheere ließ über jedem Auge einen kurzen Stumpfen, welcher verdorrte; das Verdorren blieb aber nicht auf den kleinen Stumpf beschränkt, sondern setzte sich weiter fort.

Will man also gesunde, stark wachsende, fruchtbare Obstbäume, dann muß man sie vor zu vielem Beschneiden sehr verwahren. In kälteren Gegenden ist dieses um so nothwendiger, da auf die Wunde nichts einen so nachtheiligen Einfluß hat als die Kälte. Jede Wunde heilt in der Kälte langsamer als in der Wärme.

Das Ausputzen.

Das Ausputzen der Obstbäume ist eine sehr nothwendige Arbeit, welche man zum Gedeihen und besseren Fruchttragen der Stämme nie unterlassen darf, wenn es sich als nothwendig herausstellt.

Alle jene Aeste, welche verdorrt sind und zu verdorren drohen, nehme man so weit weg, als man glaubt, daß sie wenig Lebenskraft haben. Manche Bäume wird man etwas stark zustutzen müssen, damit sie wieder neue lebenskräftige Zweige und Aeste treiben. Man wird diese Arbeit in einem Hausgarten nicht auf einmal und nicht in einem Jahre vornehmen. Man warte nach der Düngung des Bodens erst einige Zeit, um zu sehen, was für ein Wachsthum des Baumes darauf folgt. Man lasse dem Baum lieber weniger als zu viel Aeste und suche sie nach allen Seiten in ein gewisses Gleichgewicht zu bringen. Von zwei Aesten, welche einander hinderlich sind, muß immer einer entfernt werden, wenn er auch noch so schön und frisch wäre.

Viele Obstgärten leiden dadurch sehr und verlieren alle Schönheit, daß man das Ausläuferwesen um sich greifen läßt. Ausläufer sind aber Räuber für den Mutterstamm und deshalb sogleich beim ersten Erscheinen sorgfältig zu entfernen.

Stämme und Aeste sind jedes Jahr von Moos und abgestorbener Rinde zu reinigen durch Abkratzen, durch Bestreichen mit einer Mischung von Kalk und Lehm.

Das Reiserbrechen.

Philosophen sagen, die deutsche Sprache sei eine vorzugsweise philosophische. Das ist für unsere Sprache ein schlechtes Compliment, denn die Philosophen reden ein so unverständliches Deutsch, daß sie keine Versammlung halten, weil weder sie einander sich, noch ihre Zuhörer sie verstehen. Manche deutsche Worte erhalten bei ihnen eine ganz unbekannte, andere eine zwei- und mehrfache Bedeutung; da ist es denn schwer zu errathen, welche Bedeutung sie ihnen beilegen. Kurz, im Munde und in der Schrift ist die deutsche Sprache bei den Philosophen eine schwerverständliche, ja unverständliche geworden, weil sie den Worten einen andern Sinn als im gewöhnlichen Leben unterlegen.

Ist es in andern Wissenschaften mit der deutschen Sprache besser bestellt? Sie besitzt z. B. in der Naturwissenschaft Worte und Ausdrücke, welche nach den gegenwärtigen Kenntnissen eine Unwahrheit enthalten; wie z. B. Sonnenaufgang, Mehlthau, Honigthau &c.

Wir dürfen uns über die Einführung solcher Worte nicht wundern. Sie wurden gebildet nach der Erscheinung, wie man sie ehedem auffaßte. Die Erscheinung erhielt gegenwärtig eine andere Erklärung, die sie bezeichnenden Worte blieben aber dieselben, weil sie durch Verjährung das Bürgerrecht erhalten haben. Wir können sie nicht mehr ausmerzen oder ummodeln, aber die wahre Bedeutung können wir durch richtige Erklärung hineinlegen.

Es gibt aber einen Ausdruck aus uralten Zeiten, und zwar in der Obstbaumzucht, der zu einer schädlichen Manipulation verleitet, und selbst Obstbaumzüchter von Profession lassen sich dazu herab. Dieser Ausdruck ist „Reiserbrechen“, welches man zur Veredelung der Obstbäume unternimmt.

In älteren Zeiten hatte man das Vorurtheil, daß man die benöthigten Reiser nicht mit dem Messer vom Baume schneiden, sondern brechen müsse, und zwar so, daß noch ein Theil vom alten Holze daran bliebe. Bei Zweigen, welche man nicht mit der Hand erreichen kann, nimmt man eine sogenannte Baumscheere und bricht und reißt damit die Reiser ab.

Welchen Schaden man dadurch anrichtet, stellte sich mir sehr sichtbar an einem Kirschbaume dar, welcher wegen seiner ausgezeichneten Früchte in jedem Jahre aller einjährigen Triebe mit noch altem Holze beraubt wurde. Dabei erlitt der Baum eine wahre Mißhandlung, die man auch beim ersten Blick gleich bemerkte. Der Bruch am Baume kann nicht heilen, er verdorrt mehr oder weniger, so daß der Baum in seiner ganzen Krone verdorrtes Holz hat.

Man erweist dem Baume nur eine Wohlthat, wenn man die Reiser mit einem scharfen Messer so abschneidet, daß man ihm das alte Holz ganz und noch einige Aeste vom jungen Holze läßt. Das alte Holz am Reise muß man ja ohnehin wegwerfen; es ist also besser, man läßt es am Baume, wo man nicht gern in das alte Holz schneidet, weil es nicht so leicht verwächst. Steckt man ein geschnittenes Reis in die Erde, um es für den Gebrauch aufzubewahren, so wird es länger frisch bleiben, weil die glattgeschnittene Fläche Feuchtigkeit einsaugt, während die gebrochene anfault.

Man lasse sich also durch den Ausdruck „Reiserbrechen" nicht zu dem für den Baum so schädlichen Abbrechen der Reiser mit altem Holze verleiten, welches letztere man ohnehin nicht braucht, versehe sich vielmehr mit einem scharfen Messer und schneide das Reis über einem Auge am jährigen Holze, das heißt am frischen Triebe ab. Der Baum verdient diese Schonung, und man sollte sie ihm aus Dankbarkeit für die erhaltenen Reiser zu Theil werden lassen, anstatt ihn barbarisch und zu seinem Verderben zu behandeln. Der Ausdruck „Reiserbrechen" heißt eigentlich „Reiserschneiden"; das ist vernünftig.

Das Zuschneiden der Edelreiser mittelst einer Maschine.

Der in umstehender Abbildung dargestellte Apparat ist eine amerikanische Erfindung und in der Art construirt, daß man die Edelreiser schneiden kann, ohne sie zu quetschen oder sonst zu beschädigen und ihre Triebkraft zu zerstören. Dabei ist der Mechanismus dauerhaft und so einfach, daß die einzelnen Theile nicht leicht aus der Ordnung kommen.

Das Instrument besteht aus einer Klinge A am hintern aufgebogenen Ende des Hebels B. Die Klinge ist nicht unmittelbar mit dem Hebel verbunden, sondern wird an demselben durch die Schrauben C festgehalten, so daß sie behufs des Schärfens beliebig abgenommen werden kann. D ist der Drehpunkt des Hebels. An der untern Seite desselben befindet sich eine den Gegendruck gebende Feder E und ein Schraubenstift F, mittelst dem die Feder und mit ihr der Hebel höher oder niedriger gestellt und der Schnitt regulirt wird. Bei G liegt ein Lederpolster, auf welchem die Klinge streift, so daß ihre Schärfe nicht beschädigt werden kann. Der obere Theil des Ständers H ist abgeschrägt, und das Messer geht in gleicher Richtung gegen denselben.

In allen Fällen hat es der Arbeiter in der Hand, das zu schneidende Edelreis zwischen dem Polster und der Klinge in die geeignete Lage zu bringen und einen glatten, reinen Schnitt zu machen. Das seitliche Ausweichen des Messers wird durch das Zusammenschrauben der beiden Seitenwände des Ständers H vermieden. Die Bewegung des Apparates geschieht entweder mit der Hand am Handgriffe des Hebels B oder durch ein Trittwerk.

Fig. 1.

Das Veredeln der Obstbäume.

Wie schon früher erwähnt lassen sich unsere Obstsorten, welche gewöhnlich in den Gärten gezogen werden, aus Samen nicht fortpflanzen; man hat vielmehr zu ihrer Fortpflanzung verschiedene künstliche Methoden erfunden.

Ich will zuerst von jenen Vorschlägen sprechen, welche in neuer Zeit empfohlen worden sind, nämlich alle Obstsorten wurzelecht zu erziehen. Bis jetzt wurde bei unsern gewöhnlichen Fortpflanzungsmethoden die Wurzel jedesmal und oft auch der Stamm von einem Wildlinge aus Samen gezogen genommen und darauf die edle Sorte gesetzt, so daß jeder Baum aus zwei Stücken besteht, welche mit einander verwachsen sind und nur einen Baum bilden.

Einer jener Vorschläge lautet: „Man nehme Reiser und krümme sie so weit, daß man sie mit beiden Enden in die Erde bringen kann, so daß eines der mittlern Augen etwa an der Oberfläche der Erde zu stehen kommt. Beide Enden schlagen Wurzeln, und man hat auf einmal zwei Bäumchen aus einem Reise, welche durch und durch edel sind."

Ich habe damit Versuche angestellt, und zwar durch mehrere Jahre in allen Bodenarten, in Töpfen und im freien Lande mit verschiedenen Obstarten, allein stets ohne Erfolg. Die Reiser schlugen bei aller Pflege keine Wurzeln. Sollte es in einem Mistbeete oder in einem Treibkasten gelingen, Wurzeln zu erzeugen, so wird doch kein Baum daraus, weil nie ein natürliches, vollkommenes Wurzelwerk entsteht, wie bei Bäumchen, welche aus Samen gezogen werden. Ein solcher Steckling wird selten zu einem elenden Zwergbaum taugen.

Ferner hat man vor wenigen Jahren den Vorschlag gemacht, wurzelechte Obstbäume dadurch zu erzeugen, daß man Zweige oder Aeste in den Boden einschlagen und sie so lange am Mutterstamme lassen soll, bis sie Wurzeln geschlagen haben, worauf man sie vom Mutterstamme trennen und versetzen soll.

Allein darauf wird man viele Jahre und oft vergebens warten müssen. Glückt das Wurzelschlagen, was hat man dann gewonnen? Ein Exemplar, das unvollkommene Wurzeln hat und auch bei der besten Pflege nie einen vollkommenen Wurzelstock erhalten wird, von dem also kein wüchsiger, dauerhafter Baum zu erwarten ist. Zu dieser Fortpflanzungsmethode müßte man lauter Zwergbäume mit nahe an der Erde stehenden Aesten haben. Es gibt aber Obstsorten mit einem Wuchse, bei denen es schwer sein dürfte, die Zweige in die Erde zu schlagen, außer man erhöhte die Erde. Diese Fortpflanzungsmethode würde, wäre sie ausführbar, uns nicht im geringsten mit hinlänglichen Obstbäumen versehen können, nicht zu gedenken, daß wir nach und nach alle dazu gebrauchten Zwergbäume zu dem Zweck der Fortpflanzung unbrauchbar machen und verunstalten würden.

Oder hat man etwa die Hoffnung, daß solche wurzelechte Bäume späterhin Ausläufer machen werden, welche dieselbe Sorte tragen, weil sie von einer edlen Sorte auslaufen, und daß man die Fortpflanzung durch solche Ausläufer sehr erleichtert habe? Diese Hoffnung sollte man gar nicht nähren, da, wie schon erwähnt, jeder Ausläufer ein Räuber ist, welcher in kurzer Zeit den ohnehin armseligen wurzelechten Mutterstamm bis zur Auszehrung bringen würde. Man sollte das Ausläuferunwesen vielmehr überall, sogar bei dem naturwüchsigen Zwetschenbaum, mehr zu unterdrücken, als zu befördern suchen. Unterdessen glaube ich, daß es der wurzelechte Mutterstamm, wenigstens bei Birnen und Aepfeln, wohl unterlassen wird, Ausläufer zu machen; macht er doch einige, so dürften es wahre Krüppel sein, aus denen kein Baum wird. Man weiß es ja daß selbst ein Ausläufer aus einer wilden naturwüchsigen Wurzel eines Apfel- oder Birnbaums nichts hoffen läßt und nicht leicht als Unterlage gebraucht werden kann. Was kann man erst von einem Ausläufer eines wurzelechten Schwächlings erwarten?

Man blieb daher bis jetzt bei der gewöhnlichen Fortpflanzungsweise unserer edlen Obstsorten, welche — wie schon früher erwähnt — eigentlich eine zusammengesetzte ist, indem sie aus der Vereinigung einer natürlichen und künstlichen besteht und bei aller Umständlichkeit zu einem Ziele führt, welches nichts zu wünschen übrig läßt, wenn dabei mit der gehörigen Intelligenz verfahren wird.

Die dabei stattfindende natürliche Fortpflanzung des Obstbaumes aus Samen berücksichtigt gar nicht die auf demselben wachsende Frucht. Der aus Samen erzogene Obstbaum hat nur die allgemeine Bestimmung, als eine Unterlage für alle Sorten einer Obstart zu dienen; man erhält durch ihn eine natürliche, vollkommene Wurzel, welche nur durch Samen möglich ist und die Fähigkeit hat, einen gesunden, starken, dauerhaften Baum über sich emporzutreiben. Dieser Baum ist aber nicht er selbst, sondern ein neuer von einer bestimmten edleren Sorte, welche man nach Wunsch darauf impft. Impfen nennt man an einigen Orten sehr bezeichnend die Veredelung, welche eine künstliche Fortpflanzung unserer edlen Obstsorten ist.

So vereinigt man bei der Fortpflanzung der edleren Obstsorten durch die gewöhnliche Veredelung zwei sehr wichtige Vortheile: Man erzeugt aus Samen einen Baum, in welchem die Natur den neuen Anfang eines Baumes nach ihrer Art macht. Wir erhalten so einen naturwüchsigen, gesunden, starken Baum, der aber nur als Unterlage gebraucht wird. Damit wird vereinigt ein Theil von einem schon vorhandenen Baume, welcher eine edlere Obstsorte trägt. Dieser Theil ist aber kein neuer Anfang, sondern nur eine Fortsetzung des Baumes mit der edlern Obstsorte auf dem aus Samen gezogenen naturwüchsigen Baume, so daß er uns die Sorte in ihrer ganzen Eigenthümlichkeit liefert. So erhalten wir trotzdem, daß die Samen die edleren Obstsorten nicht fortpflanzen können, dennoch die edleren Obstsorten auf naturwüchsigen Bäumen.

Durch die künstliche Fortpflanzung mittelst der Impfung der edlen Sorte in den aus Samen gezogenen Stamm geschieht freilich eine Verwundung, welche die Gefahr einer Kränklichkeit des ganzen Baumes mit sich bringen könnte; aber die gesunde, naturwüchsige, aus Samen gezogene Unterlage wirkt dieser Gefahr mächtig entgegen.

Die Verwundung hat aber auch ihre vortheilhafte Seite, und zwar wird der Baum dadurch eher tragbar und fruchtbarer.

Es ist selbstverständlich, daß bei dem Geschäft der Veredelung, Impfung von dem Obstbaumzüchter darauf zu sehen ist, daß die Verwundung so wenig als möglich gefährlich gemacht wird, wenn die Unterlage ihre Schuldigkeit thun und unsere Hoffnung nicht getäuscht werden soll. Darauf hat die bei der Veredelung zu beobachtende Manipulation einen großen Einfluß.

Alle unsere Veredelungsmethoden lassen sich auf drei zurückführen, und zwar auf das Pfropfen, auf das Okuliren und auf das Copuliren. Jede dieser drei Veredelungsmethoden verbindet die Unterlage mit dem Theile des Baumes einer edlen Obstsorte auf eine andere Weise, welche zwar in der zu erzeugenden edlen Frucht nicht das Geringste ändert, aber doch in Bezug auf die kräftige Gesundheit des Baumes einen nicht zu übersehenden Einfluß hat.

Ich will diese drei Veredelungsmethoden näher beleuchten und zugleich zwei von mir mit bestem Erfolg angewendete neue Veredelungsmethoden beschreiben.

Das Pfropfen.

Das sogenannte Pfropfen ist wohl die älteste Veredelungsweise, und man muß sich wundern, daß man gerade mit ihr anfing, da sie diejenige ist, welche die meiste Arbeit erfordert. Bei ihrer Anwendung wird das Bäumchen am stärksten verwundet.

Vom Pfropfen haben wir zwei besondere Arten: das Pfropfen in den Spalt und das Pfropfen hinter die Rinde.

Die stärkste Verwundung kommt beim Pfropfen in den Spalt vor. Zuerst wird der Stamm des Wildlings der Erde näher oder entfernter glatt abgeschnitten, mitten gespalten, und in den Spalt werden 1—2 keilförmig zugeschnittene Edelreiser eingefügt, worauf ein Verband auf die verwundete Stelle kommt.

Da gewöhnlich schon ziemlich starke Stämmchen, manchmal sogar dicke Aeste, gepfropft werden, so ist die Arbeit, sowie die Verwundung, keine geringe. Es muß der Hammer auf das Messer gesetzt werden, um das Stämmchen oder den Ast zu spalten; die etwas größere Platte des Wildlings verwächst oft erst nach Jahren mit den Reisern; das Holz vertrocknet unterdessen zum Theil und stirbt ab. Das Spalten ist eine gar starke Verwundung, in welche oft fremde bei der Veredelung gebrauchte Materien dringen und darin bleiben. Nach Abnahme des Verbandes steht oft noch ein Theil des Spaltes offen und vertrocknet gleichfalls. Auf diese Weise kommt faules Holz in die Mitte des Stammes, was die Ursache mancher nachfolgenden Kränklichkeit des Baumes ist. Das Bäumchen trägt in sich selbst schon den Tod.

Pfropft man, wie gewöhnlich, das Stämmchen ganz unten in der Nähe des Bodens, und gelingt die Veredelung nicht, so ist es gewöhnlich um das Stämmchen geschehen; eine zweite Veredelung durch Pfropfen ist nicht leicht mehr möglich. Macht der verunglückte Wildling wieder einen Trieb, welcher zur Veredelung benutzt werden könnte, so erhält er doch an jener Stelle, wo die erste Veredelung verunglückt ist, eine gefährliche und verunstaltende Verwundung. Es ist oft besser, man wirft den Stumpf aus der Baumschule, als daß man sich mit ihm noch lange bemüht ohne sonderlichen Erfolg.

Ich habe in Baumschulen, wo das Pfropfen noch sehr im Schwunge ist, wo man eben deswegen die Wildlinge sehr stark heranwachsen läßt, sehr viele dergleichen verunglückte Stumpfe geschehen. Man konnte mit ihnen endlich nichts mehr anfangen, die nachfolgenden Veredelungen verunglückten immer mehr. Nach langer Arbeit hatte man wohl aus manchem Stumpf wieder ein Bäumchen gezogen, welches aber nicht werth war, daß es versetzt wurde. Man gewinnt stets, wenn man solche Stumpfe, aus denen durch fernere Veredelung gewöhnlich nur elende Nachzügler werden, aus der Baumschule wirft. Bei dem zu erziehenden Baume kann man nicht genug auf Gesundheit und Kraft sehen, da er für ein hohes Alter, auf vieljährige Tragbarkeit und zur Zierde des Platzes, wo er steht, erzogen werden soll.

Nicht viel besser ist es mit dem Pfropfen hinter die Rinde, wo der zu veredelnde Wildling zwar durch kein Spalten verwundet wird, die abgeschnittene Platte aber dafür desto größer ist; denn diese Veredelungsmethode wird eben nur an sehr starken Stämmen vorgenommen, wo man das Spalten fürchtet. Die wachsenden Edelreiser überziehen nur nach Jahren die Platte, deren Holz größtentheils vertrocknet und abstirbt.

Wenn man die starke Verwundung des Bäumchens beim Pfropfen nebst der schwierigen und langwierigen Arbeit dabei berücksichtigt, so sollte man diese Veredelungsmethode ganz beseitigen. Beim Steinobst ist sie ohnehin fast nicht anwendbar, da dieses zum Harzfluß sehr geneigt ist und zum Theil auch ein Holz besitzt, welches die Operation des Pfropfens nicht sehr begünstigt.

Nur gewisse Fälle können das Pfropfen noch zulässig machen, und zwar wenn man einen sehr starken Wildling besitzt oder wenn die Aeste eines ältern Baumes abgeworfen werden, um ihn mit einer anderen edlern Obstsorte zu versehen; allein im letzteren Falle wird es rathsam sein, die verkürzten Aeste wieder ausschlagen und neue Triebe machen zu lassen; man braucht dann höchstens ein Jahr zu warten. Die neuen Triebe, welche gewöhnlich sehr zahlreich hervortreiben, kann man dann viel sicherer durch das Oculiren oder Copuliren veredeln.

Das Oculiren.

Das Oculiren ist gegenwärtig bei den Obstbaumzüchtern sehr in Aufnahme gekommen. Das Pfropfen wurde durch dasselbe stark verdrängt und wird fast nur noch an stärkern Wildlingen vollzogen, welche keine schickliche Stelle zum Oculiren darbieten, weil das Stämmchen zu verwachsen und zu rauh ist.

Es hat wohl den Anschein, daß das Oculiren nicht nur leichter und schneller von Statten gehe als das Pfropfen, sondern auch dem Bäumchen eine geringere Verwundung beibringe, doch ist dieses in der That nicht so.

Wächst das Auge an, so läßt man gewöhnlich am Wildlinge noch einen Stumpf zur festern Haltung des Edelreises stehen, welcher Stumpf gewöhnlich einige Zoll über die Stelle emporragt, wo das Auge eingesetzt ist. Dieser Stumpf trocknet nach und nach aus; schneidet man ihn endlich nahe an der Stelle, wo das gewachsene Auge seinen Sitz hat, weg, so findet man das Holz bis tief hinein in das Stämmchen vertrocknet. Man kann diesen Stumpf nicht zeitig genug abschneiden, damit die Stelle noch verwächst, so lange ihr ganzes Holz noch Leben hat. Das Abschneiden muß aber so nahe als möglich am angewachsenen Auge und sehr glatt geschehen; überdies muß die Rinde mit Baumwachs bestrichen werden.

Ich habe in den Gärten sehr viele ausgesetzte Bäumchen untersucht und größtentheils gefunden, daß der Schnitt hinter der oculirten Stelle noch nicht verwachsen war; ich fand das nach innen gehende Holz nicht nur vertrocknet, sondern sogar vermodert. Das kann nicht anders kommen. Die Veredelungsstelle ist gewöhnlich dicht an der Erde, wo sie von Staub, Schmutz und Nässe leidet.

Schlägt das Auge nicht an, was gar oft der Fall ist, so bleibt am Stämmchen immer eine sehr unangenehme Wunde, welche sehr schwer verwächst, da beim Oculiren das Holz von der Rinde entblößt wird und diese vertrocknet, was gleichfalls zum Theil der Fall hinsichtlich des entblößten Holzes ist. Ich habe in Baumschulen Stämmchen mit so vielen Verwundungen durch mehrere verunglückte Oculirungen gesehen, daß sie gänzlich unbrauchbar waren, da sie unten am Stamme auch nicht einen gesunden Fleck hatten.

Es gibt Jahre, wo das Auge vor dem Winter wohl sehr gut anschlägt, aber ein darauf folgender ungünstiger Winter tödtet gar oft sehr viele Augen. Es gibt auch Fälle, wo Augen vor dem Winter nicht anschlagen, entweder weil zu wenig Saft vorhanden war, oder weil starke

Trockenheit einfiel, oder weil man das Auge vom Edelreise nicht vorsichtig genug ablöste, so daß das bekannte und so nothwendige Pünktchen am Auge hinter der Rinde fehlte; oft nimmt man den Verband zu bald, oft zu spät ab, wodurch viele Augen verunglücken; das Auge hat wohl auch schon einen starken Trieb gemacht, welcher vom Winde um so eher abgebrochen wird, je üppiger er ist. So verunglücken denn sehr viele Augen und lassen gerade an der untersten Stelle des Wildlings eine Wunde zurück, welche, so klein sie auch ist, dennoch nicht leicht mehr entfernt werden kann und mit den Jahren oft noch größer wird.

Will ich ganz unparteiisch sein, so muß ich gestehen, daß bei dem Oculiren eigentlich zwei Verwundungen vorzunehmen sind; die eine entsteht an der Oculirstelle beim Oculiren, die zweite nach dem Anwachsen des Auges gerade hinter der Oculirstelle durch das Abschneiden des Wildlings. Letztere verheilt am schwersten und langsamsten.

Auch andere Obstbaumzüchter sprechen sich nicht günstig über das Oculiren aus. So heißt es in der „Pomona“ 1862, Nr. 1 und 2: „Seitdem das Oculiren im Schwunge ist, gehen die aus Baumschulen bezogenen Obstbäume viel häufiger zu Grunde, als vordem geschehen ist. Bei mir selbst sind nur die in der Krone oculirten Sommerbirnen gediehen, das heißt gesund geblieben und sehr fruchtbar geworden, so insbesondere die frühe Schweizer Bergamotte. Aepfel dagegen und am Boden oculirte Birnen waren, wenn sie auch freudig aufwuchsen, fast durchgehends kernkrank, das heißt markschwarz oder gelbröthlich, mithin erfroren und so viel als verloren — auf immer. Zur Probe ließ ich einige solche Kränkler mit Fleiß stehen. Sie wuchsen zwar, trugen aber binnen zwölf Jahren nur zwei Mal spärliche und unvollkommene Früchte, so der sonst dauerhafte rothe Winter-Stettiner und die Forellenbirne. Um letztere zum Tragen zu bringen, sägte ich einige Kronenäste ab, um die weiße Herbst-Butterbirne darauf zu pelzen. Ich fand den Kern schwarz, pelzte sie aber versuchsweise dennoch. Sie trug nun in zehn Jahren ein Mal erklecklich, aber kranke Früchte.

Woher rührt dieses ungünstige Resultat? Ohne Zweifel vom Frost; das sieht man deutlich, wenn man die einjährigen, 2—5 Fuß langen Oculanten im Frühjahr quer abschneidet. Da findet man das Mark schwarz, grau oder gelb, während es im gesunden Zustande weiß zu sein pflegt. Ich schnitt oft $\frac{2}{3}$ oder $\frac{3}{4}$ des Stammes weg, manchmal bis auf das letzte Auge, aber es war und blieb schwarz.

Um nicht die ganze vorjährige Veredelung zu vernichten, ließ man die so verstutzten Oculanten stehen und fortwachsen. Sie erhoben sich in der Regel bald und machten gewaltig starke, üppige Triebe, aber diese waren im nächsten Winter abermals der Gefahr des Erfrierens ausgesetzt.

Auf Grund dieser Erfahrung habe ich das Oculiren aufgegeben und es blos auf die Sommerbirnen in die Kronenäste beschränkt. Dort setze ich aber (im August) stets 2, 3 bis 4 Augen auf einen einjährigen Sommertrieb, damit ich im nächsten Frühjahr das oberste Auge zerschneiden und dadurch prüfen kann, ob es gesund, das heißt markweiß ist oder nicht. Ist es grau oder überhaupt gefärbt, mithin frostkrank, so durchschneide ich auch das zweite Edelauge. Erst wenn ich dieses oder das vorletzte Auge kernweiß finde, lasse ich die folgenden untern Edelaugen stehen. Ich bin dann versichert, daß sie gesund sind, gut fortwachsen und fruchtbar werden. Die Mehrheit der Augen bewirkt schwächere Triebe, die nicht so leicht erfrieren und schneller eine Krone bilden.

Der Hauptpunkt besteht aber darin, daß ich die Oculirbänder im Herbst nicht blos lüfte, sondern gegen Ende October ganz entferne, weil sie die Hauptursache des Erfrierens sind; denn die Bänder lassen Regen und Schnee nicht schnell abtrocknen; in Folge dessen setzt sich im Spätherbst und Winter öfter eine Eiskruste an, wodurch das Edelauge abstirbt oder doch markkrank wird."

Das Oculiren ist also keine so gute Veredelungsmethode, als man gewöhnlich annimmt.

Man darf sich nicht wundern, daß so viele Oculiraugen nicht anschlagen. Das Oculiren ist eine ziemlich künstliche Operation, welche ein gutes Messer und ein gutes Auge verlangt; Wildling und Edelreis müssen hinreichenden Saft haben; der Verband muß sehr gut gemacht werden; endlich muß das Auge durch eine lange Zeit und gerade bei der ungünstigsten Witterung des Herbstes, Winters und Frühjahrs schlafend zubringen, wo es, selbst angewachsen, wieder absterben kann. So nothwendig der Verband ist und so wohlthätig er wirkt, so kann er, wenn er zu locker oder zu fest ist, dem Auge gefährlich werden. Deshalb kommt nicht selten von den ganzen Oculanten kaum mehr als ein Drittel fort.

Es ist leicht, eine Sache zu tadeln, aber nicht so leicht, etwas Besseres an die Stelle derselben zu setzen; doch glaube ich dieses thun zu können.

Eine neue dem Oculiren verwandte Veredelungsmethode.

Seit sechs Jahren habe ich neben dem Oculiren noch eine andere Veredelungsmethode in Anwendung gebracht, welche zwar mit dem Oculiren nahe verwandt, aber weit leichter zu handhaben ist und sicherer gelingt. Im Jahre 1859 machte ich nur einige Versuche. Da diese sehr gut gelangen, so wiederholte ich im Jahre 1860 diese Versuche in größerem Maßstabe. Sie fielen zur größten Befriedigung aus, weshalb ich sie hier mittheile.

Zu dieser Veredelung sind besonders sehr junge Wildlinge geeignet, welche noch eine etwas feinere Rinde haben.

Ich nehme die Erde von den Stämmchen etwas hinweg, und zwar so weit, bis ich zu den ersten Wurzeln komme.

Nicht weit von der ersten Wurzel mache ich einen Querschnitt in die Rinde wie beim Okuliren. Von diesem Querschnitt mache ich einen senkrechten Schnitt hinab; dann löse ich die Rinde auf beiden Seiten vom Stämmchen etwas ab.

Ist dieses geschehen, dann nehme ich ein Reis mit einigen Augen. Am besten dazu ist ein Reis, welches oben nicht abgeschnitten ist, sondern sein letztes Auge an der Spitze besitzt. Unten wird das Auge rehfußartig wie beim Copuliren zugeschnitten. Vielleicht wirkt es auf das Wachsthum etwas günstig ein, wenn man auf beiden Seiten des Schnittes die Rinde mit einem sehr scharfen Messer etwas abschürft, so daß nur das oberste Häutchen etwas weggenommen wird.

Nun wird der rehfußartig zugeschnittene Theil des Reises zwischen die abgeschnittenen Lappen der Rinde so weit hineingeschoben, daß man vom Schnitte der Rinde nichts mehr sieht.

Dann schreitet man zum Verbande. Dazu nimmt man gewöhnlichen Bast und wickelt diesen so weit auf und ab um die Wunde, daß sie ganz bedeckt ist.

Ist dieses geschehen, so gibt man die weggenommene Erde wieder an das Stämmchen, so daß auch die Stelle des Verbandes davon bedeckt wird.

Zu bemerken ist, daß genau darauf zu sehen ist, daß das Reis am Wildlinge den besten Standpunkt erhält. Neigt sich der Wildling etwas rechts, so wird man den Einschnitt links machen und das Reis so schneiden und einzusetzen suchen, daß letzteres Raum genug hat und etwas frei steht.

Von dem Wildlinge braucht man nicht eher etwas abzuschneiden, bis man im künftigen Frühjahr vom Wachsthum des Edelreises überzeugt ist; man schneidet dann den Wildling mit aller Vorsicht nahe am Einsatz des Reises ab.

Man hat nicht nothwendig, den Verband zu lüften, da er unter der Erde morsch wird und sich selbst löst.

Wächst das Reis nicht, so heilt die Wunde von selbst sehr bald, da sie von der Erde bedeckt ist.

Da gegenwärtig so viele Gemeindebaumschulen angelegt werden und nicht minder zahlreiche Schulgärten im Entstehen sind, welche größtentheils der Erziehung der Obstbäume dienen, so glaube ich den Obstzüchtern einen Dienst zu erweisen, wenn ich ihnen meine Versuche mit der beschriebenen Veredelungsmethode bekannt gebe. Ich kenne nächst dem Copuliren, welches ich statt des Pfropfens dringend empfehle, keine leichtere Veredelungsmethode, welche im Sommer und zum Theil auch noch im Herbst angewendet werden kann. Der Wildling wird behandelt wie beim Oculiren, nur daß die nothwendigen Einschnitte so tief angebracht werden, daß sie noch etwas unter die Erde zu liegen kommen; das Reis wird aber so zugeschnitten wie beim Copuliren.

Man hat zu dieser Veredelungsmethode nichts weiter nothwendig, als ein scharfes Messer und Bast oder ein anderes Material zum Verbinden. Die ganze Operation ist so einfach, daß sie ein Kind erlernen und verrichten kann; beim Nichtgelingen derselben wird der Wildling nicht stark beschädigt.

Uebrigens glaube ich, daß man auch im Frühjahr von dieser Veredelungsmethode Gebrauch machen kann, und zwar mit Reisern von dem vorhergehenden Jahre. Vorausgesetzt wird aber immer, daß im Wildlinge hinreichender Saft vorhanden ist, um die Rinde ebenso gut ablösen zu können wie beim Oculiren.

Beim Oculiren besteht die größte Kunst in der Ablösung des Auges vom Reise, und dabei wird sehr oft gefehlt. Bei der von mir beschriebenen Methode braucht man kein Auge abzulösen, sondern man nimmt ein junges Reis mit mehreren Augen, welches mit einem einzigen Messerzuge rehfußartig zugeschnitten werden kann. Der Verband verlangt keine große Aufmerksamkeit, es genügt, wenn die Wunde ganz verbunden ist; über den Verband kommt ja noch Erde. Beim Oculiren ist dagegen der Verband nicht so leicht anzubringen; es gehört viel Aufmerksamkeit und Gewandtheit dazu, um ihn zweckmäßig und kunstgerecht zu machen, so daß er zum Schutz des Auges dient und dasselbe doch nicht bedeckt, sondern ihm gehörigen Spielraum zum Wachsen läßt.

Das Copuliren.

Wenn diese Veredelungsmethode noch nicht so häufig in Anwendung kommt, als sie es verdient, so liegt die Ursache davon nur darin, daß man dabei gewöhnlich noch nicht das richtige Verfahren beobachtet. Man nimmt noch sehr häufig Bindfaden dazu, welcher den Uebelstand mit sich führt, daß er einschneidet und dann gelöst werden muß, wodurch man das Uebel nur noch vermehrt. Der Bindfaden ist die Ursache, daß bei dem geringsten Winde die schönsten Triebe brechen. Dieses schreckt Viele vom Copuliren ab. Nicht Wenige hörte ich klagen, daß sie mit dem Copuliren gar kein Glück hätten. So lange ich selbst Bindfaden oder breitere Bändchen von Leinwand oder Wolle zum Copuliren anwandte, habe ich oft schmerzliche Verluste erlitten, so daß ich das Copuliren verwünschte. Bei einem später eingeführten Verfahren fand ich jedoch, daß das Copuliren die einfachste, sicherste, leichteste, ungefährlichste, bei allen Obstarten anwendbarste Veredelungsmethode ist, welche alle anderen weit übertrifft. Dieses günstige Zeugniß stellen dem Copuliren auch alle Jene aus, welche die gehörige Methode beobachten. Sie bestreben sich, alle anderen Veredelungsmethoden nach und nach zu verlassen und nur das Copuliren anzuwenden.

Ich will im Nachfolgenden mein Verfahren beschreiben:

Man bestreiche ein Blatt nicht zu starken, aber doch festen Papiers mit gewöhnlichem Baumwachs, welches nicht zu hart ist. Je geschmeidiger das Papier zum Wickeln ist, desto besser. Jedes gewöhnliche schon vollgeschriebene Papier taugt dazu, wenn es auch etwas fein ist.

Zum Behuf des Bestreichens mit Baumwachs läßt man dasselbe entweder über Feuer flüssig werden und bestreicht mit einem Pinsel das Papier damit, oder man streicht das etwas weiche Baumwachs blos mit einem Messer sehr dünn auf das Papier.

Nach dem Bestreichen zerschneidet man das Blatt in etwa zwei Linien breite Streifen, welche für einen Copulirungsfall nur die Länge von etwa drei Zoll haben dürfen. Man bereite nur so viel Bänder vor, als man ungefähr für eine Arbeit von einem halben Tage braucht, weil sonst das Wachs zu trocken wird und die Fähigkeit des Klebens verliert.

Zum Veredeln wählt man solche Wildlinge, welche ungefähr die Stärke des Edelreises haben. Ist der Wildling zu einem geraden Stämmchen gezogen worden, so findet man wenigstens an seinem oberen Ende eine solche Stelle.

Mit einem scharfen Messer schneidet man beide, Wildling und Reis, schief zu, so daß sie mit ihren schiefen Flächen einander bedecken. Ist dieses der Fall, so hält man beide mit dem Daumen und dem Zeigefinger der linken Hand fest an einander; mit der linken Hand ergreift man ein Papierbändchen, klebt es mit dem einen Ende mittelst des Zeigefingers der rechten Hand auf das untere Ende des Schnittes, indem man es zum Behuf des besseren Anklebens mit dem warmen Finger etwas andrückt und es in eine solche Lage bringt, daß man es nach oben um den Schnitt wickeln kann. Nun legt man den Zeigefinger der linken Hand etwas weiter herab, und zwar auf das angeklebte Ende des Papierbändchens, und wickelt dasselbe mit dem Daumen und Zeigefinger der rechten Hand um den Schnitt herum nach aufwärts, bis auch das obere Ende des Schnittes bedeckt ist. Man zieht das Bändchen beim Umwickeln so fest als möglich an. Ist man damit oben angelangt, so drückt man es mit dem warmen Finger etwas fest an, damit es gut anklebt. Nun ist man mit der ganzen Operation fertig.

Vielleicht ist es Manchem geläufiger, die Finger bei dieser Operation auf eine andere Weise zu gebrauchen. Daran liegt nichts, wenn nur der ganze Schnitt gut bedeckt und fest zusammengehalten wird. Ich habe einem Gärtner zugesehen, welcher das Bändchen am obern Ende des Schnittes anlegte und nach unten nach der beschriebenen Methode wickelte. Dieses war ihm viel leichter, und es gelang ihm fast jede Veredelung.

Ich kann versichern, daß das Reis beim Copuliren nach der beschriebenen Methode viel besser sitzt als beim Pfropfen. Bei einem Stoß an dasselbe findet man selten eine Verrückung, indem der schmale Wildling gleichzeitig nachgiebt.

Ich habe keinen Fall erlebt, daß je ein Regen den Papierstreifen aufgeweicht hätte. Es ist während des Wachsthums des Reises keine Aufsicht nothwendig. Wird die Veredelungsstelle beim Wachsen stärker, so zerreißt das Papierbändchen, ohne einzuschneiden. Das Verwachsen geschieht so fest, daß mir noch kein Sturm auch nur ein Reis abgebrochen hat, wenn es auch noch so üppig gewachsen war.

Wer Alles in Bereitschaft hat und einige Fertigkeit besitzt, kann in einer Stunde bis 60 Stück copuliren. Man kann damit sehr zeitig im Frühjahr beginnen und so lange fortfahren, als man Reiser und Wildlinge hat. Einige copuliren die ausgehobenen Bäumchen sogar im Zimmer mit vielem Glück. Das Edelreis wächst mit dem Wildlinge so zusammen, daß man bald von der Veredelungsstelle nichts mehr sieht. Gelingt die erste Veredelung nicht, so kann man dieselbe noch einmal etwas tiefer vornehmen.

Es ist nicht nothwendig, daß Wildling und Edelreis von gleicher Stärke sein müssen. Ist der Wildling etwas stärker, so schneidet man ihn glatt ab. Das Reis schneidet man wie gewöhnlich schief zu, nur macht man am oberen Ende des Schnittes einen kleinen Absatz. Von dem Wildlinge nehme man auf der Seite unter der Platte so viel Rinde und Holz hinweg, daß die schiefe Fläche des Reises darauf paßt und mit dem Absatz auf der Platte des Wildlings fest aufsitzt. Der Verband geschieht mit dem oben beschriebenen Papierbändchen, mit welchem man auch die Platte bedeckt.

Will man einen ältern Baum durch Copuliren veredeln, so werfe man ein Jahr zuvor dessen Aeste ab und lasse ihn wieder frische Zweige treiben, welche für das Copuliren die passendsten sind.

Ich habe nicht ohne Absicht das Copuliren besonders hervorgehoben, indem mir schriftlich und mündlich viele Nachrichten vom Copuliren mitgetheilt worden sind, welche dasselbe in einem minder günstigen Lichte darstellten. Diesen Erfahrungen wollte ich entgegnen und dadurch für die gute Sache der Obstbaumzucht wirken.

Insbesondere muß ich erwähnen, daß ich für die Veredelung des Steinobstes keine bessere und zweckmäßigere Methode kenne als das Copuliren. Beim Steinobste wünscht man die geringste Verwundung und die schnellste und beste Heilung derselben bei und nach der Veredelung wegen des zu befürchtenden Harzflusses. Diese geringe Verwundung sowie die schnelle

Heilung derselben ist nur beim Copuliren möglich. Auch ist das Copuliren ganz dazu geeignet, die Zwetschenbäume aus Samen zu erziehen und sie mit besseren Sorten zu veredeln. Ich habe veredelte Zwetschenbäume gesehen, welche, obgleich sie noch sehr jung waren, die Veredelungsstelle, welche sie durch das Copuliren erhielten, schon so verwachsen zeigten, daß man Mühe hatte sie aufzufinden.

Schnelle und bequeme Erziehung von Topfbäumchen.

Wie leicht und schnell man Topfbäumchen erziehen kann, lehrt das Beispiel von Sterkowitz. Die Topfbäumchen daselbst, obwohl mit ihrer Zucht erst vor Kurzem begonnen wurde, sind doch schon bedeutend herangewachsen und tragen bereits Früchte. Es hat den Anschein, als wenn in Sterkowitz mit Dampf gearbeitet würde. Und so ist es auch wirklich. Der Dampf ist freilich kein mechanisch wirkender heißer Wasserdampf, wie bei der Locomotive, sondern ein warmer treibender Mistdampf und also zum Theil doch auch Wasserdampf, welcher mit jenem die Eigenschaft der schnellen Wirksamkeit gemeinschaftlich besitzt. Die Sache geht nicht nur sehr schnell, sondern auch sehr bequem vor sich.

Man sammle nach der Menge der Topfbäumchen, welche man zu besitzen wünscht, die nöthigen Wildlinge als Unterlagen: Schlehen und schwach treibende Pflaumensetzlinge für Aprikosen, Pfirschen und edle Pflaumen; Quitten und schwach treibende Birnwildlinge für Birnen, Johannisstämmchen; schwach wachsende Apfelwildlinge für Aepfel, und schlage sie alle mit den Wurzeln in die Erde ein. Man wähle aber dazu einen Ort, zu welchem der Frost nicht so leicht dringen kann, weil man vielleicht mitten im Winter von Wildlingen und Reisern Gebrauch machen dürfte.

In der Erde läßt man Wildlinge und Edelreiser so lange, bis man Zeit zum Veredeln hat, sollte dieses auch mitten im Winter sein. Die ganze Operation kann man, im Zimmer sitzend, sehr bequem verrichten. Man nimmt ein Partie Wildlinge aus der Erde, bringt sie sammt den Edelreisern in das Zimmer und veredelt sie mittelst Copuliren. Ist man damit fertig, so schlägt man die veredelten Bäumchen wieder in die Erde und fährt so fort, bis man sie treiben will. Hat man frostfreie Räumlichkeiten genug, so kann man die Bäumchen auch gleich nach der Veredelung in Töpfe mit guter Erde setzen. Es ist nicht nothwendig, dazu große und weite Töpfe zu wählen; es genügen gewöhnliche mittlere Blumentöpfe, wenn die Wildlinge schwach genug sind.

Zeitig im Frühjahr oder wohl auch schon im Winter bereitet man ein Mistbeet oder einen Treibkasten vor und setzt die in Töpfe gebrachten Bäumchen bis an den Rand in die Erde des Mistbeetes oder Treibkastens. Die starke Wärme wird die Bäumchen mit den aufgesetzten Reisern in kurzer Zeit zum Treiben bringen.

Indem man Topf an Topf setzt und meistens kleinere Töpfe wählt, kann man auf einmal selbst in einem Mistbeete von geringer Ausdehnung eine große Menge von Topfbäumen ziehen. Hat man noch einen Vorrath von veredelten Wildlingen, so kann man nach dem ersten Einsatz noch einen zweiten, dritten ꝛc. machen; nur muß man die ersten aus dem Mistbeete genommenen und schon getriebenen Bäumchen sorgfältig vor Kälte schützen. Sind keine Fröste mehr zu befürchten, und ist die Temperatur im Freien warm genug, so kann man die getriebenen Bäumchen aus den Töpfen stürzen und mit den Ballen ins freie Land versetzen.

Wer einige Kenntnisse in der Obstbaumzucht, besonders in der Veredelung, besitzt und die gehörige Wärme im Mistbeete oder Treibkasten zu unterhalten versteht, kann einen sehr großen Theil des Jahres zur Erzeugung von Topfbäumchen verwenden und es in kurzer Zeit zu einer namhaften Anzahl derselben bringen. Besonders läßt sich der Winter dazu verwenden, wenn man einen etwas geräumigen unterirdischen Treibkasten angelegt hat.

Ich kann hier nicht unterlassen, die Aufmerksamkeit der Obstzüchter auf die Schlehe hinzulenken. In manchen Gegenden wächst dieselbe massenweise. Als Unterlage für Aprikosen, Pfirsichen und Pflaumen ist sie sehr zu empfehlen. Der intelligente Obstbaumzüchter Schamal in Jungbunzlau in Böhmen benutzt die Schlehe mit größtem Glück als Unterlage zu Topfbäumchen, und ich meinerseits kann durch unternommene Versuche nur bestätigen, was Schamal in dieser Hinsicht behauptet.

Die wichtigsten Feinde der Obstbäume.

Es ist nicht genug, Obstbäume anzupflanzen und sie dann ihrem Schicksal zu überlassen; sollen sie gedeihen, so müssen sie auch gegen ihre Feinde geschützt werden. Deren gibt es eine Menge.

Die Angabe der gewöhnlichsten Obstbaumfeinde nebst deren Beschreibung und die Art und Weise ihrer Vertilgung soll der Inhalt des Nachfolgenden sein.

Die Katze.

Ich hatte in Bezug auf Topfbäumchen in früheren Jahren durch die Katzen empfindlichen Schaden zu leiden. Die Töpfe standen auf Stellagen, und so oft ich am frühen Morgen dahin kam, sah ich stets Schaden und hatte jedesmal Verdruß. Sehr oft lag mehr als ein Topf zerbrochen am Boden, und um die Bäumchen war es geschehen.

Ich belauschte die Katzen auf der Stellage und gewahrte, daß sie ihre Exkremente auf die Erde der Töpfe fallen ließen. Ihre Gewohnheit, die Exkremente zu verscharren, war nicht nur Ursache, daß sie viele Töpfe von der Stellage herabwarfen, sondern daß auch durch die Exkremente viele Bäumchen zu Grunde gingen.

Noch mehr Schaden richtet aber die Katze in den Obstgärten dadurch an, daß sie die nützlichen, insektenvertilgenden Vögel verscheucht, indem sie denselben auflauert, Jagd auf sie macht und tödtet, wenn sie ihrer habhaft wird. Die Folge davon ist, daß der Obstzüchter seiner treuesten Freunde und Helfer in der Vertilgung der den Obstbäumen schädlichen Insekten verlustig geht, daß in manchen Jahren die Obsternte sehr spärlich ausfällt, ja viele Obstbäume ganz zu Grunde gehen.

Man darf deshalb keiner Katze den Zutritt in den Obstgarten gestatten; fremde Katzen erschieße man sofort, sobald sich dieselben in dem Garten blicken lassen.

Die Hühner.

Die Hühner stellen schon in den Samenschulen den gelegten Kernen nach. Unschädlich lassen sich die Hühner machen durch eine dichte Hecke.

Die Mäuse.

Welchen Schaden die Mäuse in den Samen- und Baumschulen anrichten, ist bekannt genug. Das gewöhnliche Mittel gegen diese Obstbaumfeinde, Dornen in die Furchen zu legen, hilft nicht genug. Das beste Mittel ist, schwarzes Steinöl auf Wolle oder Werg zu tröpfeln und an fünf Orte der Samen- und Baumschule zu vertheilen. In 24 Stunden wird keine Maus mehr in der Nähe sein; denn der Geruch dieses Oels ist den Mäusen unerträglich.

Der Hase.

Es ist sehr zu verwundern, wie man noch so verblendet sein kann, von dem Nutzen der Wildbahn in cultivirten Ländern zu sprechen. Das Wild gehört in die Wälder der Wilden; in den cultivirten Ländern sollte seine letzte Stunde schon lange geschlagen haben, und wenn hier dennoch Wild besteht und sogar gehegt und gepflegt wird, so ist dieses nur ein Beweis, daß weder unser Land sich zur höchsten Cultur erhoben hat, noch daß die Bewohner desselben der höchsten Stufe der Cultur sich rühmen dürfen. Je höher die Cultur steigt, desto mehr muß die Wildbahn sinken. Die Wildbahn ist ein Barometer der Cultur eines Landes. Cultur und Wildbahn sind zwei feindselige Pole, welche sich einander fliehen.

Ganz besonders vertragen sich Hase und Obstbaumzucht nicht neben einander. Sie werden nie Freunde sein, sondern ewig Feinde bleiben. Der Baum rettet oft mit seinem eigenen Leibe den Hasen vom Hungertode; gewiß eine sehr theure Rettung; man hat aber noch nichts von einer Dankbarkeit dafür von Seite der Hasen gehört; im Gegentheil war und ist er immer gegen die Obstbäume feindlich gesinnt und geht auf das Verderben los. Gegen diesen Feind hilft oft sogar aller Schutz des Baumes von unserer Seite nichts.

Man verbinde die Obstbäume vor Winter noch so gut, umgebe die Gärten mit noch so sicherer Einfriedigung, Alles ist vergebens, wenn der Wind den Schnee hoch anhäuft, dem Hasen eine Brücke über den Zaun baut und eine Stufe zu den Kronen der Bäume darbietet. In einer einzigen Nacht ist die ganze Krone eines umfangreichen Baumes so abgenagt, daß seine Zweige wie dürres, ausgebleichtes Gebein eines Aases auf dem Stamme gleichsam zum Hohne desselben dastehen.

Wer vermag den Schaden, der an einem einzigen Baume angerichtet wird, zu schätzen, an einem Baum, der die Freude des Besitzers, die Zierde der Gegend war und noch viele Jahre das reichste Erträgniß versprach! Der Schaden ist unersetzbar.

Wie viele Baumschulen sind nicht auf diese Weise in einer einzigen Nacht von den Hasen zu Grunde gerichtet worden, so daß nicht ein einziges brauchbares Stämmchen übrigblieb! Die vieljährigen Bemühungen des Gärtners mit allen seinen freudigen Hoffnungen sind in Nichts zerronnen. Mit thränenden Augen, mit zerrissenem Herzen sah er wochenlang den Ruin seiner Baumschule an. Er mußte einen ganz neuen, schweren Anfang machen. An ein Aus- und Nachbessern war nicht zu denken, denn er hätte nichts als Krüppel gezogen. Der Schaden, den die Hasen an den Baumschulen anrichten, geht nicht selten in die Tausende von Gulden, und Niemand vergütet die Verluste.

Wie oft kommt man mit dem Schutze der Obstbäumchen gegen die Hasen zu spät. Der Winter war noch fern; die üppigsten Saaten standen auf den Feldern; die Hasen saßen so recht im Ueberfluß der besten Nahrung; man glaubte, sie würden sich an die Bäume nicht wenden und die magere, harte, herbe Rinde der Obstbäume nicht anrühren; allein man hatte sich bitter getäuscht; als man in der besten Meinung an das Verbinden der Bäumchen ging, fand man schon die tödtlichen Wunden an ihren Stämmchen von den Zähnen der Hasen.

Es hat den Anschein, als wenn bloßer Muthwille in dieser nahrungsreichen Zeit die Hasen zur Beschädigung der Obstbäume verleite; allein ihr Instinct führt sie auf eine ganz natürliche Weise dazu. Der Genuß des vielen saftigen, zarten Futters macht die Verdauungswerkzeuge schlaff. Dieses fühlt der Hase auf eine empfindliche Weise. Sein Instinct sagt ihm aber auch, welche Arzenei er dagegen zu nehmen hat. Diese findet er in der herben, zusammenziehenden Rinde des Obstbaums. Was er im Winter aus Mangel an Nahrung angreift, das nimmt er im Herbst als Arzenei, freilich eine sehr theure Arzenei.

Die armen Bäumchen fühlen das Gift des spitzigen Zahnes der Hasen nur zu sehr; die Wunden sind fast unheilbar; die Narben bleiben oft für die ganze Zukunft, denn die Zähne haben sich auch bis ins Holz hinein vergriffen. Wenn auch eine scheinbare Heilung von Außen beginnt, die Krankheit bleibt doch im Innern des Baumes sitzen mit allen ihren übeln Folgen für das Gedeihen desselben; gewöhnlich sind aber alle angewendeten Mittel und die vieljährigen Bemühungen gegen den Zahn des Hasen ohne großen Erfolg.

Wie viele Jahre gibt es, wo der Schaden, den die Hasen nur allein an den Obstbäumen eines Gutes verursachen, das Zehnfache von dem Erträgniß übersteigt, welchen der Ertrag der Hasenjagd liefert! Oekonomie ist es keine, sondern nur eine bloße kostbare Passion zu nennen.

Man sagt zwar, der Hase gehöre in den Wald, wo er wenig Schaden anrichte; allein gerade im Walde hält er sich nicht gern auf und flieht im Winter den stark mit Schnee bedeckten Boden, um auf das Land zu eilen und dasselbe mit seinen Verheerungen an den Obstbäumen heimzusuchen.

Ein einziger schöner Baum ist mehr werth als 50 Hasen. Der Baum ist eine Zierde des Platzes, den er einnimmt; er liefert mehr Nutzen als alle jene Hasen, welche ihr Standquartier auf hundert Jochen Feld um den Baum herum haben. Dagegen ist der Hase sammt der Jagd ein wahrer Luxusartikel, und Gutsbesitzer und Gemeinden, welche die Jagd selbst ausüben, sollten keinen Hasen im Reviere lassen. Man hat von der Ausrottung derselben keinen Nachtheil zu befürchten; im Gegentheil werden die Obstbäume besser gedeihen, man wird keine verwundeten, kranken, krüppelhaften Bäume mehr sehen, vielleicht nicht einmal mehr nöthig haben, die Bäume zu verbinden, was viel Arbeit, Zeit und Material kostet.

So lange es aber noch Hasen gibt, ist es nothwendig, die Obstbäume gegen jene Feinde zu schützen, was durch Umbinden der Stämmchen mit Dornen oder Stroh geschieht; letzteres ist besser, da es zugleich gegen die Kälte schützt. Mit Fettigkeiten die Obstbäumchen gegen den Hasenfraß zu bestreichen, ist schädlich, weil dadurch die Poren verstopft werden.

Die größten Feinde der Obstbäume sind aber die Raupen und Käfer, welche die Blätter und Blüthen abfressen, theils im Vor-, theils im Nachsommer, so daß sie oft wie dürre dastehen. Werden aber dem Baume die Blätter genommen, so nimmt man ihm von seinem Leben, da die Blätter gleichsam die Lungen, die Wurzeln den Mund bilden.

Es ist aber schwer, alle Raupen namentlich anzuführen. Einsame oder zerstreute Raupen sind weniger schädlich als die in Gesellschaft lebenden. Die am häufigsten vorkommenden und schädlichsten Arten sind folgende:

Der Frostschmetterling oder Frühbirnspanner (Geometra brumata).

Das Männchen ist schmutzig braungrau, auf den Hinterflügeln heller; die Vorderflügel sind mit mehreren helleren und dunkleren Querlinien versehen. Das Weibchen ist flügellos mit langen Beinen, etwas kleiner als das Männchen. Die Raupen (Spaniol), von gleicher Größe, sind sich selten einander ähnlich; einige sind dunkelgrün, andere wieder schwarz und gelbgrün mit verschiedener Färbung. Sie finden sich auf allen Obstbäumen. Die Begattung geschieht Abends an den Stämmen. Das Weibchen kriecht dann, da es keine Flügel hat, hoch auf die Bäume und klebt die kleinen Eier an Knospen oder Blattstielnarben; hierauf stirbt es. Dieses Aufsteigen an den Stämmen geschieht im Herbst, sobald es anfängt zu frieren. Die Räupchen kommen beim Aufbrechen der Knospen hervor, bohren sich in dieselben hinein und fressen sie aus; später fressen sie auch Blätter. Zur Verpuppung lassen sie sich mittelst eines Fadens, welchen sie aus dem Maule ziehen, von den Bäumen herab zur Erde. Es gibt gegen fünf Abarten dieses schädlichen Spanners. Man kann dieselben vertilgen und nach und nach fast ganz ausrotten:

1) Wenn man im Monat October die Erde um die Stämme aufhackt und wieder etwas festtritt. Dadurch werden, wenn es öfters geschieht, die meisten Puppen zerstört, denn die Erfahrung lehrt, daß in Gärten, in denen das Land öfters umgegraben wird, dieses Insekt sich weniger vorfindet als in Grasgärten, wo dieses nicht geschieht.

2) Durch Anwendung von Schutzbändern. Hierzu eignet sich am besten Wachsleinwand. Ein Streifen, ungefähr 6 Zoll breit, wird um den Stamm gelegt und 3 Mal fest angebunden, damit das Weibchen des Schmetterlings nicht unter dem Bande auf den Baum kriechen kann. Dieser Streifen wird mit einer Salbe bestrichen, welche bestehen kann: a. aus 1 Theil Weißpech und ½ Theil Wachs, beides unter einander gekocht und hierauf noch ¾ Theil Baumöl zur Verdünnung dazu gerührt; b. 1 Pfd. Weißpech wird geschmolzen und mit 1 Maß Leinöl verdünnt; c. man kann auch Theer mit etwas Leinöl vermischen und auf die Schutzbänder auftragen. Es muß dieses jedoch öfters geschehen, weil es sehr schnell erhärtet; deshalb ist dieses Mittel nicht so gut als die beiden ersten. Das Schutzband muß Ende September angelegt und in einem klebrigen Zustande bis November ununterbrochen erhalten werden.

3) Abends während der Flugzeit das Herumtragen von Fackeln und Leuchtfeuern. Die Schmetterlinge fliegen dann in das Feuer und verbrennen.

4) Dürftigem und magerem Boden muß man mehr Nahrung durch Compost oder Abtrittdünger geben, damit die Bäume einen kräftigen Trieb erhalten. Die Erfahrung lehrt, daß kränkliche Pflanzen und Thiere immer mehr Ungeziefer haben als wohlgenährte.

Der Baumweißling oder Tagfalter (Pontia crataegi).

Der Schmetterling ist weiß mit schwarzen Adern, die Raupe aschgrau, haarig, mit schwarzen, orangegelben Längsstreifen. Das Weibchen legt seine kleinen gelben Eier zu 100—200 an die Außenseite der Blätter aller Obstbäume, des Weißdorns und der Schlehen. Nach dem Auskriechen spinnen sie ein starkes seidenartiges Gewebe, in welchem sie sich in Gesellschaft gegen die rauhe Witterung schützen. Das Blatt fällt im Herbst nicht ab. Vertilgen läßt sich der Baumweißling durch Zerdrücken der Eierhaufen und Abschneiden der Raupennester, resp. der im Frühjahr noch an den Bäumen befindlichen alten Blätter.

Der große und kleine Kohlweißling (Pieris brassicae).

Sie sind einander sehr ähnlich und werden gewöhnlich Buttervögel genannt. Die Vorderflügel sind unten gelb, oben mit schwarzen Spitzen und zwei großen schwarzen Flecken versehen.

Der Kirschspinner (Gastropcaha lanestris).

Der Schmetterling ist rothbraun mit geschlängelter weißer Querlinie. Die Vorderflügel haben auf der Mitte und an der Wurzel weiße Flecken. Die Raupe ist schwarzblau oder schwarzbraun. Sie befindet sich auf Kirschen, Pflaumen und Schlehen.

Der Ringelspinner (Bombyx neustria).

Der Schmetterling ist ockergelb bis rothbraun; die Vorderflügel sind mit einer dunkeln, hellgerandeten Querbinde versehen, die Fransen gelblich und braun ungleich gescheckt. Die Raupe ist weiß und dünn behaart, blau, roth und gelb gestreift mit einer Rückenlinie, der Kopf braungrau mit zwei schwarzen Punkten bezeichnet. Diese Raupe befindet sich auf allen Obstbäumen und wird besonders den Zwetschen sehr schädlich.

Der Wickler (Panthina pruniata).

Er kommt in verschiedenen Abarten vor, wickelt sich in Blätter ein und ist vollkommener Einsiedler. Sein Vorhandensein erkennt man an den zusammengewickelten Blättern.

Vertilgen kann man den Kohlweißling, Kirschspinner, Ringelspinner und Wickler leicht durch Zerstörung der vorgefundenen Raupennester, ehe sich die Raupen zerstreuen, und durch Wegschaffen alles dürren Laubes und Mooses, worunter die Raupen ihren Winterschlaf halten. Auch Schutzbänder sind anzuwenden.

Der Apfel- oder Fichtenspinner, Nonne (Liparis monacha).

Die Vorderflügel des Schmetterlings sind mit vielen schwarzen Zickzacklinien, Flecken und Punkten und einem schwarzen V in der Mitte versehen, die Hinterflügel weißgrau. Das Weibchen hat einen Legestachel. Die Raupe ist kurz und dick, weißgrau und schwarz gemischt, an den Seiten heller mit einem dunklen Rückenstreifen. Dieses Insekt kommt oft in solcher Masse vor, daß es zur Landplage wird. Vertilgungsmittel sind Zerstörung der Eier, Auffangegräben, des Abends in der Flugzeit Fackeln und Leuchtfeuer.

Außer den Raupen gibt es noch verschiedene Käfer, welche auf den Obstbäumen ihre Tafel halten. Dahin gehören besonders:

Der Maikäfer.

Das Weibchen legt die Eier in die Erde; aus diesen entstehen im Verlaufe des Sommers kleine Thierchen, welche die Larven sind und Engerlinge genannt werden. Sie sehen fast wie Raupen aus, haben einen dicken Kopf und 6 Beine und nähren sich während der vier Jahre, die sie in der Erde verweilen müssen, von den Wurzeln der Gewächse und richten dadurch großen Schaden an. Erst im vierten Jahre kommt der Käfer aus der Erde und frißt nun den Bäumen und Sträuchern Blätter und Blüthen ab. Die natürlichen Feinde des Maikäfers sind Häher, Eulen, Würger und Sperlinge. Mittel zu seiner Vertilgung sind: Fleißiges Auflesen und Tödten der Engerlinge beim Graben der Gärten und Pflügen der Felder; Abschütteln der Bäume und Hecken ganz früh beim Aufgange der Sonne, wo der Käfer erstarrt und unthätig ist, oder in den wärmsten Stunden des Tages, wo er sich zu begatten pflegt und in eine außerordentliche Ermattung fällt, so daß man Bäume und Hecken nur durch ganz schwache Stöße zu erschüttern braucht. Die herabgefallenen Käfer lassen sich leicht tödten.

Der Schrotwurm (Lymexylon).

Dieses in Gestalt eines Engerlings vorkommende Insekt frißt sich in die Bäume ein und nährt sich von ihrem Safte. Seine Gegenwart ist zu bemerken an der losen Rinde, die vom Stamme abspringt. Um diesen Feind zu entfernen, darf man nur, wenn man sein Lager gefunden, mit einem starken Drahte in das Loch hineinstoßen und so den Wurm tödten. Jeder Schrotwurm zerstört seinen Stamm.

Die Blattläuse, Neffen.

Die Blattläuse thun namentlich den jungen Birnstämmchen viel Schaden Sie setzen sich in die Gabeln der jungen Triebe, saugen den emporsteigenden Saft aus und bewirken dadurch den Tod des Stämmchens. Es ist große Wachsamkeit nothwendig, um den Krieg gegen diese Thiere sogleich zu beginnen, sobald man die ersten Spuren davon bemerkt, denn nur dann dürfte es möglich sein, über sie zu siegen. An Mitteln, und zwar an solchen, welche wirklich helfen, fehlt es nicht, doch glaube ich, daß dem Erscheinen der Blattläuse immer eine Kränklichkeit des Baumes vorausgeht. Hätten wir genug Vögel in unseren Gärten, so würden die Blattläuse nicht sehr überhand nehmen. Ich beobachtete, daß viele Vögel, besonders Finken, die Blattläuse ablesen, und können sie der untern Seite der Blätter, wo die Blattläuse am häufigsten sitzen, weil sie hier Schutz gegen Regen finden, nicht beikommen, so beißen sie die Blätter beim Stiele ab, damit jene zur Erde fallen, wo sie dieselben dann mit größter Bequemlichkeit untersuchen können. Von einzelnen Zweigen lassen sich die Blattläuse durch Bestreuen mit Tabakasche oder durch Begießen mit dem Saft aus der Tabakpfeife leicht vertreiben. Dieser Saft ist dem zartesten Zweige der Obstbäume keineswegs gefährlich, wohl aber tödtet er fast augenblicklich die darauf sitzenden Blattläuse. Auch Schnupftabak, auf die Stelle gestreut, wo sich die Blattläuse befinden, vertreibt dieselben. Ferner ist ein probates Mittel gegen die Blattläuse das Abzwicken der Spitzen an den jungen Trieben. Man nehme die Spitzen der Zweige, sobald sich dieselben zeigen, so weit weg, als sie von Blattläusen besetzt sind, vertilge aber die Zweige mit den Blattläusen sehr sorgfältig. Daß übrigens irgendwo Blattläuse vorhanden sind, merkt man an der Geschäftigkeit der auf dem Baume hin und her laufenden Ameisen. Man muß aber auf der unteren Seite der Blätter nach den Blattläusen suchen und hierauf sein Augenmerk richten.

Die schwarze Ameise.

Dieselbe macht bei den Blattläusen den Schmarotzer und behandelt sie als Milchkühe. Sie schadet nicht bloß, indem sie dem Wachsthum der Bäume hinderlich ist, sondern frißt auch aus der Blüthe das Pistill oder die Befruchtungsröhre aus. Wo sich dieselbe häufig vorfindet, kann man mit Vortheil das Schutzband zu ihrer Abhaltung anwenden.

Der Sperling.

Welchen enormen Schaden die Sperlinge an den Obstbäumen anzurichten vermögen, habe ich aus eigener Erfahrung im Frühjahr 1864 kennen gelernt. An vielen Hochstämmen fraßen sie die Blüthenknospen vor dem Aufbrechen so ab, daß nur noch die untern Aeste verschont blieben. Letztere grünten und blühten, während der obere Theil des Baumes so aussah, als wäre er gänzlich von Raupen abgefressen worden. Die Sperlinge scheinen also nicht nur die Blüthen, sondern auch die Laubknospen anzugreifen. Ich glaube nicht, daß sie eine große Auswahl treffen.

Ich habe in meinem Hofe einige Zwergkirschbäume stehen. Nicht eine Blüthe würde ich an denselben erhalten haben, wenn ich die Bäume nicht mit Fäden überzogen hätte. Einige wenige Fäden halfen aber nicht viel; ich mußte ein ganzes Netz davon über die Bäume ziehen. Die Blüthen standen schon auf den Stielen, als die Sperlinge noch immer nach dem Genuß derselben lüstern waren. Es ist deshalb um so nothwendiger an die Verminderung der Sperlinge da, wo dieselben sehr häufig vorkommen, zu gehen, als ich die Erfahrung gemacht habe, daß der Sperling den Raupen nicht in dem Maße nachstellt, als man gewöhnlich annimmt.

Der Mensch allein vermag aber nicht ausgiebig genug gegen die den Obstbäumen schädlichen Thiere vorzugehen. Mehr als der Mensch in dieser Beziehung zu leisten vermag, wirkt die Natur, und ganz besonders sind es gewisse Thierarten, welche den Menschen in seinen Bemühungen gegen die Obstbaumschädlinge auf das wesentlichste unterstützen. Diese Thiere sind insbesondere der Aufpasser, der Laufkäfer, die Mord- oder Raubwespe, die Ameise, die Fledermaus, die Spitzmaus, der Igel, der Maulwurf, die Amphibien und von den Vögeln der Specht, die Meise, der Staar, das Rothkehlchen, der Rothschwanz, der Finke, überhaupt die meisten Singvögel.

Deshalb sollen alle die angeführten Thiere gehegt und gepflegt werden.

Die Anzucht und Pflege des Mandelbaums.

Da ich die Cultur des Mandelbaums selbst versucht, und zwar mit vielem Glück, so bin ich auch im Stande, so Manches über diesen Baum mitzutheilen.

Der Mandelbaum verdient die Cultur nicht nur wegen seines schnellen Wuchses, seines schönen Baues, seiner herrlichen Blume und seiner lieblichen Belaubung, sondern er gibt auch sehr gute Unterlagen für die Pfirsiche, welche man darauf veredelt. Die Früchte der Pfirsichen werden auf dem Mandelbaume größer und schmackhafter. Ich weiß nicht, ob es immer der Fall ist, aber bei mir ist es geschehen, daß selbst der Stein der Pfirsiche auf Mandeln eine so schwache und zerbrechliche Schale erhielt, wie die Mandeln. Erwähnen muß ich noch, daß der Pfirsichenbaum auf der Mandel weit dauerhafter ist als auf Pflaumen. Die Ursache davon dürfte die sein, daß die Mandel als Unterlage ein Sämling ist, also einen echten Wurzelstock hat, während die als Unterlage verwandten Pflaumen nur Ausläufer sind und ein schlechtes Wurzelvermögen besitzen, weshalb man sich über die geringe Dauerhaftigkeit der auf Pflaumen veredelten Pfirsichen beklagt.

In Böhmen trifft man den Mandelbaum vorzugsweise im Leitmeritzer Kreise als großen Baum an, welcher reife Früchte trägt; ich sah sie sogar auf dem Markte verkaufen. Die Früchte sind aber weder so groß noch so gut wie in ihrem eigentlichen Vaterlande. Aber auch im Saazer Kreise zieht man hier und da Mandelbäume, obwohl dieser Kreis schon etwas höher liegt und ein Klima mit geringerer Wärme hat. Die bittere Mandel wächst noch viel leichter als die süße; ich fand erstere an einem Orte fast verwildert, so daß man sie wegen ihres Wucherns ausrotten mußte. Männer, welchen man Glauben schenken muß, versichern, daß der bittere Mandelbaum süße Früchte zu tragen anfängt, wenn man ihn einige Mal versetzt.

Wer den Mandelbaum ziehen will, besorge sich erst den Samen dazu. Als tauglicher Samen zur Fortpflanzung dienen die Mandeln, welche noch in ihrer Schale sind. Dergleichen Mandeln kann man von jedem Kaufmann erhalten, denn unter der Kaufmannswaare kommen immer einige Mandeln mit Schale vor; jedoch kann man sich auch dergleichen Mandeln bestellen und bringen lassen.

Nichts keimt leichter als ein Mandelkern. Bei uns kann man die Mandelkerne erst im Frühjahr stecken, und zwar entweder gleich auf ein gut zubereitetes Beet, oder man läßt sie erst in einem Topfe in feuchter Erde keimen.

Die Pflanze wächst außerordentlich schnell, und man erhält nicht selten schon im ersten Jahre ein mehrere Fuß hohes, mit Seitenzweigen versehenes stattliches Bäumchen.

Es ist gar nicht nothwendig, dasselbe zu veredeln. Man erhält aus bloßem Samen zwar nicht immer dieselbe Sorte, es werden vielmehr von demselben Samen verschiedene Sorten zum Vorschein kommen, was man schon an den jungen Stämmchen erkennen wird. Dieses schadet jedoch nichts, ist vielmehr sehr interessant.

Das sicherste Verfahren, dieselbe Sorte wieder zu erhalten, ist die Veredelung mittelst des Oculirens auf das schlafende Auge. Man nimmt dazu als Unterlage ein Pflaumenstämmchen, weil dieses dauerhafter für kältere Gegenden ist als das Mandelstämmchen und weniger Ansprüche macht an Boden und klimatische Verhältnisse.

Die Behandlung des Mandelbaums nach seiner Veredelung ist ganz dem Pfirsichen- und Aprikosenbaume gleich, nur bedarf jener nicht eines so kunstmäßigen und scharfen Schnittes. Läßt man ihn frei stehen, so kann man wohl alles Beschneiden unterlassen.

Die Blüthe erscheint nicht selten schon im dritten Jahre, wie es gewöhnlich auch bei unsern Pfirsichen und Aprikosen der Fall ist. Zieht man den Mandelbaum an einer Mauer, dann muß man ihn freilich so beschneiden, daß seine Zweige an einem Geländer ordentlich gezogen und angeheftet werden können. Man gibt ihm gleich im zweiten Frühjahre die ihm bestimmte Form mittelst des kürzeren oder längeren Schnittes des Hauptstamms, entweder auf den Gabelzweig, oder auf den Herzstamm oder zur Pyramide und überläßt ihn dann mehr der Natur als der Kunst.

Für den Winter bedarf der Mandelbaum einer Bedeckung mit Strohmatten oder Tannenreisig, und im Frühjahr muß seine Blüthe gegen Spätfröste durch Vorsetzen von Strohmatten geschützt werden, wenn man sich einer Ernte seiner Früchte erfreuen will. Der Schutz gegen Nachtfröste ist um so nothwendiger, als die außerordentlich schöne Blüthe des Mandelbaums — eine prachtvolle Zierde des allerersten Frühlings — sehr früh erscheint.

Es versteht sich von selbst, daß man dem Mandelbaum eine südliche Lage gibt. Da seine Pfahlwurzel sehr tief eindringt, so verlangt er einen tiefen, warmen, trocknen, etwas sandigen Boden zu seinem Gedeihen.

Am sichersten kann man ihn in Töpfen ziehen, entweder aus Samen, oder indem man ihn auf schwach treibende Pflaumen, vielleicht auf Schlehen veredelt, nur muß er dann öfters versetzt werden. Beim Versetzen stutzt man seine Wurzeln, versieht ihn mit guter Erde und gibt ihm nach längerer oder kürzerer Zeit einen größern Topf.

Neue Erfahrungen in der Anzucht und Pflege des Kirschbaums.

Vor einigen Jahren besuchte ich ein Dorf mit Namen Ploßdorf. Es liegt schon nicht mehr auf der Ebene, sondern etwas am Erzgebirge und zeichnet sich durch seinen Kirschbau und Kirschhandel aus. Die Kirschbäume wachsen daselbst wie die Waldbäume und tragen ohne alle Veredelung sehr schöne und gute Kirschen. Man erzieht dort alle Kirschbäume aus Samen. Dieses ist die Ursache, warum man die Kirschbäume so gesund und stark hat wie Waldbäume. Es wird dadurch der unwiderlegliche Beweis geliefert, daß man auch aus Samen gute Kirschbäume ziehen kann.

An einem anderen Orte fand ich schon vor 30 Jahren, daß man die berühmte Maikirsche nur aus Samen erzieht und sie jedesmal daraus erhält. Ich selbst kaufte dergleichen aus Samen gezogene Kirschbäumchen, welche nicht veredelt waren und doch die Maikirsche trugen.

Wer sich seine Kirschen selbst aus Samen von edlern Sorten zieht, wird sie sehr leicht an seinen Boden gewöhnen. Bekanntlich sind es gerade die Kirschen, welche hinsichtlich des Bodens sehr wählerisch sind und das Versetzen in entferntere Gegenden nicht leicht vertragen.

Hier muß ich noch einen Vortheil bekannt geben, wie man die sonst so schwer keimenden Kirschsamen leichter zum Wachsen bringen kann. Man bedeckt nämlich die Samen nur wenig mit Erde und tritt sie darauf sehr fest mit den Füßen. Ein alter berühmter Pomolog und Obstzüchter sagte mir, man solle auf einem Beete, wo man Steinobst angesäet habe, die Kinder tanzen lassen. Das ist ganz richtig, wie die Erfahrung lehrt.

Nach der vorherrschenden Meinung kann man das Veredeln der Kirschen nicht früh genug vornehmen, aus dem angeblichen Grunde, weil die Kirschen sehr bald treiben. Man verfolgt aber jetzt in dieser Beziehung eine andere Praxis; Schamal sagt darüber:

„Nach einer bis jetzt noch häufig vorherrschenden Theorie wird ausnahmsweise das Veredeln der Kirschbäume möglichst zeitig im Frühjahr, so lange nämlich die Winterfeuchtigkeit noch im Boden vorherrscht, vorgenommen. Ich copulirte aber mit gänzlicher Uebergehung dieser Theorie eine sehr große Anzahl von Kirschwildlingen gerade in dem ungewöhnlich heißen Jahrgange 1857 erst Ende Mai, wo die Winterfeuchtigkeit sicher schon längst aus dem Boden gewichen war, und erlebte so glänzende Resultate, daß ich zuversichtlich durch Fortsetzung dieser Manipulation in der nächsten Zeitfolge zu einer der wichtigsten Reformen in meinem Veredelungsgeschäft gelangen dürfte."

Auch ich bin durch langjährige Erfahrung sattsam belehrt worden, daß spätere Veredelungen am besten gedeihen. Nichts ist gegen den geringsten Frost so empfindlich, als das aufgesetzte Kirschreis. Ich veredele schon seit Jahren bis zum Monat Juni und habe davon weit bessere Erfolge als von dem frühen Veredeln. Die Reiser lassen sich sehr gut an einem schattigen Orte aufbewahren, wo man sie ganz mit Erde bedeckt und dieselbe bei Trockenheit von Zeit zu Zeit etwas anfeuchtet. Vor der Veredelung legt man die Reiser, wenn sie etwas trocken zu sein scheinen, in frisches reines Wasser und läßt sie nach einigen Stunden wieder abtrocknen; dann sind sie brauchbar.

Fig. 2.

Ich schließe hieran noch etwas über die Doldenkirsche (Fig. 2.) als Unterlage der Sauer- und Süßkirschen. Die Abbildung zeigt einen Zweig mit Blättern und Früchten von einem Strauch der Doldenkirsche, welcher gewöhnlich mannshoch ist, cultivirt in gutem Boden auch baumförmig gezogen werden kann und dann 12—18 Fuß hoch wird.

Der Unkundige wird kaum errathen, daß dieser Strauch oder Baum zum Geschlechte des Steinobstes und zwar zu den Kirschen gehört, wenn er ihn auch von allen Seiten und zu jeder Zeit seines Wachsthums, der Blüthe und der Früchte betrachtet. Seine Blätter sehen eher den Blättern einer wilden Birne ähnlich; seine Blüthen sind klein; es stehen aber viele derselben in einer Dolde beisammen. Die Früchte sind wie kleine Erbsen, rundlich oval und schwarz von Farbe, zum Genuß aber nicht verlockend. Der Botaniker erkennt aber an der Blüthe, sowie an der Frucht die Kennzeichen der Kirsche.

Dieser Strauch und Baum ist für die Obstbaumzüchter, insbesondere für Liebhaber von Sauer- und Süßkirschen, von großer Wichtigkeit, wie ich weiter unten zeigen werde.

Viele dürften diesen Strauch (Prunus mahaleb) noch nicht kennen, da er nicht, wie sein allernächster Blutsverwandter, bei uns wild wächst. Dieses ist die Traubenkirsche (Prunus padus) mit Blüthen in hängenden Trauben, deren Früchte ebenfalls rundlich und schwarz sind.

Die Doldenkirsche hat auch weiße Blüthen, aber sie stehen, sowie auch die nachfolgenden Früchte, aufwärts nicht in einer Traube, sondern in einer Dolde. Seine Früchte unterscheiden sich in Größe und Farbe nicht sehr von jenen der Traubenkirsche, wohl aber im Geschmack. Eine größere Verschiedenheit haben die Blätter. Bei der Doldenkirsche sind sie kleiner und glänzender, rundlichoval, stumpf und gezahnt. Bei der Traubenkirsche sind die Blätter viel größer, dunkler, stark, schön und sehr regelmäßig gerippt, lanzettförmig und stärker gezahnt. Jeder Blattstiel hat zwei Drüsen.

Die Doldenkirsche hat von der Natur einen anderen Standort als die Traubenkirsche angewiesen erhalten. Man findet sie in Bergwäldern, besonders am Mittelmeer, auf Felsen, bei uns nur in Lustgärten. Die Rinde ist röthlich und riecht nach bittern Mandeln; das röthliche Holz, welches wohlriechend ist, wird zu Messerheften und Drechslerarbeiten gebraucht. In gutem feuchten Boden macht der Strauch viele lange, gerade und starke Triebe, welche gute Pfeifenrohre geben, die im Handel als türkische Weichselrohre vorkommen.

Die Blätter dienen als Thee und sind ein Lieblingsfutter für Ziegen und Schafe. Die Früchte, obwohl nicht ganz angenehm, werden von Drosseln und Kernbeißern gern gefressen und selbst von Kindern nicht verschmäht; sie färben purpurroth, und man glaubt, daß dieser Strauch das Vaccinium der Alten sei, womit man die Kleider der Sclaven purpurroth färbte. Das wohlriechende Holz gab man als schweißtreibendes Mittel gegen die Hundswuth und hieß es daher St. Luzienholz. Das Wort

Mahaleb stammt von den arabischen Aerzten, welche den Samen als ein Mittel gegen den Stein benutzten.

Man nennt diesen Strauch auch Steinweichsel, St. Gregoriusholz und St. Luzienholz von einem Dorfe im Wasgau.

Wenn auch die Sauerkirschen fast in jedem Boden fortkommen, ja sogar mit vielen Ausläufern wuchern, so daß sie manches Feld ganz uncultivirbar machen für andere Früchte, und die Ausläufer desto mehr wuchern, je mehr man sie auszurotten trachtet, so benimmt sich doch die Süßkirsche weit heikler. Sie will ganz eigensinnig etwas hügeliges Land und gedeiht auf dem Flachlande mit schwerem Boden nicht. Ich sendete Süßkirschen aus einer Gegend, wo sie sehr gut wachsen, in manche Gegend des Flachlandes, allein immer hörte ich von dem baldigen Ende derselben.

Die Mahalebkirsche nimmt die Veredelung sehr gut an, und hat sie dieselbe einmal angenommen, so wächst das Edelreis schnell weiter; ja man kann sagen, es wuchert ordentlich. Ich habe selbst auf der Mahalebkirsche Weichseln veredelt, welche sehr schön wuchsen. Einer meiner Freunde setzte Süßkirschen darauf und wunderte sich über den üppigen Wuchs.

Nun ist aber die Mahalebkirsche ein Strauch, ein Baum, der in jedem Boden, in dem besten wie in dem schlechtesten, sogar auf den dürrsten Bergen wächst. Ich habe ihn gefunden an sehr feuchten und trockenen, an sonnigen und mehr schattigen Orten; überall gedieh er. In guter Lage kann man ihn sogar zu einem stattlichen Baume erziehen, und ich habe noch nie Ausläufer von ihm gesehen, was ein großer Vorzug ist.

Man weiß, daß auf die Unterlage sehr viel ankommt, denn sie ist es, welche dem Edelstamme die Nahrung aus dem Boden zuführt, und ist die Unterlage in Bezug auf den Boden nicht wählerisch, so hat man bei der Veredelung einer Obstsorte, welche in Bezug auf den Boden sehr heikel ist, viel gewonnen. Letzteres ist nun bei der Süßkirsche der Fall. Dieselbe wächst aber auf der Mahalebkirsche sehr gut, welche letztere man in jeden Boden pflanzen kann. Den passenden Boden für eine Frucht zu wählen, liegt selten in unserer Macht, wohl aber ist es manchmal gestattet, eine Unterlage dafür zu finden.

Wenn man entgegnen wollte, daß man für die Weichsel die Mahalebkirsche als Unterlage gar nicht nothwendig habe, indem jene ohnedies fast überall wuchere und sich größtentheils wurzelecht fortpflanze, so bin ich der unmaßgeblichen Meinung, gerade bei den wurzelechten Weichseln die Mahalebkirsche als Unterlage zu gebrauchen, und zwar aus folgendem Grunde.

Die wurzelechten Weichseln treiben oft eine Unzahl von Ausläufern und verunreinigen dadurch manches schöne Feld, wie ich als Augenzeuge versichern kann. Selbst dann leidet das Feld noch davon, wenn man die Weichseln auf einem sehr breiten, abschüssigen Raine anpflanzt, unter welchem

Uebel auch eines meiner Felder stark leiden mußte. Alle angewendete Mühe, die auf das Feld gedrungenen Ausläufer auszurotten, war vergebens. Die Getreidemäher beschwerten sich immer über diese Unannehmlichkeit mit den Ausläufern und verlangten höhern Lohn.

Veredelt man die Weichsel auf die Mahalebkirsche, dann ist man von allen Ausläufern frei, und vielleicht tragen die also veredelten Weichseln auch mehr Früchte.

Was ich hier empfehle, habe ich erst neulich in einer langen Kirschbaumallee bestätigt gefunden. Alle Bäume dieser Allee waren ohne Stamm gezogen und hatten bereits ein Alter von 15—20 Jahren; aber es waren wahrhaft idealische Gestalten ohne allen Fehl. Eine nähere Untersuchung zeigte, daß sie alle die Mahalebkirsche zur Unterlage hatten.

Nun aber, wie verschafft und erzieht man sich die Mahalebkirsche? Nichts ist leichter als dieses, wenn man nur einmal Samen hat. Dieser geht außerordentlich leicht auf, die jungen Pflanzen lassen sich sogar leicht versetzen, so daß keine zu Grunde geht. Im ersten Jahre wachsen sie bei guter Pflege so weit heran, daß man sie im zweiten Jahre schon copuliren kann.

Wo ein fruchttragender Mahalebkirschstrauch oder Baum steht, da wird man im Frühjahr, wenn der Platz nicht berast ist, sehr viele junge Pflänzchen finden, welche man gleich in den Garten versetzen kann. Sollte die erste oder zweite Veredelung nicht gelingen, so lasse man sich dadurch nicht gleich abschrecken.

Die große Bedeutung des Zwetschenbaumes, die Fehler, welche man bei dessen Anzucht begeht, und die rationellste Fortpflanzungs- und Erziehungsmethode desselben.

Bekanntermaßen ist keine Obstart für den Handel so geeignet als die Zwetsche. Ihr Preis ist gegenwärtig sehr hoch gestiegen; der Centner getrockneter Zwetschen wird mit 20 fl. bezahlt. Bereits fühlt man einen großen Mangel an getrockneten Zwetschen. Was man noch erhält, ist in der Regel ein sehr schlechtes Gut und kaum genießbar. Jener Preis ist um so auffallender, als man bisher so ziemlich gute Erträgnisse an Zwetschen hatte. Die Nachfrage nach getrockneten Zwetschen muß also sehr groß und nicht immer zu befriedigen sein. Es kann in Folge dessen auch die schlechteste Waare um einen Preis verkauft werden, den sie nicht verdient.

Daß viele Zwetschen eine so schlechte Waare sind, rührt zum Theil von den vielen Fehlern her, die man beim Trocknen begeht. Ohne Auswahl verwendet man alle Früchte dazu, wurmige, faule, unreife und alles abgefallene schlechte Gut. Der größte Fehler besteht aber darin, daß man die Zwetschen nicht vollkommen reif werden läßt. Im Allgemeinen werden sie zu früh vom Baume genommen, daher die getrockneten Früchte sauer sind, die Zähne angreifen und ohne Beihilfe von Süßigkeiten nicht genossen werden können.

Große Fehler macht man ferner beim Trocknen selbst, indem man die Zwetschen durch zu große Hitze aufspringen und ihren besten Saft verloren gehen läßt, wodurch oft blos Haut und Stein übrig bleiben. Einen Theil läßt man verbrennen, so daß er zum Genuß ganz untauglich wird.

Aber nicht blos beim Trocknen der Zwetschen begeht man große Fehler, sondern auch schon bei der Anzucht des Zwetschenbaumes; die Folge davon ist, daß unsere Zwetschenbäume oft so wenig, so kleine und schlechte Früchte liefern.

Man verwendet keine Pflege auf den Zwetschenbaum und überläßt sein Wachsthum der Natur allein. Es ist kein Wunder, daß er auf diese Weise verwildert und nur kleine Früchte trägt.

Man zieht an den alten Zwetschenbäumen eine Menge Ausläufer empor, bis sie zum Verkaufe groß genug sind, wodurch der Mutterstamm ungemein leidet.

Der Handel mit derartigen Ausläufern ist bis zu einer solchen Höhe gestiegen, daß die Nachfrage nicht mehr befriedigt werden kann. Der Preis solcher versetzbarer Zwetschenausläufer ist freilich nicht hoch; allein sie wachsen auch ohne alle Hilfe und Auslage empor; höchstens schneidet man von Zeit zu Zeit einige Seitenzweige weg. Wenn man das Stück auch nur mit ⅙ fl. verkauft, so kann man doch alle Jahre manchen Gulden ohne Mühe und Auslagen einnehmen; so glaubt man.

Und doch ist diese Ansicht eine sehr unrichtige, indem man durch eine solche Manipulation dem Mutterstamme im Wachsthum, in seiner Dauerhaftigkeit und in seinem Erträgniß großen Abbruch thut, und die Aufzucht der Ausläufer vom Mutterstamme wegen des dadurch verursachten großen Schadens doch hoch zu stehen kommt.

Ein Ausläufer ist aber immer nur ein halber Baum ohne alle Dauerhaftigkeit. Sein Wurzelstock ist kein natürlicher wie bei einem aus Samen gezogenen Baume; er hat wieder die Unart ererbt Ausläufer zu machen, wodurch er in seinem Wachsthum und Erträgniß leidet.

Betrachtet man in gewissen Gegenden die Zwetschenbäume näher, so wird man sehr unangenehm berührt durch das schlechte Aussehen der meisten derselben; man klagt über die Kränklichkeit der Zwetschenbäume; ein kränklicher Baum aber kann weder viele noch gute Früchte tragen.

Aber nicht nur kränklich sind sehr viele Zwetschenbäume geworden, sondern es ging hier und da auch eine große Anzahl zu Grunde, so daß es schon an Setzlingen zu fehlen anfängt, um die eingegangenen Bäume zu ersetzen.

Man schiebt die Ursache davon der Witterung zu. Angenommen, es wäre dem so, so sollte man der Ungunst der Witterung durch eine sorgsamere und intelligentere Pflege entgegenzuwirken suchen.

Ich glaube, man hat bisher so Manches gethan und so Manches unterlassen, was zur Hebung der Zwetschenbaumzucht nicht dienlich war.

Um es nochmals zu erwähnen, ist die Fortpflanzungsweise des Zwetschenbaumes durch Ausläufer einer der größten Uebelstände. Ich glaube nicht, daß es in des Zwetschenbaumes Natur und Wesen liegt, Ausläufer zu machen. Er ist vielmehr eine ursprüngliche, naturwüchsige Obstbaumart, welche deshalb auch durch Samen in ihrer Eigenthümlichkeit sich fortpflanzt, selbst was dessen Frucht anlangt. Es gibt sehr viele Zwetschenbäume, welche bis zu ihrem hohen Alter gar keine Ausläufer machen. Man reizt sie zum Ausläufermachen größtentheils dadurch, daß man die Wurzeln des Mutterstammes verletzt; je mehr aber die Ausläufer mit denselben in Verbindung stehen, verursacht man durch stärkere Verwundung wieder neue Ausläufer in vermehrter Anzahl. Aber auch der Ausläufer erbt die Unart, wieder Ausläufer zu machen, denn seine Wurzelbildung ist keine solche, wie jene, welche bei der Erziehung aus Samen erfolgt. Ein aufmerksamer Beobachter wird den großen Unterschied zwischen den Wurzeln zweier Bäumchen gar bald herausfinden, von denen das eine ein Ausläufer, das andere aus Samen gezogen ist. Eine wahre naturwüchsige Wurzel, einen sogenannten Wurzelstock hat nur das aus Samen gezogene Bäumchen. Es mußte eben vorerst, hervorgehend aus dem Samen, mit größter Beschleunigung eine Wurzel bilden, um sich durch diese nähren zu können. Diese Wurzel bildet einen vollkommenen Gegensatz zu dem Stämmchen und ist im Anfange viel stärker entwickelt als das Stämmchen selbst. Dieses ist Anfangs fast verschwindend gering gegen sein Wurzelvermögen, das besonders reich an Haarwurzeln ist. Das aus Samen gezogene Bäumchen legt in seiner überaus reichen Wurzelbildung einen sichern und festen Grund für sein zukünftiges Wachsthum. Je mehr in früher Zeit das Stämmchen im Wachsthum gegen die Wurzel zurückbleibt, desto mehr eilt es später vorwärts und wird durch seine erste Vorbereitung im Wachsthum der Wurzeln ein kräftiger, gesunder, dauerhafter, fruchtbarer Baum.

Der Ausläufer kümmert sich Anfangs gar nicht um die Bildung eigener Wurzeln, denn er steht auf einer Wurzel des Mutterstammes, aus welcher er hervorgesprossen ist. Erst nach und nach setzt er für sich einige Wurzeln an. Diese Wurzeln sind nicht eigentlich ein Gegensatz zum Stamme, denn sie bilden sich an den Seitentheilen des unterirdischen Stammstücks. Erst entsteht der Stamm, dann kommen die Wurzeln hinzu. Das gerade Gegentheil findet statt bei den aus Samen gezogenen Bäumchen. Hier erscheint erst die Wurzel und dann das Stämmchen.

Da der Ausläufer beim Versetzen erst vom Mutterstamme getrennt wird und bis dahin einen Theil seiner Nahrung von demselben bezogen hat, so zeigt er nach dem Versetzen nicht sogleich ein solches Wachsthum, wie ein aus Samen gezogenes Bäumchen, das von Geburt an auf eigenen Wurzeln stand und sich durch dieselben ernährte, aber auch seine Wurzeln vollkommen ausbildete.

Daß der Mutterstamm durch Ausläufer geschwächt wird, und zwar um so stärker, je mehr man Ausläufer an ihm duldet, und je stärker diese an ihm emporwachsen, unterliegt keinem Zweifel. Bei andern Obstbäumen nennt man die Ausläufer geradezu Räuber und nennt sie beim rechten Namen. Man deutet damit ihre Schädlichkeit an, und ein sorgsamer Pfleger der Obstbäume eilt auch, sie zu entfernen. Zweien Herren, sagt das Sprüchwort, kann man nicht dienen. So ist es auch beim Zwetschenbaum. Er kann nicht leicht zugleich mehrere Ausläufer ernähren und viele und ausgezeichnete Früchte tragen. Der Ausläufer raubt vielmehr einen Theil Saft, welcher dem Mutterstamme und dessen Früchten zufließen soll, und so leiden die letzteren dadurch.

Nicht unwahrscheinlich ist es, daß die Ursache davon, daß so viele Zwetschensamen unvollkommen ausgebildet sind und nicht zum Keimen kommen, darin zu suchen ist, daß man dem Ausläuferwesen einen so großen Spielraum läßt, um den Zwetschenbaum auf eine leichte, gleichsam freiwillige Weise fortzupflanzen. Man pflanzt damit aber auch die unartige und gewiß schädliche Neigung zum Ausläufermachen fort und schadet dadurch der Zwetschenbaumzucht. Es ist zu befürchten, daß dieser Uebelstand um so höher steigt, je länger und häufiger man von den Ausläufern zur Fortpflanzung Gebrauch macht.

Man kann diesem Uebelstande dadurch einigermaßen abhelfen, daß man die Ausläufer gleich bei ihrem ersten Erscheinen vom Mutterstamme entfernt und sie baumschulenmäßig behandelt, um daraus neue Zwetschenbäume zu erziehen. Am besten dürfte man jedoch verfahren, wenn man die bisher gewöhnliche Fortpflanzung durch Ausläufer gänzlich aufgibt und die Fortpflanzung durch Samen einführt. Dadurch glaube ich, wird das Ausläuferwesen selbst beschränkt und auf ein Minimum zurückgebracht werden, und wir haben die Hoffnung, gesundere, kräftigere, fruchtbarere, dauerhaftere Bäume zu erhalten, indem wir dem Zwetschenbaume eine echte, vollkommene Wurzel aus Samen geben.

Man hat der Aufzucht der Zwetschenbäume aus Samen sehr viele Vorwürfe gemacht. Man sagt, die Samen seien sehr schwer zum Keimen zu bringen; die daraus hervorgehenden Bäumchen wüchsen langsam und schwächlich heran, und endlich sollen die darauf wachsenden Früchte größtentheils von schlechterer Beschaffenheit sein, als jene von aus Ausläufern erzogenen Bäumen. Allen diesen Einwendungen muß ich durch meine Erfahrungen und durch die Erfahrungen Anderer widersprechen.

Ich will hier nur ein schlagendes Beispiel anführen. Ein Landwirth hiesiger Gegend zieht schon längere Zeit Zwetschenbäume theils zum eigenen Gebrauch, theils zum Verkauf blos aus Samen, ohne sehr große Sorgfalt darauf zu verwenden. Er sagte mir, daß er in 3—4 Jahren die aus Kernen gezogenen Bäumchen so weit herangebracht habe, daß sie zum Verkauf und zum Aussetzen getaugt hätten. Seine davon gezogenen und bereits tragbaren Bäume liefern ausgezeichnete Früchte.

Ich habe im Jahre 1860 Versuche gemacht mit der Aussaat von Zwetschen- und allerhand Pflaumenkernen, wovon sehr viele Bäumchen im ersten Jahre 2—3 Fuß hoch wurden. Es ist von Vortheil, die Steine nicht sehr tief in die Erde zu bringen und sie so fest als möglich zu treten, noch besser, die Schale der Steine zu zerschlagen, wie schon früher angegeben.

Es gibt hier und da unter den Zwetschen Varietäten, welche besser und größer sind als die gewöhnlichen. Wäre es nicht rathsam, die aus Samen gezogenen Stämmchen mit solchen besseren Zwetschen zu veredeln? Ich habe derartige Veredelungen sehr viele und gelungene gesehen. Die veredelten Bäumchen trugen nicht nur die aufgesetzten besseren Früchte, sondern wurden auch fruchtbarer.

Bei der Veredelung hat man aber nur das Copuliren als das zweckmäßigste Veredelungsverfahren befunden. Die Veredelungsstelle verwächst bald, so daß man keine Spur davon wahrnimmt. Die übrigen Veredelungsmethoden sind bei Zwetschenbäumen deswegen weniger geeignet, weil dieselben dem Harzflusse sehr unterworfen sind.

Lassen wir ab von der bisher üblichen Fortpflanzungsweise des Zwetschenbaums durch seine Ausläufer, ziehen wir ihn vielmehr aus Samen auf und veredeln wir ihn mit den Zweigen der besten Zwetschensorten; vernachlässigen wir die fernere Unterstützung des Zwetschenbaums durch eine angemessene Düngung nicht, dann ist zu hoffen, daß das gewiß schädliche Ausläuferwesen nachläßt, daß wir kräftigere, fruchtbarere, dauerhaftere Zwetschenbäume erhalten, von denen wir auch größere und bessere Früchte ernten werden. Lassen wir die Früchte bis zur vollkommenen Reife am Baume und sorgen wir für ein zweckmäßiges Trocknen derselben; dann werden wir ein köstliches Gut erhalten, das besser munden wird als so manche ausländische Frucht, die uns aus dem wärmeren Süden gebracht wird. Es ist unverzeihlich, wenn wir eine Waare in schlechtester Qualität in den Handel bringen, die doch ausgezeichnet sein könnte. Die Nationalökonomie sowie die Gesundheit leiden darunter, besonders aber der Kranke, dem die getrocknete Zwetsche von dem Arzte als Labsal oder als Arznei empfohlen wird; wir Alle aber rauben uns auf eine thörichte Weise ein wohlschmeckendes Nahrungsmittel und müssen es durch Zusätze verbessern, welche Geld kosten.

Ich schließe hieran noch einige Beobachtungen, welche ich in Bezug auf den Zwetschenbaum auf meinen Reisen gemacht habe. Diese Beobachtungen dürften nicht so ganz mit Dem übereinstimmen, was man in Büchern davon schreibt.

Den Birn- und Apfelbaum habe ich an fließenden Gewässern stundenweit stehen gesehen. Die Bäume waren ausnehmend gesund und trugen gut, trotzdem das fließende Wasser sogar ihre Wurzeln bespülte. Man klagte nirgends über den schlechten Geschmack, den die Früchte solcher Bäume in Folge der zu großen Feuchtigkeit, in welcher sie heranwuchsen, hätten; die Bäume wurden sogar sehr alt.

Anders ist es aber mit dem Zwetschenbaume, wenn er an fließendes Wasser gepflanzt wird. Seine Früchte bleiben sehr klein und werden unschmackhaft. Ein Bauer hatte einen Graben mit laufendem Wasser mit Zwetschenbäumen besetzt. Er mußte sie alle entfernen und setzte Apfel- und Birnbäume dahin, welche gut gediehen. Die auf einen trocknen Boden versetzten Zwetschenbäume gediehen nicht nur besser, sondern trugen auch sehr bald größere und bessere Früchte.

Die schönsten Zwetschenbäume mit den größten und süßesten Früchten fand ich auf sandigem Boden nicht nur in der Ebene, sondern sogar auf Anhöhen und Abhängen. Die mitternächtigen Abhänge scheinen sogar für die Zwetschencultur am vortheilhaftesten zu sein.

Ich habe viele Berge bestiegen, welche bis auf ihre Gipfel mit Obstbäumen bestanden waren, und ich sah, daß der Zwetschenbaum unter den höchsten Reihen von Obstbäumen ausgezeichnet gut wuchs, wenn er nur Boden hatte.

Ich besuchte Gegenden im Erzgebirge, wo es mit der Obstbaumzucht schon etwas schwer hält, wo man die edlern Sorten von Birnen und Aepfeln nicht anzubauen wagen darf; dennoch sah ich den Zwetschenbaum in einer Ueppigkeit dastehen, welche er selbst im flachen Lande nicht zeigt. Der einzige Unfall, welcher dort den Zwetschenbaum trifft, ist, daß dessen Früchte nicht jedes Jahr zur vollkommenen Reife gelangen; werden sie aber vollkommen reif, dann sind sie auch größer und schöner, ja sogar süßer als in der Ebene.

Der Zwetschenbaum ist nicht so wählerisch in Bezug auf den Boden, als man gewöhnlich glaubt. Er verlangt nichts als einen rajolten Boden und einige Pflege während seines Wachsthums, welche in nichts Anderem besteht, als daß man den Boden etwas lockert, düngt und den Baum fleißig von Ausläufern befreit.

Meine im Vorstehenden entwickelten Ansichten über Zwetschenbaumzucht stehen keineswegs vereinzelt da; ihnen huldigt auch der renommirte Pomolog Schamal. Hören wir, wie sich derselbe über die Vermehrungs- und Erziehungsart der Hauszwetsche ausspricht:

„Der wesentliche und vielseitige Nutzen der gemeinen Hauszwetsche ist schon so häufig besprochen und anschaulich gemacht worden, daß man glauben könnte, jede weitere Erörterung sei rein überflüssig. Doch die bekannte kurze Lebensdauer der Zwetschenbäume und die ungemein gesteigerte Nachfrage nach Setzlingen, welche bei der bisher üblichen Anzucht nur nothdürftig und größtentheils nur durch unvollkommene Setzlinge befriedigt werden konnte, fordert mächtig zur Berathung der Frage auf: Welche Vermehrungs- und Erziehungsart ist allgemein anzurathen? Folgende Ansichten dürften hierzu den Fingerzeig geben:

Seit undenklichen Zeiten wurde die Vermehrung der Hauszwetsche

I. am häufigsten durch Wurzelausläufer,

II. seltner durch Aussaat der Zwetschensteine,

III. noch seltener aber durch Veredelung vorgenommen.

Es handelt sich nun um die Frage: Welche von diesen drei Vermehrungsarten ist die sicherste, schnellste und billigste zur Anzucht einer entsprechend großen Menge kerngesunder und der Landescultur in jeder Beziehung zusagender Zwetschenstämme? Zu diesem Behufe müssen alle drei Vermehrungsarten beleuchtet werden.

Zu I. Die meisten dermalen bestehenden Zwetschenbäume haben nachstehenden Ursprung:

Jeder Grundwirth, welcher seinen gewöhnlich mehr oder minder mit Zwetschenbäumen bepflanzten Garten zeitweilig besucht, findet darin eine Menge junger aus Wurzelausläufern emporgewachsener Zwetschenpflänzchen. Von diesen sucht er gewöhnlich die schwächern zu unterdrücken, die stärkern aber zu schonen, zu beschneiden und die krumm wachsenden an beigesteckte Pfähle zu befestigen. Nach etwa 6—8 Jahren hat er hieraus schöne Hochstämme gezogen, mit denen er die im Garten leer gewordenen Plätze besetzt und allenfalls jede Auslage für Ankauf von Bäumen aus fremden Gärten vermeidet; ja er kann in dem Falle, wenn er bei seiner gesteigerten Vorliebe für die Obstzucht eine seinen Bedarf übersteigende Mehrzahl von derlei Zwetschenstämmchen herangezogen hat, durch deren Verkauf sich einen Gewinn für seine Mühewaltung sichern.

Weil nun solche Zwetschenstämmchen gewöhnlich in Grasboden und unverpflanzt standen, überdies auch größtentheils von benachbarten Hochstämmen stark beschattet wurden, so haben die meisten von ihnen nur ein höchst spärliches, nicht selten angefaultes Wurzelvermögen und am Schafte eine durch besagte Ueberschattung sehr weichlich oder schwammig gebildete Rinde. Die sichere Folge davon ist, daß bei ihrer Auspflanzung mehrere wegen schlechter Anwurzelung gleich in den ersten Jahren zurückbleiben, andere aber wegen ihrer gegen die auf ihren bleibenden Standorten gewöhnlich vorherrschenden scharfen atmosphärischen Einwirkungen sehr empfindlichen Rinde den Frost- und Krebsschäden oder andern Krankheiten über kurz oder lang unterliegen. Dieses ist ein wesentlicher Uebelstand, indem viele Jahre nach einander der allgemein übliche, ärgerliche und kostspielige Nachsatz erfolgen muß. Und kaum ist dieser vollbracht, so fangen schon wieder mehrere von den älteren Stämmen in Folge ihrer bisher verborgen gewesenen Frost- und Gummischäden zu kränkeln an und verdorren endlich ganz. Man erlebt daher eigentlich niemals wahre Freude an seiner Pflanzung. Alle Zwetschenbäume, welche von Hausirern oder auf den Märkten gewöhnlich spottwohlfeil verkauft werden, haben unzählige Gebrechen. Der Käufer ist fast immer der Betrogene, und es kann nicht genug vor solchen Einkäufen gewarnt werden.

Den vorerwähnten Uebelständen suchen einsichtsvolle Baumzüchter dadurch zu begegnen, daß sie die noch jungen Wurzelausläufer in den Gärten herausgraben, gehörig einstutzen und vorläufig in eine Baumschule versetzen. Hier bekommen sie nun freilich ein mehr oder weniger geregeltes Wurzelvermögen und, weil sie keiner Beschattung ausgesetzt sind, auch eine entsprechend abgehärtete Rinde am Schafte. Eine solche baumschulgerechte Cultur der Zwetschenbäume ist im Nothfall ziemlich vortheilhaft und kann immerhin, wenigstens ausnahmsweise, empfohlen werden; dieselbe hat aber dennoch, wie ich mich praktisch genau überzeugt habe, nachstehende Uebelstände:

1) Bei der sorgfältigsten Auswahl der Wurzelausläufer geschieht es häufig, daß viele schlecht bewurzelt gewesene Pflänzlinge gleich im ersten Pflanzjahre eingehen und in der Baumschule leere Plätze hinterlassen, die nicht mehr anderweit benutzt werden können. Wollte man diese leeren Plätze im nächstfolgenden Jahre durch Nachsatz ausfüllen, so käme dieser Nachsatz schon in den Schatten der älteren Bäume und müßte verbutten.

2) Obwohl solche Setzlinge in der Baumschule regelmäßig ein besseres Wurzelvermögen erhalten, so ist dasselbe dennoch bei vielen einseitig oder doch mangelhaft, daher die Pflanzungen an den bleibenden Standort immerhin einen oft mehrjährigen Nachsatz erheischen.

3) Ist man von der Discretion der alten Zwetschenbäume nur zu sehr abhängig, indem man alljährlich zuwarten muß, ob und in wie weit es ihnen gefällig ist, uns mit einigen Wurzelausläufern zu beglücken. Dieses ist vorzüglich dann der Fall, wenn man blos Ausläufer von einzelnen besseren Sorten zu erlangen wünscht. In dieser letzteren Beziehung kannte ich Baumzüchter, welche noch sehr kräftige Zwetschenbäume ganz nahe an der Erde abgehauen hatten, um hierdurch die übrig gebliebenen Stöcke zu reichlicheren Wurzelausläufern zu vermögen.

4) Uebrigens habe ich, wenn nicht bei allen, doch bei vielen Baumzüchtern die Wahrnehmung gemacht, daß sie nicht so sehr aus praktischer Ueberzeugung, als vielmehr aus angewöhnter Bequemlichkeit die Zwetschenbäume lieber ganz gemächlich aus Wurzelausläufern, welche die Natur

ohne alle Mühe hergibt, als aus Samen cultiviren, indem die Samenzucht vermeintlich langsam von Statten geht und bei nicht gehörigem Verfahren zuweilen theilweise oder wohl auch gänzlich mißglückt.

Zu II. Die Aussaat der Zwetschensteine, wenn sie zweckmäßig durchgeführt wird, ist im Vergleich zur Cultur durch Wurzelbrut in mehrfacher Hinsicht vortheilhafter. Zweckmäßig durchgeführt wird sie, wenn die Zwetschensteine auf die gewöhnliche Art entweder breitwürfig oder in seichte Rinnen, und zwar sehr gedrängt in einem lockern, ziemlich sandhaltigen Saatbeete schon im Herbst höchstens ½ Zoll tief untergebracht und die aus ihnen im Frühjahr gekeimten Sämlinge den Sommer hindurch unter fleißiger Beseitigung des Unkrauts belassen werden. Im zweiten Frühjahr werden sie, gewöhnlich strohhalmdick, in frisch umgegrabene Beete etwa 6 Zoll von einander, nachdem zuvor sowohl die Pfahlwurzel als auch der Schaft auf etwa 3 Zoll Länge eingekürzt worden ist, mit einem gewöhnlichen Setzholze wie Gemüsepflanzen piquirt und angegossen. Dieses Angießen wird auch in den folgenden 4 — 6 Wochen, jedoch nur für den Fall, wenn der Boden merklich austrocknen sollte, wiederholt. Uebrigens müssen die Pflänzlinge abermals den ganzen Sommer hindurch durch fleißiges Jäten und Lockern des Bodens rein gehalten werden, wo sie dann bedeutende Stärke und vorzüglich schöne Bewurzelung erlangen, so daß sie noch im Herbst desselben Jahres oder im nachfolgenden Frühjahr etwa 2 Fuß von einander in die eigentliche Baumschule verpflanzt und von da nach 5—6 Jahren an den bleibenden Standort ausgesetzt werden können.

Man könnte zwar zur Gewinnung eines bedeutenden Vorsprungs im Wachsthum die Zwetschensämlinge gleich mit ihren Samenlappen, wenn sie nämlich zwischen diesen letztern 2—3 Blättchen entwickelt haben, aus ihrem Saatbeete herausheben und auf vorbesagte Art 6 Zoll von einander piquiren, wie ich es überhaupt mit den meisten Baumpflänzlingen zu thun pflege, allein gerade bei den Zwetschensämlingen, die sehr unregelmäßig, manche erst im zweiten Frühjahre, keimen, ist dieses Piquiren, bei welchem sehr viele Pflanzen zu Grunde gehen, bedeutend schwieriger. Ich lasse sie daher gewöhnlich das erste Jahr in ihrem Samenbeete ganz unberührt. Die auf dem nach erfolgter Verpflanzung der sämmtlichen einjährigen Sämlinge leer gewordenen Saatbeete nachträglich, daher schon im zweiten Jahre, emporkeimenden Pflänzchen werden entweder auf ein kleines Beet piquirt oder beim Umgraben des Saatbeetes vertilgt.

Die Vorzüge dieses Verfahrens sind folgende:

1) Durch dieses Piquiren erhalten die Sämlinge schon im besagten Pflanzbeete schön geregelte Wurzelkronen, welche nach der abermaligen baumschulgerechten Verpflanzung um so schöner werden.

2) Gelegentlich ihrer dritten Auspflanzung, nämlich an den bleibenden Standort, sind sie so wunderschön bewurzelt und so kräftig, daß sie sicher-

lich alle, ohne jeden Nachsatz, freudig fortwachsen und eine lange Lebensdauer hoffen lassen, daher alle aus Wurzelausläufern gezogenen Stämmchen weit überflügeln. Solche Zwetschenstämmchen sind daher der allgemeinen Landescultur am zuträglichsten.

Zu III. Die Vermehrung durch Veredelung will den damit betrauten Arbeitern gewöhnlich nicht gelingen, findet daher nur in kleinem Maßstabe bei besonderen Zwetschensorten für Pomologen und sonstige Liebhaber ihre entsprechende Anwendung.

Gegen die besagte Vermehrungsart durch Samen werden die zahlreichen Freunde der Wurzelausläufer ihre Stimmen erheben und nachstehende zwei wichtige Einwendungen vorbringen:

1) Durch die von der freigebigen Natur ohne alle menschliche Bemühung jährlich gespendeten höchst zahlreichen Wurzelausläufer gelangt man, vorzüglich bei Verwendung älterer und stärkerer Triebe, um mehrere Jahre früher zu schönen Zwetschenhochstämmen. Die Aussaat der Zwetschensteine dagegen ist in manchen Jahrgängen höchst mißlich, und selbst bei gutem Gelingen wachsen dennoch die Sämlinge äußerst langsam und benöthigen jahrelang nicht unbedeutende Pflege, bevor sie zu schönen Hochstämmen heranwachsen.

2) Durch die Ausläufer, welche man nur von den edelsten und besten Sorten nehmen kann, gelangt man zu den besten und edelsten Früchten, deren Werth fast doppelt so groß ist. Die Zwetschensämlinge dagegen liefern ein Gemengsel von Früchten, welche durch Größe, Geschmack, Reifezeit und Löslichkeit vom Stein, daher auch durch einen mehr oder minder niedrigen Marktpreis so sehr von einander abweichen, daß es auffällt, wie man eine solche Vermehrungsart durch Samen noch bevorzugen kann.

Doch gerade von diesen wichtig sein sollenden Einwendungen finde ich alljährlich in meiner Baumschule das auffallendste Gegentheil; denn

Zu 1) Haben sich die unter I, 1 und 2 angedeuteten Uebelstände bei mir so häufig und so nachtheilig wiederholt, daß ich nach Bezahlung eines ziemlich hohen Lehrgeldes die Vermehrung durch Wurzelausläufer fast gar nicht mehr und um so weniger anwende, als alljährlich meine stets großartigen Aussaaten von Zwetschen- und Pflaumensteinen aller Art massenhaft emporkeimen und ohne besondere Pflege ebenso schnell, ja fast noch schneller als die Wurzelausläufer zu so kräftigen Hochstämmen heranwachsen, daß nichts mehr zu wünschen übrig bleibt.

Zu meiner Pflaumenzucht lasse ich gewöhnlich schon im August und Anfangs September die Steine von allerlei Pflaumen- und frühreifenden Zwetschensorten durch Kinder auf dem Obstmarkte einsammeln. Die später im September schon unvermischt eingesammelten, sowie auch beim Mußkochen frisch herausgelösten, daher ganz reinen Zwetschensteine werden ganz abgesondert ausgesäet und die aus ihnen gewonnenen Sämlinge unveredelt als reine Zwetschenbäume behandelt.

Aus dem Gemengsel, dessen Einsammlung schon im August den Anfang nahm, keimen nun im Frühjahr ganz verschiedenartige Pflaumensämlinge empor, die in der Zeitfolge auch ganz verschiedenartige, mehr oder minder gute Früchte liefern. Solchen Pflaumensämlingen verdanken auch Schamal's Frühzwetsche und Schamal's Spätpflaume ihr Dasein. Viele von diesen Sämlingen wachsen so ungemein stark und so kerzengerade, daß sie schon als dreijährige, 6—7 Fuß hohe Sämlinge in der Kronenhöhe mit verschiedenartigen Pflaumen oder Zwetschen veredelt werden können. Was kein schönes Wachsthum andeutet oder was mir überhaupt nicht gefällt, wird weggeworfen.

Zu 2. Es hat wohl seine volle Richtigkeit, daß man durch die blos von den edelsten und besten Sorten genommenen Wurzelausläufer ganz bequem zu den edelsten und besten Früchten gelangen kann, allein dieses paßt nicht für die allgemeine Landescultur, sondern bloß für kleinere Anlagen, weil solche edle Ausläufer nicht in genügender Menge zu haben sind. Den sichtlichen Beweis hiervon liefern sehr viele mit der Anzucht solcher Bäume sich beschäftigende Händler, welche durch Herausgraben der Wurzelausläufer ohne allen Unterschied die Gärten vollends plündern, um ihren zum Absatz nöthigen größeren Vorrath zu decken. Durch diese Händler nun bekommen fast alle Käufer solch hochstämmig gezogener Bäume ein Gemengsel von Früchten, die durch Größe, Geschmack, Reifezeit und Löslichkeit vom Steine ebenso wie ihre Mutterstämme von einander abweichen. Es ist daher gerade derselbe Uebelstand, den man absichtlich bei den von Sämlingen erhaltenen Früchten so wesentlich hervorhebt. Die auf den Markt in großen Massen gebrachten Zwetschenfrüchte sowohl von Wurzelausläufern als von Sämlingen tragen daher gewöhnlich dieselben Gebrechen zur Schau; doch sind diese Gebrechen wahrlich nicht so verschieden, folglich nicht so grell in die Augen springend und werden eben deshalb beim Einkauf fast gänzlich übersehen.

Aus dem Vorgesagten dürfte nun zur Genüge hervorgehen, daß die überaus reichlich bewurzelten und durch kräftiges Fortwachsen eine lange Lebensdauer versprechenden Zwetschensämlinge, deren massenhafter Anzucht kein Hinderniß im Wege steht, vor den im Nothfall freilich nicht zu verwerfenden, aus Wurzelausläufern baumschulgerecht gezogenen Schwächlingen für die Landescultur immerhin einen wesentlichen Vorzug verdienen.

Von der fast gänzlichen Verwerflichkeit der im Graslande zwischen oder wohl gar unter alten Bäumen unverpflanzt gezogenen Zwetschenstämmchen gilt das gleich im Anfange Angeführte.

Sollte indessen Jemand aus was immer für Gründen die Anzucht der Wurzelausläufer in der Baumschule dennoch bevorzugen, so ist ihm zu rathen, sie nicht gleich baumschulgerecht zu verpflanzen, sondern vorläufig ganz gleichartig wie die erwähnten einjährigen Zwetschensämlinge zu piquiren. Durch die in diesem Pflanzbeete wegen schlechter Bewurzelung häufig Zurückgebliebenen wird den vielen Lücken in der Baumschule vorgebeugt, und die gut fortgekommenen Stämmchen werden sich durch ein solches mehrmaliges Verpflanzen um so besser bewurzeln.

Schließlich muß ich noch bemerken, daß ich die vorbeschriebene Anzuchtmethode der Zwetschenstämme blos von dem Standpunkte meines eigenen pomologischen Gartens mit sandiger Krume und grobkiesigem Untergrunde, worin alle Sämlinge und Zimmercopulanten regelmäßig über alle Erwartung gut gerathen, betrachtet und beschrieben habe. Anderer mehr lehm- und thonhaltiger Boden und andere Lagen mögen immerhin wesentliche Abweichungen nothwendig machen.

Es muß daher bei der Anzucht der Zwetschensämlinge die Wahl eines zweckmäßigen Vorganges und mehrfacher abweichender, den Localverhältnissen zusagender Versuche, durch welche auch ich sehr häufig ein kostspieliges Lehrgeld zahlte, jedem denkenden Baumzüchter überlassen bleiben. Er wird sicherlich, wie bereits mehre mir bekannte Baumzüchter, sich leicht hineinzuschicken wissen. Wer jedoch einen ähnlichen, ziemlich cultivirten Sandboden wie ich hat, ahme ganz getrost mir nach; er wird bestimmt die glänzendsten Resultate erleben."

Hiermit könnte ich schließen; jedoch bin ich nicht geneigt, dieses zu thun; ich beabsichtige vielmehr in Rücksicht auf die große privat- und volkswirthschaftliche Bedeutung der Zwetschenbaumzucht — namentlich im Betreff der Frucht des Zwetschenbaumes — gegenüber allen andern Obstarten, das im Vorstehenden Angeführte ausführlich zu recapituliren, um es desto eindringlicher und zu einem Gemeingut zu machen, selbst auf den Vorwurf hin, den man mir machen könnte, schon Gesagtes zu wiederholen. Es ist aber gewiß, daß man Wahrheiten von großer Bedeutung nicht oft genug wiederholen kann, um ihnen den endlichen Eingang zu verschaffen.

Wir besitzen in der Zwetsche eine Obstart, welche sich durch ihre Samen fortpflanzen läßt. Sie beurkundet dieses eben dadurch, daß sie eine ursprüngliche, natürliche Obstart oder Spezies ist. Sie ist deshalb keine bloße Sorte, Varietät oder Spielart von einer Stammfrucht. Sie ist vielmehr diese selbst und als diese vielleicht die Stammmutter mehrerer anderer edlerer Pflaumen, welche man nicht mehr durch Samen fortpflanzen kann, eben weil sie Sorten, Varietäten, Spielarten sind. Man könnte die Zwetsche oder eine noch immer als ursprüngliche Obstart existirende Frucht eine wilde nennen, wie man dieses mit allen von Natur selbst aufwachsenden Pflanzen zu thun pflegt, wenn dieses nicht eine Versündigung gegen diese ausgezeichnete Frucht und ihren Baum wäre.

Der Baum der Zwetsche ist einer von jenen wenigen Bäumen, welcher deswegen auch nicht als Wildling betrachtet wird und keine gewöhnliche Veredelung bedarf; er bringt, vom Kern aus gezogen, die geschätzte edle Frucht hervor; seine Wurzel hat dasselbe edle Holz wie der Stamm und die Krone. Er hat das Eigenthümliche, daß er sogar aus seiner Wurzel nicht selten mehrere Sprossen hervortreibt, welche sich bald mit eigenen Wurzeln versehen und zu Bäumchen heranwachsen, welche man von den ältesten Zeiten an bis auf die Gegenwart zur Fortpflanzung des Baumes benutzte.

Nun gibt es freilich unter den vorhandenen Zwetschen einige Abänderungen, besonders in Bezug auf Größe, Form und Geschmack; dadurch erlitt aber die Zwetsche keine so starke Veränderung, daß man deswegen einige Sorten davon feststellen könnte. Diese Abänderungen der Zwetsche, welche man hier und da findet, sind theils durch den Boden, theils durch die Lage entstanden, theils mag auch nebst den Ausläufern hier und da ein Baum aus dem Stamme emporgewachsen sein, wie dieses noch gegenwärtig geschieht, ohne daß man weiß, welcher eine bessere oder geringere Sorte hervorbrachte.

Allein alle diese Zwetschen lassen sich mit ihren geringen Abänderungen nur sehr selten und sehr schwer aus einer Gegend in die andere übertragen, weder durch ihren Samen noch durch ihr Holz, indem es schwierig ist, für sie einen gleichen Boden, eine gleiche Lage, ein gleiches Klima, wie sie früher hatten, aufzufinden. Es wird gewöhnlich nach und nach dieselbe Zwetsche daraus, wie sie in der Gegend einheimisch ist. Ja, ich habe sogar erfahren, daß solche aus fernen Gegenden bezogenen Bäumchen mit bessern Zwetschen schlechtere Früchte als die einheimischen hervorbrachten und sich weniger fruchtbar zeigten.

Es gibt aber unter unsern edlen Pflaumensorten mehrere, welche eine zwetschenartige Form haben, aber in sehr vielen andern Eigenschaften wesentlich von der gewöhnlichen Zwetsche abweichen, so daß man sie als bestimmte Sorten unter eigener Benennung aufführt. Man glaubt, daß unsere Zwetsche die Stammmutter von mehreren dieser zwetschenartigen Pflaumen sei. Sollte man nicht dadurch zur Gewißheit gelangen, wenn man die Samen von verschiedenen zwetschenartigen Pflaumen ansäet, um zu erfahren, ob an den daraus gezogenen Bäumen Früchte erscheinen, welche unserer Hauszwetsche gleichen? Die Abstammung von ihr wäre dann vollkommen erwiesen. Es unterliegt keinem Zweifel, daß alle unsere zwetschenartigen Pflaumenabkömmlinge von einer ursprünglichen Stammart herrühren, da sie sich durch ihre Samen nicht fortpflanzen lassen, obgleich die meisten dieser Samen fruchtbar sind, sehr leicht keimen und oft kräftige, gesunde Stämme hervorbringen. Wenn die Samen der edlern Birn- und Apfelsorten wieder in ihre ursprüngliche Stammart zurückfallen, sollte dieses nicht auch bei unsern edlern Pflaumensorten der Fall sein? Vielleicht sind noch wenige Versuche nach dieser

Richtung hin unternommen worden. Wissenschaftliches Interesse würden sie gewiß haben.

Wir haben die Gewißheit, daß sich nur unsere ursprünglichen Obstarten durch ihre Samen fortpflanzen lassen, und daß umgekehrt jene Obstarten sich als noch ursprüngliche natürliche Obstarten erweisen, welche sich durch ihre Samen fortpflanzen. Die von ihnen abstammenden Sorten, Varietäten, Spielarten können nicht durch ihren Samen, sondern nur durch Theile ihres edlen Holzes fortgepflanzt werden, in dem die Organisation für die edlere Frucht liegt. Von dieser abweichenden Organisation kann sich Jeder leicht überzeugen. Schon das bloße Auge bemerkt sie an der äußern Beschaffenheit des Baumes und aller seiner Bestandtheile; noch besser kann man sich davon durch einen Schnitt in das Holz überzeugen; den unbezweifelbaren Beweis liefert aber das Mikroskop. Die edlere Sorte hat in der Regel ein weicheres, zarteres Holz, ein grüneres und größeres Blatt, der Baum ist früher fruchtbar, aber nicht so fest und kraftvoll, wie dieses bei den ursprünglichen Obstarten der Fall ist.

Man glaubt, und zwar nicht mit Unrecht, daß die Samen der ursprünlichen Obstarten, wie z. B. der Holzbirnen und Holzäpfel, dauerhaftere Stämme liefern. Daher nimmt man diese Samen auch vorzugsweise zur Erziehung von Wildlingen, welche man als Unterlagen für edlere Früchte gebraucht.

Dieses läßt darauf schließen, daß diese Samen von den ursprünglichen sogenannten wilden Arten vollkommner sind, obgleich sie gewöhnlich viel kleiner sind als jene von edleren Sorten. Diese haben oft viel größere Samen; aber es ist gewöhnlich der Balg, welcher sie viel größer erscheinen läßt. Nicht selten findet man den bloßen Balg ohne Inhalt.

Diesen Unterschied zwischen den Samen des wilden und edlen Obstes zu erklären dürfte nicht so schwer sein. Jede Pflanze, so auch der Obstbaum, erzeugt bei einer gewissen Reife Samen, um sich durch denselben fortzupflanzen. Der Samen ist das Ei, aus welchem eine neue Pflanze gleicher Art hervorgebracht wird. Dieses Pflanzenei ist auf geschlechtlichem Wege auf und von der Pflanze erzeugt und befruchtet worden. Die Pflanze hat zur Hervorbringung desselben ihre beste und meiste Kraft geopfert; sie hat im Samen nicht nur den Keim zu einer Pflanze derselben Art gebildet, sondern auch für die Entwickelung dieses Keimes die erste kräftige Nahrung als Mitgift niedergelegt, weshalb auch die Samen so nahrhaft für Thiere und Menschen sind.

Aber im Samen liegt nur die Fähigkeit, eine neue Pflanze derselben Art hervorzubringen; es müssen auch gewisse Bedingungen hinzutreten, damit sie wirklich eine Pflanze entwickelt. Diese Bedingungen sind ein geeigneter Boden, Wärme, Feuchtigkeit &c.

Die natürlichen Pflanzen und daher auch die natürlichen Obstarten bringen als Hauptzweck den Samen hervor; die Um- und Einhüllung desselben ist nur Nebensache, welche zur Entwickelung des Samens dient, also ganz im Dienste des Samens steht. Bei der edleren Frucht ist das Fleisch eine der Hauptsachen, gegen welche die Erzeugung des Samens zurücktritt. Je mehr Fleisch daher den Samen umgibt, desto unvollkommener ist derselbe. In den größten Früchten verschwindet der Samen oft ganz und ist nur durch leere Bälge angedeutet. Daher finden wir in den Früchten der natürlichen Obstarten, z. B. in Holzäpfeln und Holzbirnen, in der Regel mehr und vollkommenere Samen als in den edleren Sorten.

Nun scheint aber die Natur bei den edlern Sorten ihre Zwecke nicht zu erreichen, was um so wunderbarer erscheint, als die Natur in Erreichung ihrer Zwecke nicht fehl geht, sondern immer die passenden und genügenden Mittel dazu wählt. Sie erzeugt in den edlern Sorten Samen, ohne diese dadurch fortpflanzen zu können. Die Natur scheint hier eine Art Schwäche zu offenbaren; allein sie beabsichtigt nicht die edlern Sorten, welche für sich keine besonderen Arten bilden, sondern nur ihre natürlichen Arten zu erhalten. Daran wird sie selbst nicht durch die zufällig entstehenden edlern Sorten gehindert, welche eigentlich doch nur Ausartungen sind; sie kehrt vielmehr durch die Samen derselben zu ihren natürlichen Arten und führt sie wieder in ihr Geleise zurück, aus dem sie gewichen sind. Dem Menschen überläßt sie es, die edlern Sorten für sich durch künstliche Fortpflanzung zu erhalten und zu vermehren.

Wir haben hier — wie schon früher einmal erwähnt — eine natürliche, geschlechtliche Fortpflanzung, deren sich die Natur bei der Erhaltung ihrer einmal geschaffenen ursprünglichen Arten durch Samen bedient, welcher geschlechtlich erzeugt und befruchtet wird. Wir haben aber auch eine ungeschlechtliche, und zwar künstliche Fortpflanzung durch einen Theil des Holzes von einem Edelstamme, welcher auf einen von Samen gezogenen Wildling gesetzt wird. Diese zweite Fortpflanzung fordern alle Sorten, Varietäten, Spielarten, wenn sie erhalten und vermehrt werden sollen.

Wir haben noch eine Art von Fortpflanzung, welche gerade beim Zwetschenbaum allgemein üblich ist. Diese ist die Fortpflanzung durch Ausläufer. Daß dieselbe keine geschlechtliche Fortpflanzung ist, liegt auf der Hand.

Nach dem bisher Entwickelten stoßen wir bei dem Zwetschenbaum auf eine Anomalie, welche für uns ein Räthsel ist, das seine Lösung fordert. Der Zwetschenbaum ist noch eine ursprüngliche Art und keine Sorte, Varietät oder Spielart. Daran zweifelt wohl nicht leicht Jemand, denn der Zwetschenbaum läßt sich, wenn wir den Versuch nur wagen, durch seinen Samen fortpflanzen. Als eine ursprüngliche Art sollte er auch vollkommenen Samen zu seiner Fortpflanzung hervorbringen. Allein seine Samen sind großentheils so unvollkommen, daß, wie allgemein behauptet wird, nur wenige keimen, und wenn sie keimen, nur schwächliche Pflanzen hervorbringen, die zur Fortpflanzung weniger brauchbar sind.

Man hat noch einen Vorwurf, den man der Fortpflanzung durch Samen macht. Wenn dieser Vorwurf gegründet wäre, so würde er freilich ein schweres Gewicht haben; allein ich fürchte auch diesen Vorwurf nicht, wie ich später zeigen werde. Man sagt nämlich: Würde man die Fortpflanzung des Zwetschenbaumes durch seine Samen unternehmen, so dürfte man sehr ungleiche Früchte an den verschiedenen Bäumen erhalten, größere und kleinere, bessere und schlechtere, früher und später reifende, vom Steine sich ablösende und nicht ablösende ꝛc. Dieses wäre ein nicht geringer Uebelstand.

Ein Obstzüchter in hiesiger Gegend hat durch die wirkliche Erziehung des Zwetschenbaumes aus Samen die Richtigkeit beider Behauptungen dargethan. Ich besuchte ihn selbst und erfuhr, daß er schon mehrere Jahre Zwetschenbäumchen aus Samen sowohl zu seinem Bedarf als zum Verkauf erzieht. Die Bäumchen werden gern gekauft, da sie schöner und wurzelreicher sind als die Ausläufer, was mir die Käufer selbst bestätigten. Auf die Frage, ob er schon Früchte gesehen habe von seinen aus Kernen gezogenen Bäumchen, erhielt ich eine bejahende Antwort, und als ich weiter fragte, ob die daran wachsenden Früchte von der Beschaffenheit seien wie jene von den Ausläufern, konnte sich der Befragte des Lachens nicht erwehren, versicherte mich aber, daß er von keinem Unterschiede etwas wisse.

Betrachten wir den Samen von vielen Zwetschen etwas näher, so sehen wir schon mit bloßem Auge an den meisten eine Unvollkommenheit, welche darin besteht, daß die der Spitze entgegengesetzte breitere Seite verkümmert ist. Die den Samen umgebende äußere Hülle ist zwar nach ihrer ganzen Ausdehnung unter dem Steine vorhanden, aber ein größerer oder geringerer Theil ist von Samen leer und zusammengeschrumpft. An der Spitze, wo der Keim zum Federchen und Würzelchen sich entfaltet, sah ich nie einen Mangel.

Dieses Räthsel in Bezug auf den mangelhaften Samen bei der Zwetsche ist um so auffallender, da alle andern Pflaumensorten, von denen vielleicht mehrere von der Zwetsche abstammen, sehr vollkommene Samen haben, welche sehr gut keimen und schnell und kräftig wachsende Bäumchen erzeugen.

Diese Unvollkommenkeit des Samens bei der Zwetsche, sein schweres Keimen, die daraus hervorgehenden Schwächlinge und die Befürchtung, sehr ungleiche Früchte zu erhalten, waren die Ursachen, warum man von der Fortpflanzung durch Samen keinen Gebrauch machte.

Man konnte bei der Fortpflanzung des Zwetschenbaumes seine Anzucht durch Samen um so mehr umgehen, da man sah, daß der Zwetschenbaum aus seinen Wurzeln Ausläufer machte, die sehr bald zu Bäumchen emporwuchsen. Sie kamen so gleichsam von selbst empor, ohne daß man sich damit viel zu mühen hatte. Man hatte nichts anderes zu thun, als die Seitenzweige abzuschneiden. Waren sie hoch genug herangewachsen, so nahm man sie aus dem Boden zum Verkauf oder zum eigenen Gebrauch.

Diese Wurzelausläufer erhielten außer dem Beschneiden der Seitenzweige so gut wie gar keine Cultur. Man ließ sie unter dem Mutterstamme auf den Wurzeln desselben emporwachsen, ohne den Boden umzugraben, der gewöhnlich mit einer dichten vieljährigen Rasendecke und mit vielem tief wurzelnden Unkraut überzogen war. Der Mutterstamm breitete sich mit seiner Krone über sie aus und entzog ihnen Luft, Licht und Regen. Darf man sich dann noch wundern, daß sie als Schwächlinge, verdreht und verkrüppelt, emporwuchsen und um so häßlicher dastanden, als kein Pfahl sie dressirte?

Läßt man den Ausläufer bis zum Versetzen ins Freie auf der Wurzel des Mutterstammes stehen und sich von derselben zum Theil ernähren, so wird er nach der Trennung davon kaum genügende Wurzeln angesetzt haben. Auch dürfte das junge Bäumchen gegen diese Trennung mehr oder weniger empfindlich sich zeigen wegen Abbruch von Nahrungszufuhr von Seite der Wurzel des Mutterstammes. Man darf sich deshalb nicht wundern, wenn das Bäumchen nach dem Versetzen längere Zeit kümmert und erst dann zu wachsen beginnt, wenn es sich in seinem Wurzelvermögen wieder hinreichend verstärkt hat. Gewöhnlich haben solche Bäumchen lange Zeit eine sehr verbuttete Krone, welche das Ansehen hat, als wenn sie mit lauter Dornen besetzt wäre. Mir will es vorkommen, als wenn solche von der Mutterwurzel getrennte Bäumchen gleiches Schicksal hätten wie ein plötzlich von der Muttermilch entwöhntes Kalb, welches deshalb eine zeitlang abmagert.

Das aus einem Ausläufer gezogene Bäumchen hat die Neigung zu Ausläufern von Geburt an als traurige Mitgift erhalten und wird nach seinem Versetzen nicht lange warten, um sie zu bethätigen. Ich habe diesen mißliebigen Uebelstand in einer langen Allee von Zwetschenbäumen gleich im ersten Jahre des Versetzens gesehen; fast nicht ein einziges Bäumchen war davon befreit. Welche Mühe macht dann das Reinhalten der ausgesetzten Bäumchen von so frühzeitig auftretenden Ausläufern, und welchen das Wachsthum beeinträchtigenden Saftverlust erleiden die Bäumchen?

Je mehr das Zwetschenbäumchen heranwächst und seine Wurzeln sich ausbreiten, desto zahlreicher wird die Brut von Ausläufern, gegen welche dann der Kampf fast vergeblich wird. Ein Obstzüchter gestand mir, daß er eine ganze Reihe von Zwetschenbäumen, welche noch im besten Alter waren, ausrotten mußte, weil er gegen ihre zahlreichen Ausläufer, welche ein Getreidefeld fast bedeckten, nicht mehr sich zu helfen wußte.

Die angeerbte Neigung Ausläufer zu machen wird auch dadurch begünstigt, daß der aus einem Ausläufer erzogene Zwetschenbaum sehr horizontal und seicht gehende Wurzeln hat. Wenn diese horizontal und seicht laufenden Wurzeln in einer gewissen Beziehung das bessere Wachsthum des Bäumchens befördern sollten, indem sie dadurch in den besseren Boden zu liegen kommen und mehr von den atmosphärischen Einflüssen profitiren, so ist diese Lage doch sehr dazu geeignet, Ausläufer zu treiben. Die Verletzung der Wurzeln ist eben an der Oberfläche des Bodens mehr möglich und befördert eben in Verbindung mit den atmosphärischen Einflüssen das Austreiben von Ausläufern.

Wollte man, um diesem Uebelstande zu entgehen, das Bäumchen tiefer setzen als es früher stand, so würde man wohl die Ausläufer etwas zurückhalten, aber dadurch dem Wachsthum des Bäumchens Eintrag thun, denn die Erfahrung lehrt, daß alle tiefer gesetzten Bäume zurückbleiben.

Betrachten wir den Einfluß, welchen der Ausläufer auf den Mutterstamm hat. Dieser muß einen Theil des Saftes entbehren, welchen ihm sonst die Wurzel zugeführt hat, aus welcher nun ein Ausläufer hervortrieb. Der Ausläufer zehrt und lebt Anfangs ganz von der Wurzel des Mutterstammes, da er noch keine eigenthümlichen Wurzeln hat. Er schlägt diese wohl später, allein er ist auch stärker geworden und braucht mehr Nahrung, welche ihm seine wenigen Wurzeln nicht allein geben können; er nimmt also immer den Nahrungssaft der Mutterwurzel in Anspruch, und dieses um so mehr, da der Zug desselben nach dem Ausläufer im Gange ist und den Weg dahin gewöhnt hat.

Das Uebel muß für den Mutterstamm um so mehr steigen, wenn man aus seinen Wurzeln alle Ausläufer, und zwar so lange emporwachsen läßt, bis sie zum Versetzen tauglich sind. Je mehr Ausläufer dem Mutterstamme schon abgenommen wurden, desto mehr folgen gewöhnlich nach. Sehr Viele freuen sich über diese Ausläufer, und zwar um so mehr, da sie ihnen zu einer Quelle von nicht unbedeutenden Einnahmen werden. Man legt sich in vielen Gegenden mit allem Fleiß auf die Erziehung von Ausläufern und soll zu diesem Behuf sogar die Mutterstämme einstutzen, was freilich sogar nothwendig werden dürfte, da sie durch Entziehung des Nahrungssaftes von einer Menge Ausläufern endlich zu verdorren anfangen müssen.

Der Verkauf von Ausläufern hat sich besonders in der Gegenwart so sehr gesteigert, daß der Nachfrage nicht mehr Genüge geschehen kann. Man ist nicht nur bestrebt, die Zwetschenanlagen zu vermehren, sondern es wird auch der Ersatz für die immer mehr steigende Zahl von kränklichen und eingegangenen Zwetschenbäumen von Jahr zu Jahr stärker; der Preis der Setzlinge steigt immer höher, und die Aufzucht von Ausläufern wird immer verlockender, besonders da sie die Natur beinahe umsonst in die Hände liefert. Es werden daher in einigen böhmischen Ortschaften die besten Felder mit Zwetschenbäumen bepflanzt, nicht sowohl der Früchte als der Ausläufer wegen, welche nicht selten in ganzen Klumpen von 3—5 Stücken beisammenstehen.

Ist bei einer solchen maßlosen Aufzucht von Ausläufern noch zu verwundern, wenn die Mutterstämme zu treiben aufhören, in der Fruchtbarkeit nachlassen, unvollkommene Früchte erzeugen, kränklich werden, eine Menge verdorrter Zweige und Aeste tragen und vor der Zeit eingehen?

Der Eigennutz, welcher aus der Aufzucht von Ausläufern zum Behuf der Fortpflanzung des Zwetschenbaumes auf eine so leichte Weise Gewinn zu ziehen sucht, bestraft sich nicht nur selbst, sondern versündigt sich auch gegen das Emporkommen der Zwetschenbaumzucht. Der Eigennutz bestraft sich selbst, indem er wegen des eingeführten Raubsystems sich in kurzer Zeit um den Flor der Zwetschenbaumzucht bringt und den eingebildeten Vortheil nur zu bald in großen Schaden umschlagen sieht. Er begeht eine wenn auch unwissentliche Ungerechtigkeit gegen den Käufer von Ausläufern, indem er ihm eine schlechte Waare liefert, während er doch eine bessere hätte erzeugen können; er fügt der Zwetschenbaumzucht einen großen Schaden zu und handelt endlich gegen die Gesetze einer gesunden Nationalökonomie, indem er durch sein Verfahren mehr Nachtheil als Nutzen stiftet.

Bei der Erziehung des Zwetschenbaumes aus seinen Ausläufern kommen wir in eine große Abhängigkeit. Es steht nicht gerade in unserer Macht, so viele Zwetschenbäume zu erziehen, als wir wünschen und brauchen; wir müssen vielmehr warten auf die Anzahl von Ausläufern, welche uns die Mutterstämme liefern. Oder wollen wir sie nothzüchtigen, daß wir sie absichtlich von oben herab einstutzen und ebenso absichtlich ihre Wurzeln verletzen? Das wäre eine der größten Thorheiten!

Bereits sind wir da angelangt, wo wir Mangel leiden an hinreichenden Zwetschensetzlingen; noch mehr Mangel leiden wir aber an guten und kräftigen Setzlingen. Diesem Mangel können wir nur entgegenarbeiten, indem wir den Zwetschenbaum nicht mehr wie bisher durch seine Ausläufer, sondern durch Sämlinge fortpflanzen. Bereits hat man in großen Baumschulen diesen Weg eingeschlagen. Den Erfolg wird die Zukunft lehren. Gelingt es, den Zwetschenbaum durch Sämlinge fortzupflanzen — und die Erfahrung hat gelehrt, daß dieses gelingt — dann werden wir die Mutterstämme schonen können, indem wir jeden hervortreibenden Ausläufer sogleich entfernen; wir werden aus den Sämlingen kräftigere und länger dauernde Setzlinge erhalten, welche jedenfalls die Neigung, Ausläufer zu machen, ablegen; wir werden weniger Ersatz für eingegangene Zwetschenbäume nothwendig haben; die Zahl der zu erziehenden Zwetschenbäume ist ganz in unsere Hand gegeben, indem es nie an Samen dazu fehlen wird und es nur von uns abhängt, davon Gebrauch zu machen.

Um diesem Ziele desto strebsamer entgegenzueilen wird es nothwendig sein, uns über die Natur der Ausläufer und der Sämlinge noch eingehender, als dieses schon geschehen ist, zu verständigen.

In Bezug auf die Ausläufer handelt es sich um die Frage, ob dieselben eine wesentliche oder nur zufällige Erscheinung an unseren Obstbäumen sind? Diese Frage läßt sich nur aus dem richtig gestellten Begriff eines Ausläufers beantworten.

In Bezug auf die Fortpflanzung des Zwetschenbaumes durch Sämlinge werden die Fragen zu beantworten sein, ob sie möglich und ob sie vortheilhaft sei?

Unter Ausläufer werden nach dem Sprachgebrauch jene Sprossen verstanden, welche aus den Wurzeln eines Baumes hervortreiben, daher man sie auch Wurzelbrut nennt. Das Wort Räuber, welches man sonst gebraucht, hat eine weitere Ausdehnung.

Dadurch sind von den Ausläufern ausgeschieden:

a. Alle Sprossen, welche bei den Sträuchern an deren Wurzelhalse sich ansetzen;

b. alle Sprossen, welche aus dem Stamme eines Baumes über oder unter der Erde hervorkommen;

c. alle Sprossen, welche aus dem Wurzelhalse eines Baumes hervortreiben.

Die Sträucher sind schon durch das bloße Auge von den Bäumen zu unterscheiden. Sie haben sehr bald ihre natürliche Höhe erreicht. Man kann sie durch Kunst über ihre natürliche Höhe erziehen; allein dieses ist schon gegen ihre Natur, und sie brauchen dann einen Pfahl, welcher sie hält. Was dem Strauche in Bezug auf seine Höhe versagt ist, dafür hat er reichen Ersatz dadurch erhalten, daß er sich durch Sprossen aus seinem Wurzelhalse nach allen Seiten ausbreitet. Durch diese Seitensprossen erhält er nicht nur eine Verstärkung und Kräftigung, sondern auch eine lange Dauer; durch seine Seitensprossen verjüngt er sich, wenn seine ersten Triebe absterben; es können sogar die ersten Wurzeln eingehen und der Strauch stirbt nicht ab, da seine Seitensprossen selbst wieder neue Wurzeln schlagen, wenn sie nur irgendwie mit der Erde in Berührung kommen. Die Seitensprossen gehören also wesentlich zum Strauche.

Das Ansetzen von Seitensprossen an dem Wurzelhalse der Sträucher ist eine Art Bestockung, wie wir sie bei unsern einjährigen Getreidepflanzen wahrnehmen. Auf diese Bestockung seiner Getreidepflanzen arbeitet der Landwirth hin; auf sie baut er die Hoffnung reicherer Ernten. Die Bestockung der Sträucher geschieht ebenso wie die der Getreidepflanzen. Um die einfache Pflanze setzen sich einzelne Triebe an, welche erst später ihre Wurzeln in die Erde schlagen. Dadurch entsteht ein allgemeiner großer Wurzelstock. Gerade so ist es bei den Sträuchern. Die bestockte Getreidepflanze läßt sich in viele einzelne Pflanzen zertheilen, von denen jede ihre eigenen Wurzeln besitzt und für sich verpflanzt werden kann. Der Strauch übertrifft hierin noch die Getreidepflanze, indem sogar ohne Wurzel abgeschnittene Theile leicht Wurzel schlagen, wenn sie in die Erde gesteckt werden und daselbst hinlängliche Feuchtigkeit finden, was bei den Obstbäumen nicht der Fall ist.

Daher vermehrt man die Sträucher durch Sprossen mit oder ohne Wurzeln. Aus jedem Sprossen wird wieder ein vollkommener Strauch, welcher nach den Seiten hin neue Sprossen ansetzt. Diese Fortpflanzung ist bei Sträuchern sehr gebräuchlich, indem man dadurch schnell zum Ziele gelangt, während die Fortpflanzung durch den oft sehr kleinen Samen viel Mühe und Zeit erfordert. Ist die Frucht eines Strauches eine Sorte, eine Varietät oder Spielart, dann ist die Fortpflanzung durch Sprossen die einzig mögliche.

Die Sprossen, welche bei einem Obstbaume aus dessen Stamme über oder unter der Erde hervortreiben, finden eine verschiedene Beurtheilung, je nachdem der Obstbaum ein Hochstamm oder ein Zwergbaum ist.

Beim Hochstamme sind die am Stamme hervorkommenden Sprossen ganz gegen den Zweck eines Hochstammes, dem man eben die Seitenzweige nahm, und zwar bis zu einer gewissen Höhe, um einen Hochstamm zu bilden. Die an dem Stamme über oder unter der Erde hervorsprossenden Triebe würden nicht nur den Stamm entstellen, sondern sind auch für dessen Krone als Räuber zu betrachten; daher können sie nicht bald genug entfernt werden.

Bei Zwergbäumen ist zu unterscheiden, ob die Sprossen über oder unter der Veredelungsstelle erscheinen. Ist das erstere der Fall, dann sind die Sprossen willkommen und sie werden beibehalten, um eine etwaige leere Stelle auszufüllen. Erscheinen aber die Sprossen unter der Veredelungsstelle, so sind sie wilde Triebe, welche schnell entfernt werden müssen.

Jene Sprossen, welche aus und in dem Wurzelhalse des Obstbaumes hervortreten, können keine andere Bedeutung haben als jene von Ueberstämmen; es gehört aber wesentlich zum Baume, daß er nur einen Stamm hat. Der Wurzelhals ist der Indifferenzpunkt zwischen Wurzel und Stamm; in ihm concentriren sich alle Wurzeln; aus ihm geht der Stamm hervor; er ist so beschaffen, daß er nur Raum hat für einen Stamm, zu dem sich der Wurzelhals verlängert, und zwar in senkrechter Richtung nach oben und fast in gleicher Stärke in den Stamm verlaufend. Es ist die Natur des Baumes, auf seinem Wurzelhalse nur einen Stamm tragen zu können. Der Stamm trägt seine Krone, welche für eine zweite keinen Raum hat.

Es bleiben also als wahre Ausläufer nur noch jene Sprossen übrig, welche aus den Wurzeln des Baumes hervortreiben und selbst nach und nach mehr oder weniger eigene Wurzeln ansetzen.

Solche Ausläufer kommen selten bei Apfel- und Birnbäumen, vielleicht nie bei Nußbäumen, wohl aber bei Pflaumen-, Weichsel- und Kirschbäumen, insbesondere aber bei Zwetschenbäumen vor.

Es fragt sich nun, ob die Ausläufer den genannten Bäumen wesentlich und nothwendig sind, das heißt ob sie zur Natur derselben gehören oder nur zufällige Erscheinungen sind.

Wären die Ausläufer für die genannten Bäume wesentlich, so müßten sie zur Kräftigung und Fruchtbarkeit derselben beitragen; die Erfahrung lehrt aber, wie wir gesehen, das Gegentheil.

Wären die Ausläufer eine wesentliche Sache, dann müßten sie bei allen Bäumen der genannten Obstarten vorkommen; allein dieses ist wieder nicht der Fall. Es gibt sehr viele Zwetschen-, Pflaumen-, Kirsch- und Weichselbäume, bei denen wir keine Ausläufer finden, und gerade diese Bäume ohne Ausläufer sind in der Regel die gesundesten, kräftigsten und fruchtbarsten.

Die Ausläufer sind also keine wesentliche Erscheinung, liegen nicht in der Natur der genannten Bäume, sind vielmehr etwas Zufälliges.

Da die Ausläufer ferner nicht zum Vortheil, sondern zum Nachtheil des Mutterstammes sind, so müssen wir sie als eine Krankheit oder als eine Folge derselben ansehen.

Da nicht die Wurzel, sondern der an der Baumkrone erzeugte Samen das natürliche Fortpflanzungsorgan ist, so müssen wir die Ausläufer als eine unnatürliche Erscheinung erklären.

Betrachten wir endlich den Ausläufer in seiner ganzen Beschaffenheit und in seinem Verhalten bei der Verwendung zur Fortpflanzung, so müssen wir ihn für letztere als minder tauglich erkennen.

Diese Behauptungen werden wir auch gerechtfertigt finden, wenn wir die Geburt der Ausläufer mit ihrer davon innewohnenden Erbsünde näher betrachten.

Die Ausläufer zeigen sich am meisten bei Obstbäumen, deren Wurzeln etwas seichter liegen, mag dieses in Folge der Art der Obstbäume geschehen oder mag die über den Wurzeln gelegene Erde durch irgend einen Umstand mehr oder weniger entfernt worden sein. Nicht selten sieht man Ausläufer bei Obstbäumen, welche an einem Abhange stehen, wo die Wurzeln auf der untern Seite weniger Erde haben als auf der obern.

Es ist höchst wahrscheinlich, daß auf seicht gehende oder gar nicht mit Erde bedeckte Wurzeln die atmosphärische Luft und das Licht einen solchen Einfluß haben, daß sie dadurch zur Erzeugung von Knospen — wie wir sie an dem ganz unter den atmosphärischen Einflüssen stehenden oberirdischen Theile der Bäume wahrnehmen — gereizt werden, welche dann nach oben treibend sich zum Stengel und Laub entwickeln.

Kommen zu seicht gehenden Wurzeln noch Verletzungen derselben durch Ackergeräthe oder durch einen anderen Umstand hinzu, so finden wir darin eine weitere Veranlassung zu Ausläufern. Ein Gutsbesitzer pflanzte auf einem sehr ausgedehnten, etwas sandigen Acker Zwetschen in Reihen, welche sehr weit auseinander standen, weil er den Acker auch zum Anbau landwirthschaftlicher Gewächse benutzen wollte. Die Zwetschen wuchsen heran, aber mit ihnen erschien auch eine Unzahl von Ausläufern, welche das ganze Feld bedeckten und fast für jede landwirthschaftliche Cultur unbrauchbar machten.

Es kann aber auch aus irgend einer Ursache das Aufsteigen des Saftes in dem Baume gehindert sein, etwa durch eine Krankheit am Stamme oder in der Krone, oder es kann der aufsteigende Saft nicht hinreichende Verarbeitung finden, wie z. B. bei Raupenfraß; dann wird der Saft auch in den Wurzeln stocken und einen Abzug suchen, was durch einen oder mehrere Ausläufer geschehen kann.

Der Ausläufer entsteht eigentlich durch eine Ausartung der Wurzel. Es ist die Natur der Wurzel, Wurzel zu bleiben. Sie steht ganz im Dienste des oberirdischen Theiles; sie soll denselben nicht nur tragen, sondern auch ernähren. Je mehr sie dieser letzteren Function nachkommt, desto besser sorgt sie nicht nur für den oberirdischen Theil des Baumes, sondern auch für sich als unterirdischen Theil. Ja, der unterirdische Theil, die Wurzel, empfängt sicher reiche Zinsen zurück für das Material, welches er dem oberirdischen Theile geliefert hat. Als vorzugsweise Nahrung zuführender Theil hat die Wurzel die Aufgabe, der Nahrung im Boden nachzugehen, da die Nahrung nicht zur Wurzel kommt. Sie besitzt sogar einen gewissen Instinct, sich vorzugsweise dorthin zu wenden, wo mehr Nahrung zu finden ist. Dabei geht sie in der Regel immer mehr nach der Tiefe als nach der Höhe, weil das ihre angewiesene Richtung als Gegensatz zur Krone, und in der Tiefe mehr Feuchtigkeit, also mehr löslicher Nahrungsstoff zu finden ist. Im höher liegenden gemeinschaftlichen Wurzelhalse concentriren sich alle Wurzeln, um in einem allen Wurzeln gemeinschaftlichen Kanal die Nahrungsstoffe dem Baume zuzuführen. Das ist der natürliche Beruf aller Wurzeln eines Baumes, und sie haben mit demselben vollauf Arbeit. Macht aber irgend eine Wurzel einen Ausläufer, so steht sie zum Theil in dessen Diensten und vernachlässigt das erzeugte Kind, den Ausläufer, nicht so leicht, besonders da sie mit ihm in näherer Verbindung steht als mit dem Stamme, zu dem sie von Rechtswegen gehört. So wird sie diesem mehr oder weniger untreu in ihrem Dienste, und ist es wahr, daß der Saft von der Krone bis zur Wurzel als Bildungssaft herabsteigt, so dürfte die Wurzel nicht nur der Zurückhaltung des eingesaugten Nahrungsstoffes, sondern auch noch einer directen Beraubung des Baumes an dem durch die Blätterwerkstätte bereiteten abwärts steigenden Bildungssafte sich schuldig machen, um damit ihr unnatürliches Kind zu ernähren. Das ist eine Verirrung der Wurzel in ihrer Function und eine Untreue gegen ihre oberirdische Ehehälfte, mit welcher sie durch die engsten Bande der Natur verbunden ist. Der Ausläufer ist also ein Kind, das auf eine unnatürliche, ungesetzliche Weise das Licht der Welt erblickte.

Es kann dann nicht anders kommen, als daß er auch die Erbsünden einer solchen unnatürlichen ungesetzlichen Geburt an und in sich trägt, welche Erbsünden sich bei seiner Verwendung zur Fortpflanzung äußern. Vorzugsweise zeigt er die Neigung zu Ausläufern, welche seine schlimmste Eigenschaft ist, die im Geschlechte der Ausläufer schon durch Jahrhunderte, vielleicht schon durch Jahrtausende fortgeführt und von Generation zu Generation vermehrt wurde. Es ist aber auch die ganze Anlage des Ausläufers so beschaffen, daß sie wieder zu Ausläufern geneigt ist. Ein etwas geübtes Auge wird den Unterschied zwischen einem Ausläufer und einem Sämlinge bald entdecken. Der auffallendste Unterschied besteht aber zwischen dem Wurzelwerk beider, wie er zum Theil schon weiter oben angedeutet wurde.

Betrachten wir die Geburt und die erste Lebensentwickelung eines Sämlings und eines Ausläufers, so werden wir nicht nur viele Abweichungen von einander, sondern sogar Gegensätze zu einander entdecken. Wir wollen zuerst den Sämling in Bezug auf seine Geburt und seine nachfolgende Entwickelung betrachten.

Die Geburt des Sämlings ist eine naturgesetzliche, geschlechtliche, aus einem auf dem Mutterstamme erzeugten, geschlechtlich befruchteten und endlich vom Mutterstamme vollkommen ausgebildeten und abgelösten Samenei. In demselben liegen Würzelchen und Federchen einer neuen Pflanze gleicher Art vorgebildet, versehen mit dem erforderlichen naturgemäßen Nahrungsstoff zur ersten Entwickelung, auf welche das Samenkorn auch warten muß, bis zu seiner vollendeten inneren Ausstattung die Jedem bekannten äußeren Bedingungen: Boden, Feuchtigkeit, Wärme &c. hinzutreten.

Der Lebensanfang des Sämlings ist also ein ganz neuer, vom Mutterstamm ganz abgesonderter. Der Sämling hat wohl ein Samenei durch eine natürliche, gegensätzliche, geschlechtliche Befruchtung und Mitgift an zeitweilig zureichenden Nahrungsstoffen, Alles als Vorbedingung zu seiner Existenz erhalten; aber diese Existenz muß er ohne fernere Beihilfe des Mutterstammes und ganz getrennt von ihm beginnen und fortsetzen.

Diese Entwickelung und Fortsetzung geschieht sehr weise und vorsichtig, so daß dasjenige zuerst und vorzugsweise zur Entwickelung kommt, worauf die ganze Existenz beruht. Die Wurzel ist die Grundlage der künftigen Existenz; darum wird vorerst für ihre Entwickelung und Vergrößerung Sorge getragen, während das oberirdische Stämmchen verhältnißmäßig zurückbleibt. Das Wurzelwerk hat in der ersten Zeit ein Uebergewicht über das Stämmchen; aber eben dieses erste Uebergewicht ist nothwendig, um dem Stämmchen später ein stärkeres und kräftigeres Wachsthum zu verschaffen. Ist ein guter, fester Grund im Wurzelwerk gelegt, dann holt das Stämmchen im Wachsthum nach, was es früher zu Gunsten der Wurzelbildung verabsäumt hat, bis endlich eine Ausgleichung der unter- und oberirdischen Theile erfolgt.

An der Wurzelbildung ist Folgendes als wichtig hervorzuheben: Die Wurzel ist nichts anderes als eine unterirdische Krone im Gegensatz zu der oberirdischen, nur befindet sie sich in einem anderen Medium und hat eine andere Function. Ihr Werden, ihre Ausbreitung und ihre Gestalt ist dieselbe, nur eilt die unterirdische Krone der oberirdischen im Anfange in der Ausbildung voraus. Erst bildet sich ein senkrecht nach unten gehender unterirdischer Stamm, die sogenannte Pfahl- und Herzwurzel, entsprechend dem oberirdischen Stamme. An dieser Pfahlwurzel breiten sich gleichfalls Aeste und an den Aesten Zweige aus mit einer merklichen Neigung nach unten, wie sich der nach oben treibende Stamm gleichfalls in Seitenäste und diese in Seitenzweige mit einer merkbaren Erhebung nach oben ausbreitet.

Das Merkwürdigste und Unterscheidendste bei dem Sämlinge ist aber ein Punkt, welcher schon vom Keimen an feststeht. Es ist dies jener Punkt, wo Wurzel und Stamm sich scheiden, jene nach unten, dieser nach oben geht. Dieser Punkt ist der Indifferenzpunkt, weder Wurzel noch Stamm. Man könnte ihn ebenso gut Wurzel- als Stammhals nennen, denn er ist ebenso sehr der Anfang der Wurzel als des Stammes. Die Wurzel befindet sich also nicht an dem Stamme, sondern unter demselben. Dieser Indifferenzpunkt hat bei dem Versetzen der Sämlinge eine etwas wichtigere Bedeutung; er soll nicht zu tief in die Erde und nicht zu sehr außerhalb derselben zu stehen kommen, doch ist letzteres weniger nachtheilig für das Wachsthum als ersteres.

Wir wollen nun das Entstehen und die weitere Entwickelung des Ausläufers beobachten. Der Ausläufer hat keine Geburt, welche durch geschlechtliche Vermittelung bedingt ist; er hat keinen abgebrochenen neuen Anfang; er ist vielmehr nur eine Fortsetzung der Wurzel eines Mutterstammes und bleibt dieses so lange, bis er entweder davon getrennt wird oder der Mutterstamm und mit diesem vielleicht auch die Wurzel, welche ihn hervortrieb, abgestorben ist.

Da der Ausläufer seine erste Ernährung von seinen Erzeugern erhält, so eilt er nicht im geringsten, eigene Wurzeln anzusetzen; im Gegentheil läßt er sich damit Zeit, indem ihm die Zuführung von Nahrungssaft von der Wurzel des Mutterstammes nie ganz entgeht, so lange er mit ihr in Verbindung steht.

Daher ist auch das anfängliche Wachsthum des Ausläufers weit stärker als das Wachsthum des Sämlings. Beim Ausläufer folgt das Ansetzen eigener Wurzeln nach, beim Sämlinge geht es voraus.

Bei dem Ausläufer kann von einer Pfahlwurzel gar nicht die Rede sein, da er seinen Ursprung aus einer Wurzel nimmt, welche gewöhnlich sehr seicht liegt.

Ebenso wenig kann von einem Indifferenzpunkte zwischen Wurzel und Stamm die Rede sein, denn wo der Ausläufer aus der Wurzel des Mutterstammes beginnt, ist er schon Stamm. An diesen Stamm setzen sich nach und nach die Wurzeln ringsum an. Die Wurzeln sind also nicht unter dem Stamme, sondern sie haben mehr eine horizontale Tendenz und liegen natürlicher Weise der Oberfläche des Bodens viel näher, weshalb sie auch wieder mehr zu Ausläufern geneigt sind.

Der Ausläufer hat daher keinen natürlichen Wurzelstock wie der Sämling. Der wahre Wurzelstock als für sich abgesonderter Baumtheil bildet sich nur bei einer geschlechtlichen Fortpflanzung des Baumes. Bei dem Ausläufer kommen die Wurzeln erst später zum Stamme, bei dem Sämlinge eilen sie voraus.

Wenn der Ausläufer, unterstützt von seiner Wurzel als Zeugerin, im ersten Anfange einen Vorsprung vor dem Sämlinge gewinnen sollte, so überholt ihn letzter gewiß in den folgenden Jahren, wenn er sein Wurzelwerk vollkommen ausgebildet hat; er wird ein kräftigerer, schönerer, gesunderer, länger dauernder, fruchtbarerer Baum, der nicht leicht eine Neigung haben wird, Ausläufer zu machen und in Gefahr zu kommen, sich dadurch zu schwächen, während der Ausläufer nach der Trennung von der ihn erzeugenden und mit ernährenden Wurzel sich in einem ungewohnten Zustande befindet und längere Zeit mit seinem ferneren Wachsthum zögert.

Es kann nach dem Gesagten kein Zweifel mehr darüber obwalten, daß wir durch Verwendung der Ausläufer zur Fortpflanzung eine Schwächung in den Zwetschenbaum bringen, und zwar nach zwei Richtungen hin: wir schwächen die Mutterstämme, von denen wir die Ausläufer nehmen, und zwar in um so höherem Grade, je mehr Ausläufer wir von ihnen emporziehen und je länger wir sie auf den Wurzeln der Mutterstämme stehen lassen; dann aber erziehen wir in und mit den Ausläufern eine Nachkommenschaft, welche von ihrer unnatürlichen Geburt aus eine schlechtere Ausstattung erhielt und zugleich die angeborene Neigung in sich trägt, wieder Ausläufer zu machen, eine traurige Erbschaft, welche sich mit jeder Generation zu vermehren scheint.

Sollte in dieser durch Jahrhunderte, ja vielleicht durch Jahrtausende verursachten Schwächung nicht auch die Ursache liegen, warum die Samen des Zwetschenbaumes so unvollkommen werden, so schwer keimen und schwächliche Pflanzen liefern?

Diese Vermuthung wird um so wahrscheinlicher, wenn wir denselben Fall auch bei andern Obstarten wahrnehmen, welche häufig Ausläufer machen. Wir sehen dieses bei der Weichsel und bei der Schlehe, und wenn die Kirsche nur selten Ausläufer macht, so wachsen auch ihre Samen desto besser. Bei meinen Wanderungen unter Kirsch- und Weichselbäumen fand ich wohl unter ersteren eine Menge Sämlinge von den darunter ausgestreuten Samen, aber unter den Weichselbäumen konnte ich trotz des sorgfältigsten Suchens nichts anderes als Ausläufer finden. Man könnte bei den Weichselsamen freilich einwenden, daß viele, ja die meisten derselben durch Insekten leiden; man kann aber doch annehmen, daß mehrere nicht beschädigt werden; warum kommen sie deshalb so schwer oder gar nicht?

Seit einigen Jahren durchsuchte ich die ausgedehnten Schlehensträucher in hiesiger Gegend, um Sämlinge aufzufinden; ich war aber nicht so glücklich, auch nur einen einzigen Sämling zu erhalten; alle jungen Pflanzen, welche eben hervorgesproßt waren, zeigten sich als Ausläufer; ja, es schien mir bei meinen Nachsuchungen, daß alle Pflanzen bei einer Schlehenhecke, welche zwei Klaftern breit und mehrere hundert Klaftern lang war, mit ihren Wurzeln im innigsten Verbande stehen, — und daß die Hunderttausende von einzelnen Schlehensträuchern nichts anderes sind als Ausläufer von einem ersten Schlehenstrauch, welcher doch aus Samen hier entstanden sein mußte. Ich selbst konnte bisher aus Schlehensamen keine Pflanzen ziehen, obgleich ich viele Hunderte derselben ansäete. Ich zweifle aber nicht, daß es mir gelingen wird, Pflanzen daraus zu erhalten, wenn ich den Samen nach meinen bisherigen Erfahrungen behandeln werde.

Es ist nun sehr wahrscheinlich, daß wir durch die immerwährende Verwendung der Ausläufer zur Fortpflanzung des Zwetschenbaumes nicht nur Ursache waren seiner Schwächung, sondern auch von der Unvollkommenheit seiner Samen. Es ist zu hoffen, daß mit der Entfernung der Ursache auch die Schwächung der Zwetschenbäume und die Unvollkommenheit seiner Samen sich heben läßt.

Wir werden also alle Ausläufer vor der Hand gleich bei ihrem ersten Erscheinen entfernen und vertilgen müssen; damit muß aber auch zugleich Sorge getragen werden für Erziehung von Sämlingen für die Fortpflanzung des Zwetschenbaumes.

Es ist nicht nothwendig, daß die Sämlinge gerade von den Samen des Zwetschenbaumes erzogen werden müssen; es ist dazu der Samen jeder andern Pflaumensorte verwendbar, wenn er nur eine kräftige, schnell wachsende Pflanze liefert. Wir kennen ja die künstlichen Mittel, welche uns zu Gebote stehen, um auf diese letzteren Sämlinge die Zwetsche setzen zu können.

Bisher war man gewohnt, alle edleren Pflaumen, ja sogar Pfirsichen und Aprikosen auf Ausläufer zu setzen. Die Erfahrung hat uns aber auf eine traurige Weise gelehrt, daß wir bei diesem Verfahren nicht nur immerwährend mit Ausläufern zu kämpfen hatten, sondern daß uns auch die veredelten Stämmchen mit keiner langen Dauer und keiner großen Fruchtbarkeit erfreuten. Setzten wir aber die Reiser von Pflaumen, Pfirsichen und Aprikosen auf Sämlinge, so erfolgte in der Regel das erfreuliche Gegentheil.

Es handelt sich vorerst um die Erziehung des Zwetschenbaumes aus dessen Samen. Ich muß gestehen, daß ich bei meinen Nachforschungen im Frühjahr, um Sämlinge zu finden, unter Zwetschenbäumen selten einen Sämling fand, obwohl Tausende von Samenkernen da lagen; nur unter den übrigen Pflaumenbäumen, welche durch Veredelungen von Ausläufern oder Wildlingen fortgepflanzt waren, fand ich außerordentlich viel Sämlinge.

Als ich die Gemüsegärten der Stadt Kaaden durchwanderte, fand ich in diesen eine Menge Sämlinge von Zwetschen und nicht wenige von Schlehen, welche schon im ersten Jahre sehr kräftig und hoch heranwuchsen.

Auf meine Frage, woher diese vielen Sämlinge stammten, erhielt ich zur Antwort, daß sich die Samen davon unter dem Dünger befänden, welchen man ankaufe. Alle Zwetschen- und Schlehenkerne würden auf die Düngerstätte geworfen, und so kämen sie mit in die Gemüsegärten. Man habe damit eine große Plage, indem sie wie das Unkraut heranwüchsen und wie dieses ausgerottet werden müßten. Hier haben wir einen Fingerzeig zur Fortpflanzung der Samen des Zwetschenbaumes.

Das Liegen dieser Kerne in dem Dünger durch längere Zeit hat eine doppelte Wirkung; es trägt nicht nur bei zur leichteren Aufschließung der Steine, sondern auch zur Kräftigung des Samens.

Durch mehrere Nachforschungen über das Keimen der Zwetschensteine erhielt ich noch folgende Aufklärung: In einem Hause hatte man große Massen von Zwetschensteinen in die Erde vergraben, um die Schweine vom Genusse derselben abzuhalten, da sie dadurch nicht selten Schaden leiden. Als man im Frühjahre zufällig wieder auf diese vergrabenen Zwetschensteine kam, fand man alle gekeimt und gleichsam in lebendiger Bewegung.

Es ist bekannt, daß, wenn mehrere Samenkerne nahe beisammen liegen, sie die Wärme, welche beim Keimen entsteht, gegenseitig vermehren und dadurch das Keimen befördern, selbst bei denjenigen Samen, welche sonst etwas schwerer keimen. Die Wärme entsteht aber durch den chemischen Proceß beim Keimen und durch das Gebundenwerden des verbrauchten Wassers.

Liegen die Kerne im Dünger, so erzeugt dieser durch seine fortwährende Gährung selbst eine höhere Temperatur, welche auf das Keimen der Samen günstig einwirkt.

Daß aber alles dieses nicht gerade zum Keimen des Samens der Zwetschenbäume nothwendig ist, beweist das ganz einfache Verfahren eines Landwirths in Fünfhunden, welcher mir auf die Frage, wo er die Kerne ansäe? zur Antwort gab, daß er die Steine von den verzehrten Zwetschen von Zeit zu Zeit nur auf die Beete hinwerfe und mit der Hacke unter die Erde bringe.

Man hat bereits in unsern größeren Baumschulen bedeutende Aussaaten von Zwetschensteinen gemacht, nachdem man im Kleinen vom Gelingen derselben sich überzeugt hat. In einer dieser Baumschulen wurden sie mit Erde bedeckt, in der andern blos obenauf gestreut und angedrückt; vielleicht würde ein Ueberstreuen mit ganz verrottetem Dünger sehr gute Wirkung hervorbringen.

Diese Aussaaten wurden im Herbst veranstaltet; man könnte aber die Samen über Winter an einem frostfreien Orte aufbewahren und schichtenweise in Erde, Dünger, Sägespäne 2c. legen, wo sie dann gekeimt im Frühjahr auf die Beete gesteckt würden.

Auch jede Art Samen von Pflaumen ist zur Fortpflanzung des Zwetschenbaumes zu verwenden, sobald der Samen von solchen Pflaumen genommen wird, welche ein stärkeres Wachsthum haben.

Es versteht sich von selbst, daß man nach dem Keimen der Kerne für eine baumschulartige Behandlung der jungen Pflanzen zu sorgen hat und dabei ebenso verfährt, wie bei der Erziehung von Birn- und Apfelbäumen.

Nur wird es nicht so leicht möglich sein, die jungen Pflänzchen gleich nach dem Aufgehen so zu piquiren, wie die Birn- und Apfelpflänzchen. Ich fand, daß sie es nicht so gut vertragen. Man versuche es jedoch, vielleicht glückt es. Auf jeden Fall wird das Versetzen im zweiten Jahre nothwendig werden, damit jedes einzelne Bäumchen Raum genug erhält zu seiner Entwickelung. Ich habe das Piquiren gleich nach dem Keimen wohl sehr oft versucht, fand aber, daß doch viele Pflänzlinge eingingen.

Daß man alle jene Bäumchen, welche kein gutes Wachsthum zeigen, zeitig entfernt, versteht sich von selbst.

Daß man die Sämlinge aus Pflaumenkernen mit einer der besten vorhandenen Zwetschenarten veredeln muß, sieht wohl Jeder ein; es wird aber auch wohlgethan sein, wenn man die Sämlinge aus Zwetschensteinen mit einer guten Zwetschenart veredelt.

Auch bei den Zwetschen und Pflaumen ist die beste Veredelungsmethode das Copuliren, weil dabei die geringste Verwundung gemacht wird und das Verwachsen am schnellsten und besten erfolgt. Man nehme das Copuliren so bald als nur immer möglich vor. Es wird dieses schon nach dem zweiten oder dritten Jahre geschehen können. Je eher, desto sicherer gelingt es.

Will man seine Zuflucht doch zu Ausläufern nehmen, so wähle man nur einjährige, und zwar die schönsten, setze sie vorher auf ein eigenes wohl zubereitetes Beet etwas enger an einander, als es in der Baumschule geschieht, begieße sie nach dem Versetzen, reinige sie später vom Unkraut und behacke den Boden, wenn derselbe fest geworden ist.

Diejenigen, welche ein gutes Wachsthum zeigen, werden bald in die Veredelungsschule gesetzt. Jene aber, welche im Wachsthume zurückbleiben, muß man entfernen. Ein nachfolgendes Veredeln mit Reisern von einer der besten Zwetschen ist auch hier anzurathen, da das Veredeln auf ein frühes Fruchtbarwerden hinwirkt.

Werden die Ausläufer gleich einjährig vom Mutterstamme getrennt, so wird dieser um so mehr geschont, und die Ausläufer selbst werden genöthigt, mehr anzusetzen und gewöhnt, für sich selbst fortzuwachsen.

Aber besser ist immer besser. Man arbeite dahin, nur Sämlinge zur Fortpflanzung des Zwetschenbaumes verwenden zu können. Man wird aus ihnen schönere, kräftigere, länger dauernde, gesundere und fruchtbarere Bäume erhalten, welche uns und sich mit der Plage von Ausläufern verschonen und vielleicht vollkommene Samen bringen.

Beschreibende Pomologie.

Terminologie.

Unter Pomologie versteht man die Lehre und Wissenschaft vom Obste, dessen Behandlung und Zucht. Man theilt die Pomologie ein in die beschreibende und in die angewendete. Hier kommt nur die beschreibende Pomologie in Betracht. Dieselbe beschreibt die Obstarten und Obstbäume nach ihrer Verschiedenheit, wobei sie sich zum Theil der Merkmale und Kunstausdrücke der Botanik, zum Theil aber — und zwar für solche Merkmale und Gegenstände, die in der reinen Botanik nicht beachtet werden, z. B. Gestalt, Geschmack, Geruch der Frucht oder einzelner Theile — besonderer Kunstausdrücke bedient: Terminologie der Obstlehre.

Die nachstehende Kunstsprache haben die neueren Pomologen bei den Beschreibungen der Früchte ein für allemal angenommen; es erhalten dadurch nicht allein die einzelnen Theile einer Frucht eine feste Benennung, sondern es wird auch der Sinn, in einem Worte zusammengedrängt, als bezeichnend dargestellt.

Adern sind bei der Frucht Fäden, welche sich durch das Fleisch derselben ziehen.

Achse ist die Verbindung der Kammern oder Fächer des Kernhauses, in denen sich die Kerne befinden. Hohle Achse ist die sichtbare Höhlung der Achse beim Querdurchschnitt des Apfels.

Apfelförmig nennt man Birnen, welche am Kelche und Stiele vertieft oder zusammengedrückt sind.

Aromatisch nennt man jeden hervorstechenden Wohlgeschmack der Obstsorten.

Bauch ist die Wölbung der Frucht, welche bald in der Mitte, bald nach dem Stiele zu ihren größten Durchmesser hat.

Bergamottenartig nennt man eine Frucht, welche ein sehr feines, etwas süßes Fleisch hat.

Bergamottenförmig heißen die Birnen, welche eine etwas gedrückte, rundliche Form haben.

Beulen sind die beim Kernobste zugerundeten Erhöhungen, welche die regelmäßige Form der Frucht meist verunstalten und gewöhnlich am Kelche oder Bauche der Frucht sichtbar sind.

Birnenförmig nennt man eine Frucht, wenn sich der Bauch $\frac{2}{3}$ gegen Blume oder Kelch zu befindet und regulär, ohne bedeutende Einbiegung, kegelförmig, ganz zugespitzt nach dem Stiele zu läuft.

Blume oder Kelch heißen die vertrockneten Reste der Blüthen, von denen meist die verhärteten Blättchen der Kelchkrone sich noch vorfinden. Der Kelch sitzt bald in einer flachen, bald in einer tiefen Höhle oder Einsenkung, bald liegt er nur flach auf der Spitze auf, meist sitzt er in der Mitte, zuweilen aber auch auf der Seite. Offen nennt man den Kelch, wenn die Blättchen rückwärts gebogen sind und von einander stehen, geschlossen, wenn sie sich oben zusammenneigen. Aepfel mit großer, offener Blume sind meist vorzügliche Sorten.

Blüthe- oder Stempelpunkt nennt man bei Steinobst den mehr oder weniger sichtbaren, bald flachen, bald in einer Vertiefung befindlichen Punkt, welcher sich da befindet, wo die Blüthe abgewelkt ist.

Charakteristisch nennt man, was auffallend die Kennzeichen einer Frucht enthält.

Calvillartig gerippt sagt man von einer Frucht, wenn sich von der Kelcheinsenkung erhabene Rippen oder Kanten in breiten und starken Erhöhungen bis zum Bauche der Frucht oder bis zur Stielhöhle hinziehen.

Duft ist der feine, weißliche oder bläuliche Staub, welcher an mehreren Apfelsorten ein charakteristisches Merkmal ausmacht.

Durchmesser der Frucht nennt man die gerade Linie, welche von einem Punkte der Rundung, wo die Frucht die größte Ausdehnung hat, bis zum entgegengesetzten Punkte des Umfangs gedacht oder gezogen wird.

Eiförmig ist eine Frucht, welche sich von ihrem Durchmesser nach oben und unten gleichförmig verlängert und in eine abgerundete Spitze ausläuft.

Einsenkung heißt die Vertiefung, in welcher die Blume sitzt.

Falten sind kleine Rippen in der Kelcheinsenkung oder an der Frucht selbst; sie sind bald breit und erhaben, bald schmal und flach aufliegend.

Fächer nennt man die Kammern oder Abtheilungen des Kernhauses.

Figuren heißen verschiedene, in einander gezogene, schmale, rostige Streifen.

Fleisch ist der eßbare Theil des Obstes zwischen der Schale und dem Kernhause. Butterhaft schmelzendes, halbschmelzendes, abknackendes und brüchiges Fleisch bestimmen die verschiedenen Klassen. Aepfel mit abknackendem Fleische gehören zu den vorzüglichsten

Sorten. Birnen mit abknackendem Fleische sind dagegen meist nur Wirthschaftsobst, indem bei den Birnen das Butterhaftschmelzende die Vorzüglichkeit bestimmt.

Gewürzhaft nennt man eine Frucht, wenn sie einen zimmet- oder muskatähnlichen Geschmack hat. Alle Aepfel mit erhabenem, gewürzhaftem Geschmack nehmen den ersten Rang ein. Mit den Birnen verhält sich dieses aber anders. Birnen mit butterhaft schmelzendem Fleische, auch ohne besondere Erhabenheit im Geschmack, setzt man in den ersten Rang, während man andere, wenn sie halbschmelzendes, abknackendes und brüchiges Fleisch haben, mögen sie auch einen gewürzhaften Geschmack haben, in den zweiten und dritten Rang setzt.

Hoch nennt man eine Frucht, wenn die Länge die Breite übersteigt; hoch aussehend, wenn dieses dem Auge nur so erscheint und nicht wirklich der Fall ist.

Kammern sind die Abtheilungen des Kernhauses, worin sich die Kerne befinden.

Käseförmig wird eine Frucht genannt, welche viel breiter als hoch ist.

Kegelförmig oder konisch heißt eine Frucht, welche gegen den Stiel zu mehr oder weniger abgestumpft ausläuft.

Kelchröhre nennt man beim Kernobst die cylinderförmige Röhre, welche von dem Kelche gegen das Kernhaus läuft. Diese Röhre ist bei den meisten Aepfeln mit großem Kernhause sehr sichtbar. Calvillen haben meist weite Kelchröhren. Bei den Reinetten geht sie gewöhnlich nur bis auf die Hälfte nach dem Kernhause zu. Meist findet man bei den Aepfeln statt der Kelchröhre einen grünlichen Faden, der sich von dem Kernhause nach der Blume hinzieht. Bei den Birnen besteht die Kelchröhre häufig aus häutigen Theilen, die jedoch selten eine vollkommene Röhre bilden.

Kern nennt man den reifen Samen einer Frucht. Farbe, Figur, vollkommene Ausbildung oder Taubheit der Kerne geben wesentliche Merkmale bei der Beschreibung der Früchte ab.

Kernhaus, Samenhaus oder Samenbehälter ist der in der Mitte befindliche häutige Theil der Frucht, welcher in mehrere Kammern eingetheilt, in der Mitte durch die Achse verbunden ist, die Kerne einschließt und von Außen mit dem Fleische der Frucht umgeben ist. Das Kernhaus ist bald groß und weit, bald klein und enge, bald offen oder geschlossen; bald läuft es gegen den Stiel, bald gegen die Blume spitzer zu und ist bald herzförmig, bald länglich gestaltet. Ein großes, offenes Kernhaus ist ein charakteristisches Merkmal der Calvillen. Die Achse des Kernhauses ist bald hohl, bald gefüllt.

Kreisförmig nennt man die kegelförmige Frucht, welche, unter dem Bauche eingebogen, eine mehr oder weniger abgestumpfte Spitze hat.

Muskatellerartig, muskirt bezeichnet einen gewürzhaften Wohlgeschmack und Wohlgeruch, in etwas dem Moschus ähnlich. Dieser Geschmack ist vielen Birnen eigen, welche dadurch einen hohen Werth erhalten. Muskatellerartig bezeichnet den Geschmack, muskirt den Geruch der Früchte. Beides ist nicht immer mit einander verbunden.

Nomenclatur ist die Namenbezeichnung der Obstarten und Obstsorten.

Parfüm bezeichnet einen gewürzhaften Geschmack oder Geruch der Früchte.

Passirt nennt man eine Frucht, deren Zeitigung vorüber ist und die anfängt unschmackhaft und teig zu werden.

Punkte an der Schale des Kernobstes sind oft sehr bezeichnende Merkmale einer Frucht. Sie sind verschieden von Gestalt und Farbe, bald grün, grau, bräunlich, oft sogar mit kleinen röthlichen Kreisen umgeben; zuweilen bilden sie röthliche Flecken. Viele Obstsorten haben dagegen gar keine Punkte.

Pyramidenförmig nennt man eine Frucht, die von unten breit, rund, nach der Spitze aber verjüngt zuläuft.

Reif heißt die Frucht, wenn sie vom Baume fällt, wie dies bei dem Sommerobste der Fall ist. Die Zeit, wo die Frucht am schmackhaftesten ist, heißt der Reifepunkt; derselbe muß genau beobachtet werden, indem die Frucht, zu früh oder zu spät genossen, ihren eigenthümlichen Geschmack nicht hat. Der Reifepunkt einer Frucht fällt nicht immer in die nämliche Zeit; warme Sommer beschleunigen, kühle Sommer, nördliche Lage ꝛc. verzögern ihn. Bei einigen Früchten dauert er nur kurze Zeit, bei andern sehr lange. Um die richtige Zeit der Genießbarkeit einer Frucht auszudrücken, was durch Reife nicht gehörig ausgedrückt wird, bedient man sich des Ausdruckes Zeitigung.

Rippen oder Kanten sind beim Kernobst die Erhöhungen, welche von der Kelcheinsenkung bis zur Mitte der Frucht oder bis zur Stielhöhle hinlaufen.

Rost und Rostanflüge nennt man die großen mit Rost bekleideten Stellen einer Frucht.

Rostfiguren, Rostcharakter heißen die schmalen rostigen Streifen, welche manche Früchte auszeichnen.

Schale ist die äußere Bedeckung des Kernobstes, Haut die des Steinobstes.

Stein heißt beim Steinobste die harte Schale, welche den Kern einschließt.

Stiel ist bald kurz, bald lang, bald dick, bald dünn, bald holzig, bald fleischig, bald steht er in einer tiefen, bald in einer flachen Höhle; zuweilen findet er sich in der Frucht wie aufgesteckt.

Stielhöhle nennt man die Einsenkung, aus deren Mitte der Stiel hervorragt; sie ist bald tief und trichterförmig gestaltet, bald flach und weit ausgeschweift und häufig mit Rost überzogen, der sich dann sternförmig aus der Höhle nach der Mitte der Frucht hinzieht.

Stielwölbung heißt der untere Theil des Apfels, welcher sich von der Stielhöhle nach der Mitte der Frucht zu entweder abplattet oder mehr oder weniger abrundet.

Stippicht ist die Frucht, wenn sie schon passirt ist. Es entstehen unter der Schale oder im Fleische braune, saftlose, oft bitter schmeckende Punkte oder Flecken, die sich nach und nach tief ins Fleisch ziehen, immer größer werden und die Frucht ungenießbar machen. Diese Punkte, welche schon an der Schale sichtbar sind, heißen Stippen und sind vorzüglich jenen Aepfeln eigen, welche nicht welken.

Warzen sind kleine Auswüchse, welche Reinetten und Borsdorfern eigen sind.

Welken nennt man das Zusammenschrumpfen der Aepfel und Birnen auf dem Lager, wodurch sie ihren Saft verlieren. Nur durch spätes Abnehmen und sorgfältige Aufbewahrung auf einem kühlen Lager kann das Welken etwas verzögert werden.

Zeitig ist eine Frucht, wenn ihr wahrer Reifepunkt eingetreten, wenn sie am schmackhaftesten ist und ihre höchste Güte erlangt hat.

Zikadiren nennt man das Durchsichtigwerden einer Frucht; sie sieht dann glasartig oder wie gefroren aus.

Behufs der Unterscheidung der verschiedenen Obstsorten hat man vorzugsweise die Gestalt, dann auch Farbe, Schale, Beschaffenheit des Fleisches und Kernhauses, Größe, Erhöhungen und Vertiefungen, Stand der Blume und des Stiels, Kerne, Reifezeit, Dauer rc. zu Hilfe genommen.

Die systematische Beschreibung der Obstsorten hat aber durch vielfache, mehr oder weniger häufig eintretende Zufälligkeiten und durch fortgesetzte Vermehrung der Obstsorten durch neue Zucht aus Kernen und künstliche Veredelung so vielfache und große Schwierigkeiten gefunden, daß ein streng durchgeführtes wissenschaftliches System der Pomologie kaum denkbar ist, zumal auch Boden und Klima des Landes, wo das Obst wächst, auf jene Verschiedenheit einen großen Einfluß haben und manche Obstsorten in ihrer vollkommenen Schönheit öfters nur in einem kleinen Landstriche gefunden werden.

Um die Form einer Frucht nach ihrer charakteristischen Benennung kennen zu lernen, stellte Dittrich besondere Formentafeln auf und bezeichnete die verschiedenen Apfelsorten mit: länglich-conisch; zugespitzt; länglich-walzenförmig; kugelförmig; plattgedrückt; calvillartig gerippt. Die verschiedenen Birnensorten mit: plattrund; käseförmig; plattgedrückt; stumpfspitz nach dem Stiele; oben abgerundet; nach dem Stiele flach und stumpf zugespitzt; eiförmig; kreiselförmig; stumpfkegelförmig; schön birnenförmig; lang-breitbauchig; perlförmig.

Um aber mit Nutzen die Anwendung der Formentafeln zur Erkennung einer Frucht gebrauchen zu können, ist es nothwendig, folgende Regeln dabei zu beachten: Bei jeder Frucht, deren Erkennung man beabsichtigt, ist die Aufsuchung ihrer eigentlichen Form nothwendig; es kann nie mit Sicherheit nach der Form einer Frucht oder einiger Früchte geschlossen werden. Fast an jedem Baume findet man Früchte von so vielerlei Formen, daß man dieselben bisweilen für alle Klassen heraussuchen könnte. Vielmehr darf man aus einer ziemlichen Anzahl von Früchten nur diejenige auswählen, welche die Form der Mehrheit der vorhandenen Früchte an sich trägt und als Hauptform angesehen werden kann. Gestalt, Beschaffenheit des Kelches, des Stieles, des Kernhauses, Farbe und Zeichnung der Schale, ob diese mit oder ohne Rostzeichnung ist, Farbe, Geschmack und Güte des Fleisches, vor allem aber der Zeitpunkt der Zeitigung der Frucht kann nach richtiger Zusammenstellung jener Merkmale den richtigen Namen der Frucht auffinden lehren. Da nun bei den Beschreibungen der Früchte terminologische Ausdrücke zur Bezeichnung der Form derselben vorkommen, welche trotz der vorhergegangenen Erklärung derselben doch für manchen in der Obstkunde weniger Bewanderten oft unverständlich bleiben, so dienen die Formentafeln dazu, bei Aufsuchung einer Frucht den richtigen Sinn des die Form der Frucht bezeichnenden Wortes leichter zu verstehen, um dadurch in den Stand gesetzt zu werden, die Frucht ihrer Form nach weiter zu beurtheilen.

Früher schon stellte Manger ein System nach Formentafeln auf. Hiernach sind die drei Hauptformen der Aepfel: die runde und platte, die hyperbolische und die parabolische. Die Unterabtheilungen beziehen sich auf die vollständige Ebenheit, auf die Falten am Auge und auf die ringsum befindlichen Rippen.

Sickler bildete vier Formen; Christ schlug vor, acht Familien anzunehmen: Calvillen, Reinetten, Parmänen, Kantenäpfel, Plattäpfel, Spitzäpfel, Kugeläpfel. Diel ordnete die Obstarten nach ihrer Beschaffenheit. Das System von Fritsch enthält zwei Hauptklassen: Kugel- und Kegeläpfel; die Kantenäpfel sind blos eine Unterabtheilung. Die Ordnungen werden bei Fritsch durch die Farbe bestimmt; beim Geschlecht ist Geruch und Geschmack als Eintheilungsgrund angenommen.

Auf ähnliche Art hat man auch die anderen Obstarten einzutheilen versucht, z. B. die Birnen nach der Form in fünf Klassen (Sickler); nach der Reifezeit in drei Klassen (Christ); nach dem Fleisch, Saft, Geschmack in sechs Klassen (Diel); nach der Gestalt (Fritsch) in Rund-, Spitz- und Langbirnen, deren Ordnungen nach der weißen, grünen, rothen, grauen Farbe gebildet sind.

Die Pflaumen hat man bisher meist nach der Form bestimmt: längliche und runde Pflaumen, Mirabellen, Schlehen; die Kirschen nach dem Geschmack: süße und saure. Die Unterabtheilungen derselben hat man nach der Farbe des Saftes und der Güte des Fleisches unterschieden.

Die Pfirsichen unterscheidet man in wollige und glatte; die Unterabtheilungen werden durch das Fleisch und den ablösbaren Stein näher bezeichnet.

Seit dem Jahre 1839 beschäftigte sich die Wanderversammlung der deutschen Obst- und Weinproducenten damit, die vielfältigen Benennungen der süddeutschen Kernobstsorten zu sammeln und dadurch eine verständliche Sprache darzustellen, nach welcher die für Deutschland wichtigsten Tafel- und Wirthschaftssorten leichter erkannt werden können. Metzger hat die für den deutschen Obstbau wichtigsten Kernobstsorten in einem besondern Werke aus den Protokollen der Gesellschaft mit ihren vielen Benennungen zusammengestellt und die gemachten Erfahrungen über das Vorkommen, die Verbreitung, Dauer der Bäume und den Werth der Sorten beschrieben, wodurch man allerdings in den Stand gesetzt ist, für jedes Klima, sowohl für den Garten als auch für das Feld und an die Straßen, die geeignetsten Obstsorten auszuwählen und über deren Werth Aufschluß zu erlangen.

Gute Abbildungen und Beschreibungen der Obstsorten lieferten Manger, Kraft, Sickler, Dittrich, Bertuch, Oberdieck, Lucas, Jahn, Nachbildungen der Früchte in Wachs Sickler, in neuester Zeit Arnoldi in Gotha. Beide, Abbildungen und Nachbildungen, tragen zur Kenntniß der Obstkunde nicht wenig bei.

Da aber Alles, was bis vor Kurzem zur Bestimmung der Obstsorten geschehen ist, noch nicht genügt, so hat man in neuester Zeit Grundregeln der deutschen Pomologie aufgestellt und dieselben zur Beachtung und Annahme empfohlen. Von der allgemeinen Annahme derselben hofft man Hebung und Vervollkommnung des deutschen Obstbaues. Diese Grundregeln besagen Folgendes:

1) Eine Obstsorte soll weder empfohlen noch vermehrt werden, deren pomologischer Namen dem Besitzer unbekannt ist.

2) Niemand soll das Recht haben, von irgend wo bezogene oder einheimische Obstsorten beliebig zu benennen oder umzutaufen.

3) Der Besitzer einer neuen, neu bezogenen oder Provinzialsorte soll sich bestreben, den wahren Namen mit Hilfe der ihm nahe liegenden Controle eines Gartenbauvereins oder eines anerkannten Pomologen kennen zu lernen, und im Fall die Frucht noch nicht irgend einem Autor bekannt ist, das heißt noch keine Beschreibung von derselben sich vorfindet, entweder selbst oder mit Hilfe Sachverständiger eine genaue, vollständige Monographie der Frucht und des Baumes nach gegebenem Muster zu entwerfen, um dieselbe zu veröffentlichen.

4) Bis eine allgemeine Nomenclatur festgestellt ist, hat jeder Monograph das Recht, einer neuen noch nicht charakteristisch beschriebenen Obstsorte einen beliebigen Namen zu geben, der aber von den Pomologen sachgemäß geändert werden kann.

5) Eine Obstsorte und deren Namen soll erst dann als bestehend angenommen werden, wenn die Beschreibung derselben in einer weit verbreiteten Zeitschrift für Gartenbau oder Landwirthschaft oder in einem pomologischen Werke von anerkannter Autorität veröffentlicht wurde.

6) Wenn zwei Personen eine neue oder einheimische Sorte beschrieben haben, so soll der zuerst veröffentlichte Namen und die zuerst veröffentlichte Beschreibung, wenn den pomologischen Regeln Genüge geleistet wurde, Geltung haben.

7) So oft der Namen einer pomologisch beschriebenen Obstsorte angeführt wird, soll stets der Autor, wenn der Sortenname deutsch, und der Name des deutschen Monographen, wenn ein ausländischer Autor einen nichtdeutschen Namen gab, beigesetzt werden. Bei noch nicht pomologisch bestimmten Sorten soll einstweilen die Beisetzung des Namens des Erziehers, des Bezirks oder der Stadt, in der dieselbe einen allgemeinen Namen führt, dienen. Beispiele: Ernteapfel (Diel). Aprikosenartige Pflaume (Liegel), statt Abricotée Dumahel. Junkerapfel (Görlitz). Rabesbirne (Pfalz). Reineclaude von Bavay (Esperie).

8) Die Pomologen sollen nebst dem Autor oder Monographen auch den Namen beisetzen, unter welchem die Sorte im In- und Auslande längst bekannt ist oder welcher bei dem ältesten pomologischen Schriftsteller vorkommt. Z. B. Apiaapfel (Diel), Pomme d'Api (Merlet). Edler Winterborsdorfer (Diel), Maschanzker (Wien). Große Königin Claudia (Sickler), grüne Reineclaude (Deutschland).

9) Bei Feststellung der Namen von schon bekannten und beschriebenen Früchten sollen die deutschen pomologischen Monographien, z. B. die von Diel, Sickler, Christ, Truchseß, Liegel, v. Babo, Metzger, Lucas, Oberdieck, Jahn, als deutsche Autoritäten gelten.

Zur Würdigung der Obstsorten nach ihrem Wachsthum, ihrer Dauerhaftigkeit, Einträglichkeit, Güte ꝛc., sowie zur richtigen Classification und Beschreibung der Obstsorten, dienen auch sehr wesentlich die Probe- oder Sortenbäume und die Prüfungsschulen.

Probe- oder Sortenbäume.

Da nicht jedem Obstbaumfreunde ein so großer Garten beschieert ist, um darin die vielen Sorten der verschiedenen Obstarten anpflanzen zu können, haben in neuerer Zeit Oberdieck und Lange angefangen, größere, bereits vorhandene, im freien Garten stehende Obstbäume als Sorten- oder

Probebäume oder als eigentliche Obstmusterkarten, ja als lebendige Obstsortensammlungen zu benutzen.

Der Obstzüchter muß die Früchte dieser Sortenbäume ihrem systematischen richtigen Namen nach kennen lernen und unter einander vergleichen; er soll ermitteln, welche Sorten unter bestimmten Verhältnissen den Vorzug vor anderen verdienen, und zwar in Bezug auf Güte, reiche Tragbarkeit, Haltbarkeit der Frucht, Wuchs des Baumes oder andere Eigenschaften; bei welchen Sorten sich alle diese Eigenschaften am meisten und im erwünschten Grade vereinigt finden 2c.

Es ist unzweifelhaft, daß es kein besseres, wohlfeileres und zugleich nutzenbringenderes Mittel gibt, bei beschränktem Areal viele Obstsorten bald kennen zu lernen, als die Sortenbäume.

Zu Sortenbäumen dienen sowohl Hochstämme als Pyramiden und Spalierbäume, welche nicht zu jung, aber gesund sind und sich in einer Lage und in einem Boden befinden, welche der Fruchterzeugung überhaupt günstig sind.

Je nach der Gestalt und Anzahl der Aeste kann ein Sortenbaum 15 bis 100 Sorten tragen.

Um solche Sortenbäume herzustellen, empfiehlt Oberdieck die bereits vorhandenen größeren Obstbäume in ihren Aesten abzusägen und auf letztere ganz nach gewöhnlicher Art die Reiser von gemischten Sorten einzupfropfen, und zwar auf jeden Ast eine andere Sorte. Dieses läßt sich bei allen Fruchtbäumen, auch bei Weinstöcken, leicht bewerkstelligen. Die aufgesetzten Reiser wachsen leicht fort und tragen in der Regel schon im dritten oder vierten Jahre reichliche Früchte.

Lucas empfiehlt als beste Veredelungsmethode der Sortenbäume das Pfropfen unter die Rinde auf Aeste von 1—2 Zoll Durchmesser, wenn die Bäume schon ziemlich belaubt sind.

Nach dem Veredeln muß den Sortenbäumen in den folgenden Jahren eine dauernde Pflege zu Theil werden. Alle Wasserschossen und die Anfangs stehen gebliebenen Zweige der Stammsorte müssen nach und nach entfernt, alle Wunden glatt geschnitten und mit Theer bestrichen, die Bäume von Moos, Flechten und alter Rinde gesäubert werden. Die aus der Veredelung hervorgegangenen Zweige werden, wenn sie ein Jahr alt sind, auf die Hälfte ihrer Länge zurückgeschnitten, und auch später ist das Beschneiden alljährlich fortzusetzen, um bei eintretender reicher Fruchtbarkeit den zur fortdauernden Gewinnung von Edelreisern nöthigen Holztrieb nicht ausgehen zu lassen. Sorten, welche drei Jahre nach dem Veredeln noch unfruchtbar bleiben, werden durch Schröpfen und Ringeln zur baldigen Fruchterzeugung genöthigt. Sollten einige Aeste aufhören Leitzweige zu treiben, so sind diese 1—2 Fuß über der Veredelungsstelle zu verjüngen. Auch die Anwendung geeigneten Düngers darf man nicht unterlassen.

Um den Werth jeder der verschiedenen Obstsorten kennen zu lernen, gibt Lange folgende Rathschläge: Man schreibt die Namen der eingepfropften Sorten sorgfältig und in der Art auf, daß darüber kein Irrthum entstehen kann. Die Wuchshaftigkeit derselben zeigt nach einigen Jahren schon ein Blick, und man wird von derselben um so fester überzeugt sein können, wenn eine bestimmte Sorte bei mehreren Probestämmen selbst auf unbedeutenden Nebenästen die anderen Sorten überwächst. Die Dauerhaftigkeit des Holzes und der Knospen der verschiedenen Sorten zu prüfen, dazu wird bald ein harter Winter Gelegenheit geben. Manche Sorten werden sich nach demselben unbeschädigt zeigen, während andere mehr oder weniger gelitten haben werden, einige wohl auch gänzlich erfroren sind. Schreibt nun der Baumzüchter diese Beobachtungen sorgfältig nieder und wiederholen sich dieselben in späteren Jahren auf anderen Probestämmen bei diesen Sorten auf gleiche Weise, dann wird er nach einer Reihe von Jahren diejenigen Sorten, welche das Klima seiner Umgegend vorzugsweise vertragen, kennen lernen. Ebenso verhält es sich mit der Tragbarkeit der Bäume und der Güte der Früchte. Um die erstere zu controliren, genügt es, im Verzeichniß hinter jede Sorte, so oft sie eine Ernte gewährt, die Jahreszahl zu schreiben, in der dieses geschieht, und ein stehendes Kreuz beizufügen, wenn der Obstertrag besonders reichlich war. Haben die geernteten Früchte ihre Zeitigung erreicht, dann werden sie gekostet, und zwar roh und gekocht und gedämpft, und die vorzüglichsten Sorten abermals durch ein bestimmtes Zeichen als solche kenntlich gemacht. Je mehr Jahre man diese Beobachtungen fortsetzt, desto zahlreicher und zuverlässiger werden dieselben.

Am besten gibt man jedem Sortenbaume in einem besonders dazu angelegten Buche eine besondere Seite zur Beschreibung und zur Aufzeichnung der Beobachtungen an denselben.

Lucas gibt jedem Aste zwei Nummern. Die eine von 1 anfangend — die laufende Nummer der Aeste — wird in eine runde Bleiplatte eingeschlagen und mit einem runden, breitköpfigen, in Theer gelegten Nagel seitlich an den Ast genagelt, jedoch so, daß der Nagel nach einigen Jahren wieder herausgezogen werden kann. Die zweite Nummer, welche auf ein längliches Bleiplättchen eingeschlagen wird, bezieht sich auf den Katalog der Obstsorten und gibt die Nummer der Sorte an; sie wird an einem ziemlich starken, geglühten und in Oel abgelöschten Eisendraht um den Ast gehängt.

Prüfungsschulen.

Ist man im Besitz einer so großen Fläche Landes, um eine Prüfungsschule anlegen zu können, so verdient diese den Vorzug vor den bloßen Sortenbäumen.

Eine Prüfungsschule hat zum Zweck, alle vorhandenen Obstsorten kritisch zu prüfen, besonders in Bezug auf die Richtigkeit ihrer Benennungen, da dieselbe Obstsorte oft unter verschiedenen Benennungen vorkommt, und hinwieder dieselbe Benennung verschiedenen Obstsorten zu Theil wird, wodurch nicht nur in die Pomologie als Wissenschaft große Verwirrung gebracht wird, sondern auch die Praxis erheblichen Schaden leidet. Wie oft geschah es schon und geschieht gegenwärtig noch, daß man eine Obstsorte kommen läßt, welche man schon längst besitzt oder die keinen anderen Werth hat, als daß sie die Zahl unserer Obstsorten auf eine Art vermehrt, welche uns wenig Freude macht!

Wenn es schon für den Botaniker eine schwierige Aufgabe ist, alle Pflanzenspecies genau zu beschreiben und in ein natürliches System einzureihen, da doch die Pflanzenspecies unterscheidende Merkmale, und zwar an mehreren Theilen der Pflanze haben, so muß die kritische Arbeit eines Pomologen eine weit schwierigere sein, da die Tausende von Obstsorten nur Spielarten einer einzigen wildwachsenden Species sind, welche die Natur entweder für sich oder, durch die beabsichtigende Kunst der Menschen unterstützt, innerhalb des ohnehin schon enge gezogenen Kreises dieser Species schöpferisch und mit launenhafter Willkür hervorbrachte. Die Unterschiede beziehen sich dann fast nur auf einen Theil der Frucht und sind auch da oft noch verschwindend klein, so daß sich der Pomolog an ein sehr verstecktes Merkmal halten muß. Dazu kommt noch, daß manche Sorte durch Boden und Klima, ja schon durch den Wildling als Unterlage, besonders durch die Jugend des Baumes, eine solche Abänderung von dem Normale erhält, daß man allen Scharfsinn anzuwenden hat, um ihre Identität festzuhalten. Betrachtet man endlich die vielen Namen, welche dieselbe Sorte nicht etwa in verschiedenen Ländern und Sprachen, sondern in demselben Lande, in derselben Sprache, ja sogar in demselben Dorfe hat — welche Namen oft sehr unangemessen sind und sogar nicht selten in wahre Spitznamen ausarten — so kann man sich vorstellen, mit welchen Schwierigkeiten man bei einer kritischen Arbeit in der Pomologie zu kämpfen hat.

In einer Prüfungsschule sind die Obstsorten nach ihrer Reifezeit geordnet, und die Bäume mit denselben Sorten, wie sie aus vielen Gegenden und Baumschulen bezogen werden, stehen behufs der genauen Prüfung beisammen. Der größeren Bequemlichkeit sowie der besseren Uebersicht wegen ist die ganze Schule in Beete abgetheilt, welche mehrere Fuß breit sind. Zwischen den Beeten laufen fast ebenso breite Fußwege hin.

Auf jeden Stammbaum werden zwei Sorten gesetzt. Jede geprüfte Sorte erhält eine sichere Bezeichnung bei dem Standbaume derselben. Diese Bezeichnung besteht in einem gehauenen Steine mit der im Register versehenen Nummer, wie die zwölffach verjüngte Figur 3· vorstellt. 1 Fuß = 10 Zoll. Auf jedem dieser Steine ist eine gußeiserne Platte mit dem

Namen der Sorte befestigt. Auch die Lettern sind von Gußeisen. Für die Prüfungsschule ist eine besondere Buchhaltung anzulegen. Jeder Stand-

Fig. 3.

baum muß in derselben sein besonderes Blatt haben, auf welchem die ganze Geschichte seiner Vegetation eingetragen wird. Sehr zu empfehlen ist es, alle geprüften Obstsorten zu zeichnen und zu beschreiben und die unrichtig befundenen an ihre Bezugsquelle mit den nothwendigen Bemerkungen zurückzusenden. Dadurch würde zugleich in vielen Gegenden und Ländern eine Correction in der Pomologie bewirkt werden, welche für die Wissenschaft und Praxis die besten Folgen haben müßte.

Eine der bedeutendsten, ja vielleicht die bedeutendste Prüfungsschule ist die des Herrn Clemens Rodt in Sterkowitz bei Saaz. Dieselbe umfaßt ein Areal von 11 Joch und zählt 3192 Standbäume. Aus dieser Schule werden alle geprüften Sorten dem pomologischen Publicum dargeboten. Da man in dieser Prüfungsschule eine Quelle besitzt, aus welcher man alle Obstsorten mit Sicherheit beziehen kann, so wird die Obstbaumzucht auch mit mehr Eifer und Glück betrieben werden. Die schlechten Obstsorten werden nach und nach ihre Entlassung finden, und an ihre Stelle werden bessere treten. Die richtige und gleichförmige Benennung der Obstsorten wird sich immer weitere Bahn brechen, und die Pomologie wird mit der Obstbaumzucht in eine segensreiche Verbindung treten, während bisher fast allgemein die Obstbaumzucht ohne nähere pomologische Kenntnisse betrieben wurde und Sorten gebaut wurden, welche für Handel und Ausfuhr ganz untauglich und oft nur für das Vieh genießbar waren.

Werden mehr Obstbäume angepflanzt und die Länder gleichsam wie mit einem Walde überzogen, tragen diese Obstbäume bessere Sorten, dann wird sich auch der Handel mit Obst heben und einträglicher werden. Dieser Gegenstand ist von so großer Wichtigkeit, daß wir ihm einen besonderen Abschnitt widmen müssen.

Edle und geringe Obstsorten, Tafel- und Wirthschaftsobst.

Der Qualität nach gibt es verschiedene Obstsorten. Träte die menschliche Kunst nicht dazwischen, so hätten wir wohl nicht viel mehr als Holzäpfel und Holzbirnen und andere wilde Früchte, deren Herbe unseren Mund zusammenzieht und uns vom Genusse abschreckt. Diese Früchte sind größtentheils klein und unansehnlich. Es gibt aber auch unter den durch die menschliche Kunst gezogenen und fortgepflanzten Obstsorten solche, die edler sind und andere, welche wir zu den minder edlen zählen. Beide sind größtentheils besser gestaltet und schmackhafter. Die minder edlen Obstsorten haben gewöhnlich ein gröberes, festes, abknackendes Fleisch ohne Aroma. Man gebraucht sie als Wirthschaftsobst, welchen Namen sie auch führen. Die edlern Obstsorten haben ein mehr schmelzendes, gewürzhaftes Fleisch und werden für die Tafel gebraucht, daher sie auch Tafelobst genannt werden. Alles edle Obst kann man aber auch als Wirthschaftsobst benutzen, nicht aber umgekehrt das Wirthschaftsobst als Tafelobst.

Es gibt keine bestimmte Grenze zwischen Wirthschafts- und Tafelobst, zwischen edlern und geringeren Obstsorten. In schlechterem Boden und in schlechterer Lage kann auch das edlere Obst schlechter werden und zum Wirthschaftsobst herabsinken, obgleich viele edlere Obstsorten in Boden und Lage nicht gar so wählerisch sind.

Wenn uns unsere Vorfahren meistentheils geringere Obstsorten hinterlassen haben, so dürfen wir ihnen dieses nicht zum Vorwurf machen; sie kannten und hatten nicht leicht bessere Sorten. Nicht zu entschuldigen sind wir aber, wenn wir für uns und unsere Nachkommen minder edle Obstsorten anpflanzen, da wir doch gegenwärtig Gelegenheit genug haben, bessere Obstsorten kennen zu lernen und uns in den Besitz derselben zu setzen. Alljährlich tauchen neue bessere Obstsorten auf, und Bäumchen davon werden in den Baumschulen zum Verkauf gezogen; in der Regel kosten sie nicht mehr als Bäumchen geringerer Obstsorten.

„Besser ist immer besser", so hört man oft ausrufen, nur handelt man nicht immer darnach, weil man entweder das Bessere nicht kennt oder für die Einführung desselben zu träge und starrköpfig ist. Edlere Obstsorten haben eben wegen ihres besseren Geschmacks große Vorzüge; sie sind verdaulicher und gesunder, und ich sage gewiß nicht zu viel, wenn ich behaupte, daß edleres Obst auch dazu beiträgt, den Menschen zu veredeln. Das angepflanzte edlere Obst gibt auch eine größere Rente beim Verkauf, denn die Erfahrung lehrt nur zu sehr, daß man gegenwärtig wählerischer im Kauf und Genuß des Obstes geworden ist. Daher geht auch das edlere Obst schneller und preiswürdiger ab, und die Obstpächter wissen gar wohl, in welcher Gegend bessere Obstsorten angepflanzt sind; dorthin ziehen sie sich und treiben einander bei den Obstauctionen hinauf.

An dem Platze, wo ein Baum mit schlechterem Obste steht, kann größtentheils auch ein Baum mit besserem Obste stehen, ohne mehr Pflege zu bedürfen. Warum sollte man ihn nicht hinsetzen?

Ein Baum dauert auch länger als jede andere Pflanze, steht auf seinem Platze 30—100 Jahre, wird erst nach längeren Jahren, dann aber auf lange Zeit tragbar. Warum soll man deshalb nicht gleich im Anfange dafür sorgen, edlere Sorten zu pflanzen, als später erst die schmerzliche Reue empfinden, dieses nicht gethan zu haben?

Ich weiß gar wohl, daß minder edles Obst tragbarer ist und größere Mengen liefert, aber ich habe auch gar oft die Erfahrung gemacht, daß es sich kaum lohnt, die schlechtere Obstsorte zu ernten, und daß die Obstpächter damit viel Plage und schlechten Gewinn hatten; gar oft ließ man geringe Obstsorten am Baume hängen oder fütterte mit ihnen das Vieh, weil es keinen Absatz fand.

Besser ist also immer besser, und wir werden wohl thun, wenn wir bessere Obstsorten in größerer Menge zu pflanzen anfangen. Dazu will ich behilflich sein dadurch, daß ich auf den nachfolgenden Blättern eine größere Anzahl der besseren Obstsorten beschreibe und bildlich darstelle. Vorher will ich aber noch einige Worte sprechen über die Erzeugung neuer Obstsorten.

Erzeugung neuer Obstsorten.

Die Obstbaumzüchter und Pomologen geben sich heutzutage sehr viel Mühe, immer noch mehr neue Obstsorten zu erzeugen. Man könnte dieses Bestreben tadelnswerth finden, wenn ihm blos Eitelkeit und Ruhmsucht zum Grunde läge, durch die neuerzeugte Frucht nur seinen Namen verewigen wollte.

Hat man nicht ohnehin eine Legion von Obstsorten, besonders von Aepfeln und Birnen? könnte man einwenden. Wie viele Obstsorten mögen noch als unbekannt existiren und in die pomologischen Verzeichnisse noch gar nicht aufgenommen sein? Man sollte diese noch ganz unbekannten Schätze aufsuchen und sie auf ihre Brauchbarkeit untersuchen. Manche der vortrefflichsten Früchte sind, weil nur ein Baum davon vorhanden war, den außer dem Eigenthümer Niemand kannte, wieder verschwunden! Der Eigenthümer erkannte wohl ihren Werth, verstand aber nicht die Kunst, sie fortzupflanzen und zu vermehren. Gewöhnlich bedauerte man es erst dann, den Baum nicht vermehrt zu haben, nachdem er schon eingegangen war und man den großen Verlust einsah.

Ich kenne einen Fall, wo man 25 Jahre lang die Birnen von Bäumen jedes Jahr als Schweinefutter benutzte, bis man durch längere Aufbewahrung jener Früchte erst dahinter kam, daß man den Schweinen Perlen vorgeworfen hatte; dann eilte man freilich, nicht nur für die Erhaltung, sondern auch für die Fortpflanzung der bisher unverantwortlich vernachlässigten Bäume zu sorgen, welche man nur hatte stehen lassen, weil sie Niemand hinderten.

Es scheint vielleicht überflüssig zu sein, die vorhandenen neuen noch unbekannten Obstsorten aufzusuchen, da wir in unsern berühmten Baumschulen so viele verschiedene Obstsorten zählen, daß wir damit für jede Lage und für jeden landwirthschaftlichen Zweck eine geeignete Auswahl treffen können; dennoch glaube ich, daß gerade die hier und da noch unbekannten neuen Sorten einen sehr großen Werth haben, und zwar vorzugsweise für die Gegend, wo sie vorgefunden werden. Ich glaube sogar, daß es eine sehr große Menge derselben gibt; es fehlt nur an Männern, welche sie ans Licht hervorziehen.

Der Obstbaum war seiner Seltenheit wegen für unsere Vorfahren eine sehr wichtige und werthe Sache; die Veredelung desselben galt für eine besondere Kunst, und man glaubte, daß zu deren Gelingen ein eigenes Glück, eine s. g. glückliche Hand gehöre. Nur äußerst wenige übten diese Kunst, und diejenigen, welche sie übten, galten schon als sehr gescheute Leute.

Noch heutzutage gibt es selbst gebildete Männer, welche fest glauben, daß ein jeder mehr abgerundete Obstkern sicher einen Baum mit guter Frucht hervorbringe. Der gemeine Mann läßt sich heute noch nicht den Glauben nehmen, daß aus Samen von Obst, welches am heiligen Abend genossen wird, ein Baum mit edlen Früchten entstehe. Man sammelt deshalb an diesem Abende alle Obstkerne, welche den besten Obstsorten entstammen, denn für den heiligen Abend bewahrt man diese gewöhnlich auf. Man säet sie so bald als möglich an einem Tage, wo man in die Erde kommen kann, und läßt sie im guten Glauben um so mehr unveredelt emporwachsen, weil man der Veredelung selbst unkundig ist. So wachsen denn hier und da nicht wenig unveredelte Bäume empor, deren Früchte selten dem gehegten Glauben entsprechen; aber der Glaube bleibt fest stehen, wenn von hundert Bäumen auch nur einer eine erträgliche Frucht trägt. Was aber bei dem gemeinen Manne eine erträgliche Frucht sei, kann sich derjenige leicht denken, welcher die große Genügsamkeit und geringe Beurtheilungsfähigkeit desselben kennt. Daß aber unter hundert von diesen erzogenen Bäumen dennoch einer mit einer ausgezeichneten Frucht sich befinden kann, daran ist nicht zu zweifeln, da besonders die Samen von den bessern Sorten genommen wurden. Daher kommt es denn, daß man hier und da nicht selten ganz neue, vortreffliche Sorten antrifft, welche der öffentlichen Bekanntmachung werth sind.

Die neu entstandenen Sorten haben aber den größten Werth für die Gegend selbst, wo sie entstanden sind; denn eben deshalb, weil sie von Samen aufgezogen wurden, sind sie von Kindheit auf an Boden und Klima der Gegend gewöhnt und passen ganz für dieselben. Es wäre nur zu wünschen, daß jede Gegend ihre eigenen Obstsorten selbst erziehen möchte, und zwar nicht nur die Wildlinge zum Veredeln, sondern man sollte viele derselben, besonders jene, welche von Samen edler Sorten stammen, so lange unveredelt fortwachsen lassen, bis sie die ersten Früchte tragen, um zu erfahren, ob sie auch brauchbar seien. So würden wir gewiß lauter Stammväter von Obstsorten erhalten, welche für das gegebene Klima und die gegebene Gegend die passendsten wären und welche wir dann durch Veredelung weiter fortpflanzen und vermehren könnten.

Wie Viele haben sich geschadet, daß sie Wildlinge und Obstbäume aus weiter Ferne ankauften, welche entweder gar nicht oder nur schlecht wuchsen, weil sie nicht an Boden und Klima gewöhnt waren! Wie oft hört man klagen, daß eine Obstsorte in einer Gegend nicht gedeihen und nicht gut tragen will, welche doch in andern Gegenden sehr gerühmt wird!

Man darf aber auch unseren älteren, durch Jahrhunderte sich bewährt habenden Obstbäumen nicht trauen, daß sie diese ihre Bewährung für alle Zukunft behaupten werden. Nicht nur in meiner Gegend kenne ich mehrere ältere Obstsorten, welche in großem Ansehen standen und deshalb stark angekauft wurden, die aber gegenwärtig in der Fruchtbarkeit sehr nachlassen und sehr verkrüppelte Früchte liefern, sondern ich höre dieselben Klagen auch aus andern Ländern. So liest man z. B. in dem Handbuche von Lucas und Oberdieck, daß man den so berühmt gewordenen Stettiner Apfel keine 50 Jahre mehr besitzen werde, indem der Baum lauter Wülste und Beulen erhalte und daran sehr bald eingehe.

Es ist darüber freilich ein heftiger Streit entstanden. Von der einen Seite wurde die Behauptung, daß unsere älteren Obstsorten aussterben könnten, für unwahr, ja für thöricht gehalten; die Wissenschaft scheint sich aber für die Möglichkeit des Aussterbens zu erklären; wenigstens muß man die Abschwächung unserer älteren Obstsorten zugeben; denn das Reis, welches noch heute zur Veredelung gebraucht wird, ist nur die Fortsetzung von einem Edelholze, das vor undenklicher Zeit einmal aus Samen entstanden ist und seit der Zeit seine Wanderungen auf gesunden und kranken Stämmen durchgemacht hat. Auf letzteren kann es ebenfalls für die Zukunft gelitten haben.

Auf einem großen Gute in hiesiger Gegend hat man vor 30 Jahren in der Baumschule einen großen Theil der Wildlinge mit der bekannten, allgemein geschätzten Apothekerbirne veredelt und davon in den Alleen des Gutes gegen 300 Stämme ausgesetzt. Man war deshalb so fleißig mit der Veredelung dieser Birne, weil sie sich nicht nur sehr fruchtbar erwies, sondern auch der Absatz derselben sehr stark war; allein seit einiger Zeit versagt diese Sorte ganz; die 300 ausgesetzten Bäume tragen so gut wie gar keine Früchte mehr, und was sie tragen, ist im höchsten Grade elend.

Wenn man sich also in der Gegenwart bestrebt, neue Obstsorten zu erzeugen, so ist dieses Bestreben als lobenswerth anzuerkennen, weil es Nutzen bringt.

Wenn man in allen Zweigen vorwärts zu schreiten sucht, warum sollte man dasselbe nicht auch in der Obstbaumzucht, in der Pomologie thun? Wir werden doch nicht so stolz sein zu behaupten, daß die gegenwärtigen Früchte schon die besten und vollkommensten sind und daß wir darüber nicht mehr hinaus können? Wir werden nie am Ziele einer gänzlichen, sondern immer einer relativen Vollkommenheit stehen, welche unseren Bestrebungen noch einen großen Spielraum läßt. Und warum sollten wir den Pomologen die Freude, eine neue Obstsorte zu erzeugen, nicht gönnen? Sie kostet ihnen große Geduld und viele Opfer, nnd am Ende haben Alle ihren Nutzen davon.

Beschreibung vorzüglicher Obstsorten.

Es ist nicht meine Absicht, alle oder auch nur die meisten Sorten der verschiedenen Obstarten zu beschreiben, denn dazu würde die gegenwärtige Schrift nicht Raum genug bieten, sondern ich beschränke mich vielmehr darauf, den Lesern von den verschiedenen Obstarten diejenigen Sorten in Abbildung und Beschreibung vorzuführen, welche ich aus eigener Erfahrung als die besten und ertragreichsten kennen gelernt habe, welche in meiner Nähe geprüft worden sind und die ich deshalb zum Anbau auf das angelegentlichste empfehlen kann.

Aepfel.

Der gelbe Richard, grand Richard. (Fig. 4—6.)

Der Apfel ist über 3 Zoll hoch und ebenso breit; die größte Breite ist etwa ein Drittel von unten; die eine Seite ist meist etwas stärker als die andere.

Der nur wenig offene, etwas wollige Kelch sitzt in einer oft ein Dreieck bildenden Vertiefung; doch gehen von hier fünf flache Kanten über die Frucht, wodurch der Querdurchschnitt keine völlige Rundung bildet.

Der kurze Stiel ist grün, etwas wollig und sitzt in einer etwas engen rostigen Höhlung, die ebenfalls oft dreieckig erscheint.

Die Schale ist sehr fein, vor der Reife grün, nachher hell citronengelb, auf der Sonnenseite oft schwach carmoisinroth angelaufen. Die Punkte sind im Gelben kaum bemerklich, etwas bräunlich, treten aber im Rothen durch die gelbe Einfassung deutlich hervor.

Das Fleisch ist sehr weiß, fein, mürbe, saftig und von weinsäuerlichem, rosenartigem Geschmack; auch der Geruch ist eigenthümlich rosenartig.

Fig. 4.

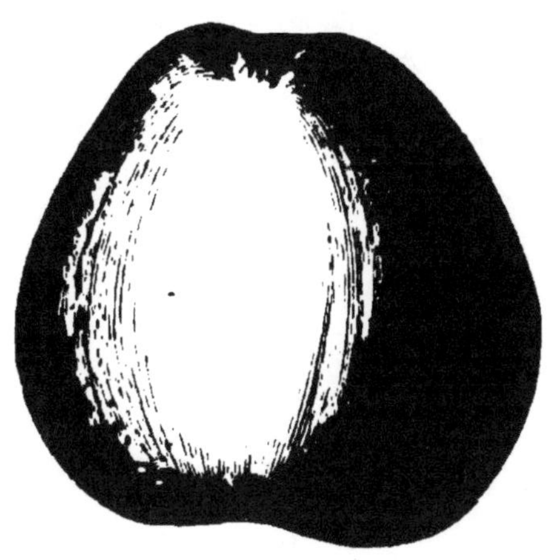

Fig. 5.

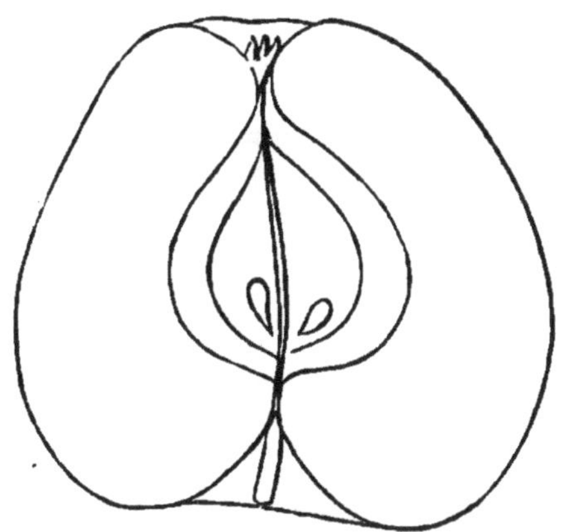

Das Kernhaus ist nur schwach angedeutet; die einzelnen Kernfächer sind offen und geräumig und enthalten nur kleine Kerne. Die Axe ist hohl, die Kelchröhre kegelförmig.

Der Baum wird groß, hat weit abstehende Aeste, schöne Krone und ist sehr fruchtbar.

Der gelbe Richard wird an Güte dem Gravensteiner nicht nur gleichgestellt, sondern diesem vielfach noch vorgezogen. Er verdient es um so mehr, daß er sehr verbreitet wird, da sich der Baum fast mit jedem Standorte begnügte und bald trägt. Die Frucht ist, obgleich schön, doch dem Diebstahl wenig unterworfen, da sie vor erlangter Lagerreife, welche Ende October eintritt, völlig ungenießbar ist; am schönsten schmeckt sie im December und Januar.

Fig. 6.

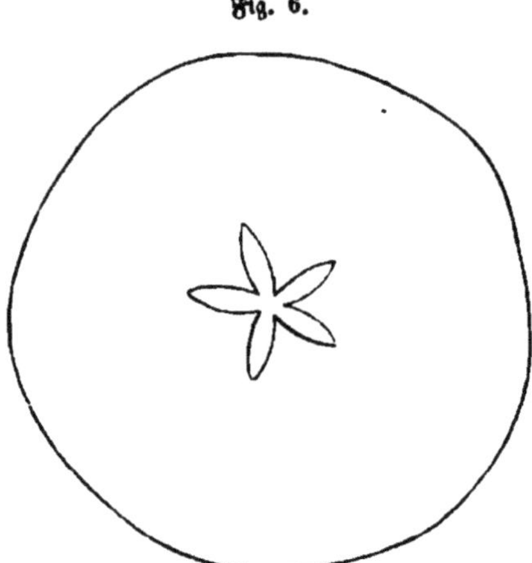

Dieser Apfel stammt aus Körchow bei Wittenburg in Mecklenburg-Schwerin, wo ihn der Pastor Kliefoth vor etwa 45 Jahren auffand und von wo er sich allmälig weiter verbreitete.

Namentlich in nördlichen Gegenden kommt keine Apfelsorte, mit Ausnahme des Gravensteiners, dem gelben Richard als Tafelfrucht gleich, denn der sonst so gerühmte weiße italienische Rosmarinapfel eignet sich für das nördliche Deutschland nicht.

Der Gravensteiner. (Fig. 7.)

Großer, stark und wohlriechender, sowohl für die Tafel als für die Wirthschaft schätzbarer Apfel, hat seinen Namen von dem Gute Gravenstein in Schleswig-Holstein und ist dort, sowie überhaupt im nördlichen Deutschland und in Dänemark, sehr verbreitet. Seine Form ist veränderlich, bald plattrund, bald hochkugelförmig, 3¼ Zoll breit; die plattrunden Früchte sind nur 2½ Zoll hoch, die kugelförmigen aber 2¾ Zoll.

Fig. 7.

Der Kelch ist meistens fehlerhaft und verstümmelt, bald grün, bald verdorrt und sitzt in einer geräumigen, oft sehr tiefen, mit vielen feinen und sanften Rippen umgebenen Einsenkung, welche sanft über die Frucht hinlaufen; nur zuweilen wird durch beulenartige Erhöhungen die Rundung der Frucht verdorben.

Der Stiel ist bald kurz, bald ¾ Zoll lang, steht selten vor und sitzt in einer geräumigen, tiefen, trichterförmigen, rostfarbigen Höhle, welche oft durch eine Fleischwulst verengt ist.

Die Grundfarbe der Schale ist ein schönes helles Strohweiß, später wird dasselbe ein hohes Goldgelb; freihängende Früchte sind ringsherum mit schönen carmoisinrothen Streifen besetzt und dazwischen punktirt. Eigentliche Punkte fehlen ganz, dagegen finden sich häufig schwärzliche Rostflecken, besonders um den Kelch.

Das gelblichweiße Fleisch ist locker, nicht ganz fein, aber sehr saftig und von erhabenem, melonen- oder erdbeerartigem Ananasgeschmack; auch hat die Frucht einen diesem ähnlichen Geruch.

Das Kernhaus ist sehr groß, bald halb, bald ganz offen. Die Kammern sind sehr geräumig und enthalten viele vollkommene Kerne. Die Kelchröhre geht wie ein schöner Kegel bis zum Kernhaus herab.

Die Frucht zeitigt Ende October, dauert bis Weihnachten, wo sie dann den guten Geschmack verliert, und hat den Fehler, daß sie leicht fault.

Der Baum wird groß, wächst gut, bildet eine schöne kugelförmige Krone mit weit abstehenden Aesten und ist sehr fruchtbar. Der Blattstiel hat schöne lanzettförmige Afterblätter. Der Baum verdient häufiger angepflanzt zu werden, da er auch in geringem Boden gut fortkommt.

Der Astrachan'sche Sommerapfel.
(Moskowitterapfel, russischer Eisapfel, Zikadapfel. Fig. 8.)

Dieser sehr frühe und gute Sommerapfel stammt aus Rußland. Er kam aus Astrachan nach Moskau und von da weiter nach Kurland und Livland, wo er, besonders in günstigen Sommern, durchsichtig wird.

Der Apfel ist von mittelmäßiger Größe, kugelförmig, nach der Stielwölbung etwas breiter werdend, 2½ Zoll breit und fast ebenso hoch.

Der starke, langgespitzte Kelch ist grün, weißwollig, fest geschlossen und sitzt in einer seichten oder mittelmäßig tiefen und engen Einsenkung, die mit feinen Falten oder Rippchen besetzt ist, von denen sich mehrere bis zur Stielwölbung verlaufen.

Der ziemlich starke Stiel ist 1—1½ Zoll lang und steht in einer ziemlich tiefen, mit sternförmigem Rost bekleideten Höhle.

Die Farbe der feinen, am Baume mit bläulichem Duft angelaufenen

Schale ist ein grünliches Weiß, welches aber später ein glänzendes wachsähnliches Strohweiß wird; die Sonnenseite ist mit einem blassen Rosenroth nur leicht angelaufen, in welchem man bei stark besonnten Früchten noch etwas dunklere Streifen bemerkt.

Fig. 8.

Das äußerst feinkörnige Fleisch ist schneeweiß, saftig, markig, von angenehm weinsäuerlichem, zuweilen etwas rosenartigem Geschmack. Der Geruch ist ziemlich stark melonen- oder erdbeerartig.

Die Frucht zeitigt Ende Juli, in warmen Gegenden noch früher. Der reife Apfel hält sich nur 14 Tage, dann verliert er seinen Wohlgeschmack und guten Geruch.

Als Hochstamm wächst der Baum sehr lebhaft, breitet sich gern aus, wird frühzeitig tragbar, trägt jedes Jahr und verdient wegen seiner frühen Reife und als guter Sommerapfel häufiger angepflanzt zu werden.

Auch als Zwergbaum kann man diese Sorte ziehen, doch verträgt sie dann das Verschneiden nicht gut. Als Zwerg auf Johannisstamm zur Pyramide erzogen kann man diesen Apfel sehr vortheilhaft in Töpfe setzen.

Der gestreifte Sommerzimmetapfel. (Fig. 9 und 10.)

Dieser kleine, lachend schöne, vortreffliche Apfel gehört unter die Tafelfrüchte. Er ist gegen zwei Zoll breit und ebenso hoch, doch beträgt die Höhe bei manchen Stücken etwas mehr als die Breite, so daß viele

Früchte etwas länglich erscheinen; daher sind dieselben nicht so ganz kugelrund, wie sie oft beschrieben werden, zumal auch die eine Hälfte etwas größer ist als die andere, man mag die Frucht senkrecht oder horizontal theilen. Der Bauch befindet sich mehr gegen den Stiel hin; gegen den Kelch läuft der Apfel etwas spitz zu, so daß er auf der Kelchfläche nicht zu stehen vermag.

Fig. 9.

Der Kelch sitzt in einer nur sehr geringen Einsenkung, ist weißwollig und hat eine etwas lange Spitze, welche aus mehreren sich schließenden kleinen grünen Blättchen zu bestehen scheint. Um den Kelch befinden sich 8—10 kleine Erhöhungen, welche ringsum regelmäßige Falten bilden. Manche Falte läuft auch sichtbar über die Hälfte, ja sogar über den ganzen Apfel hinauf.

Der Stiel ist etwa $\frac{1}{2}$ Zoll lang, meist ziemlich dünn und grünlich. Die Höhle, in welcher er sitzt, ist mittelmäßig groß, ohne Rost, mit den Farben der Frucht versehen. Auf einer Seite des Stiels hat der Apfel eine kleine Fleischwulst, von welcher aus der Stiel etwas nach der andern Seite hin gedrückt und gekrümmt erscheint.

Fig. 10.

Die Schale der Frucht ist bis kurz vor dem Anfange der Reife grünlichweiß und mit Duft überlaufen. Beim Anfange der Reife tritt in der Farbe eine fast plötzliche Veränderung ein. Auf allen Seiten zeigen sich dann unterbrochene carmoisinrothe Streifen, welche auf der Sonnenseite etwas dichter an einander verlaufen; dazwischen bemerkt man eine Menge größerer grünlichgelber Punkte. Zerschneidet man einen Apfel, so zieht sich die röthliche Farbe tief in das gelbliche Fleisch hinein. Am meisten Roth zeigt sich gegen den Kelch hin, dessen Röhre nicht tief in die Frucht reicht. Selbst die Kreislinie, welche sich von der Einsenkung des Stiels bis zur Kelchröhre mitten im Fleische herab- und in einer gewissen Entfernung vom Kernhause hinzieht, zeichnet sich durch eine etwas erhöhte Röthe aus.

Das Kernhaus ist ziemlich groß und offen; die einzelnen Kammern sind hoch und geräumig, enthalten aber meist sehr verkümmerte Kerne, welche aus einer bloßen Haut bestehen.

Das feine gelblich-röthliche Fleisch ist von gewürzhaft zimmetartigem Geschmack und von höchst angenehmem Geruch. An Saft fehlt es dem Fleische nicht, doch ist dasselbe etwas fest.

Die Reife der Frucht geschieht nur nach und nach; man hat deshalb einige Monate hindurch immer reife Aepfel zum Gebrauch am Baume.

Wenn man diesem Apfel irgend einen Fehler zur Last legen will, so ist es der, daß er sehr leicht vom Baume fällt und selten auf die pflückende Hand des Menschen wartet.

Als Tafelfrucht kann der gestreifte Sommerzimmetapfel ziemlich lange verwendet werden; aber auch für die Küche und getrocknet leistet er schätzbare Dienste.

Der Baum wächst sehr lebhaft, geht nicht nur mit seinen Hauptästen hoch in die Luft, sondern breitet seine schöne Krone auch sehr weit aus und senkt sie tief herab. Wegen seiner großen Fruchtbarkeit sieht man nie viele Holztheile an ihm. Er fängt mit seiner Tragbarkeit auch bald an und wird sehr alt. An Straßen und Wegen taugt aber dieser Apfel nicht, theils wegen seiner sich tief neigenden Aeste, theils wegen des leichten und starken Fallens seiner Früchte, theils wegen der sehr ungleichen und lange dauernden Reife, welche oft schon mit Anfang August beginnt und wenigstens zwei Monate dauert.

Der gelbe Winter-Calvill. (Fig. 11.)

Fig. 11.

Der gelbe Winter-Calvill ist noch sehr selten, aber ganz geeignet, den weißen Winter-Calvill (Kittenapfel) zu ersetzen, welcher letztere sehr schlecht gedeiht. Nicht nur trägt er selten und wenig, sondern auch sehr mangelhaft ausgebildete Früchte. Als Hochstamm ist der Baum kränklich und von kurzer Dauer, da ihn der Brand bald zu Grunde richtet. Ueberhaupt hat der Baum des weißen Winter-Calvill eine sehr schlechte Gestalt; er sieht immer wie halb abgestorben aus. Der gelbe Winter-Calvill dagegen bildet einen Baum, welcher an Fruchtbarkeit, Gesundheit, Dauerhaftigkeit und Ausbreitung nichts zu wünschen übrig läßt.

In Bezug auf die Gestalt ist der gelbe Winter-Calvill etwas breiter als der weiße; auch sind die Rippen des gelben nicht so sehr ausgeprägt. Im Kelch und Stiel sind beide einander gleich.

Die Schale ist im reifen Zustande mehr gelb; besonnte Früchte werden auch etwas röthlich. Das Fleisch ist zarter, saftiger, feiner und weniger fest.

Der gelbe Winter-Calvill wird etwas früher eßbar; bis Weihnachten hat er seinen Culminationspunkt im Geschmacke erreicht.

Freilich sind nicht alle Früchte so groß und schön wie die abgebildete, denn der Baum ist äußerst fruchtbar und trägt jedes Jahr; ich zweifle aber nicht, daß auf Zwergbäumen noch größere Früchte wachsen können.

Der gelbe Winter-Calvill ist ein kerngesunder Baum von majestätischem Wuchse. Seine langen Aeste breiten sich nach allen Seiten hin aus und hängen etwas tief herab, weshalb er sich als Alleebaum nicht wohl eignet. Obwohl er stark mit dichten Aesten versehen ist, macht er doch fast kein dürres Holz. In jedem Boden und auf jedem Standorte wächst er gleich kräftig heran und ist gleich fruchtbar.

Wer einmal eine Frucht des gelben Winter-Calvill — die sich auch sehr gut hält, weder der Fäule unterliegt noch vom Ungeziefer sehr angegriffen wird — gekostet hat, wird auch nach dessen Besitz trachten. Reiser von demselben sind vom Gutsbesitzer Ehmig in Rachel bei Kaaden in Böhmen zu beziehen.

Der rothe Oster-Calvill (Fig. 12).

Dieser Apfel soll aus Mecklenburg stammen; in der Lausitz gedeiht er sehr gut, obwohl daselbst ein etwas rauhes Klima herrscht. An Schönheit und gutem Geschmack läßt er nichts zu wünschen übrig und verdient deshalb überall sehr fleißig angebaut zu werden.

Die Breite des Apfels beträgt fast 3 Zoll, seine Höhe ist nur etwas geringer. Er gehört schon unter die größeren Aepfel.

Der Kelch ist etwas wollig und mehr offen und befindet sich in einer schönen, etwas tiefen Einsenkung, von Rippen umgeben, welche sich fast unmerklich über die Frucht hinziehen.

Die Stielvertiefung ist ziemlich enge und etwas rostig. Der etwas starke Stiel ragt kaum über die Apfelerhöhung hervor.

Die Schale hat eine sehr schöne Färbung, ist hochroth, auf einer Seite fast blutroth, mit sehr viel größeren weißgrauen Punkten eingesprengt, was dem Apfel ein schönes Ansehen gibt. Derselbe fühlt sich auch sehr fein an. Von sich herabziehenden Streifen ist nur sehr wenig zu sehen.

Das Fleisch ist mehr weiß, sehr fein, mürbe und überaus saftig, der Geschmack höchst angenehm: das feinste Parfüm nach Erdbeeren, Himbeeren oder Rosen.

Das Kernhaus ist viel breiter als hoch mit großen Kammern, in welchen sehr kleine, fast vollkommen runde, aber sehr spitze Kerne liegen, von denen fast kein einziger taub ist.

Fig. 12.

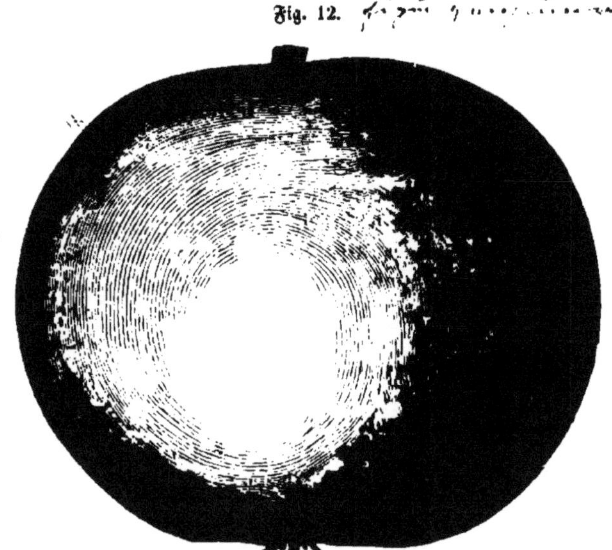

In jeder Hinsicht kann man diesen Apfel als einen Tafelapfel ersten Ranges bezeichnen, man mag seine Schönheit oder seine Güte in Betracht ziehen. Seine Gestalt ist sehr regelmäßig; durch seine Größe hat er etwas Imponirendes; seine Färbung und Zeichnung ist, näher betrachtet, sehr schön. Von der gelben Grundfarbe nimmt man nur hier und da ein wenig wahr, da dieselbe durch das hohe Roth verdeckt wird.

Der Baum wird zwar nicht groß, ist aber sehr tragbar.

Vom Baume weg mundet aber die Frucht nicht sehr. Der Apfel wird erst im Dezember genießbar und hält sich bis März.

Edelreiser von dieser Apfelsorte sind vom Gutsbesitzer Drewes in Dübrichen bei Kirchheim in der Niederlausitz zu beziehen.

Karoline Auguste (Fig. 13).

Der bekannte Pomolog Chorherr Schmidberger zu St. Florian bei Linz erzog diesen Apfel im Jahre 1802 aus einem Kerne des gestreiften Rosenapfels und erhielt von dem daraus erzogenen Baume nach 16 Jahren

Fig. 13.

die ersten Früchte. Da dieselben von großer Schönheit und Güte waren, so gab der Erzeuger diesem Baume den Namen Karoline Auguste zu Ehren der Stiefgroßmutter des Kaisers von Oesterreich.

Der fragliche Apfel gehört in die Klasse der Rosenäpfel. Die Früchte am Baume sind sich alle sehr gleich, wenn man von der Größe absieht.

Der abgebildete Apfel ist 2¾ Zoll hoch und 3 Zoll breit, gehört also schon zu den größeren Sorten.

Die Schale ist sehr fein, glatt und geschmeidig, die Farbe derselben milch- oder gelblichweiß, auf der Sonnenseite etwas blaßrosenroth angelaufen. Weißgelbliche und sehr blaßrothe, breitere und schmalere Streifen laufen nicht nur auf der Sonnenseite, sondern sogar auf der Schattenseite sichtbar herab, doch ist die weißgelbliche Farbe vorherrschend. Von Punkten ist nichts wahrzunehmen. Vom Stiele bis zum Kelche läuft eine sehr feine scharfe Naht, welche auf einer gleichfalls über den Apfel herablaufenden kleineren Erhöhung liegt. Gegen den Kelch tritt sie immer schärfer hervor. Auf der entgegengesetzten Seite findet man gleichfalls die Andeutung einer Naht. In der Nähe des Kelches laufen von beiden Nähten kleine Zweige aus, welche halbkreisförmig den Kelch umgeben. Die Kelchhöhle liegt nicht tief und hat auch eine nur sehr mäßige Ausdehnung, aber sie ist versehen mit vielen kleineren und größeren Falten, welche meist auf einer Seite liegen. Ebenso ist die Stielhöhle weder weit noch tief und hat einen feinen Rost, welcher mehr ins Gelbbräunliche übergeht. Auch befinden sich hier mehrere Fleischwülste. Der ganze Apfel hat einen sehr starken Glanz.

Der Stiel ist sehr kurz und dünn, dabei etwas weißwollig; kaum ragt er über die Wölbung des Apfels etwas hervor.

Der Kelch ist spitz, geschlossen und etwas wollig, die ihn daselbst umgebende Schale etwas heller als an anderen Stellen des Apfels.

Das Kernhaus ist mit schönen vollen Kernen angefüllt; die Fächer sind offen und weit.

Das Fleisch ist ziemlich saftig, fein und locker, säuerlich und von aromatischem Geschmack. Der Geruch hat nach keiner Seite hin etwas Bestimmtes.

Obgleich der Apfel schon im Oktober reift, so hält er sich doch längere Zeit, und man kann ihn einen großen Theil des Winters durchbringen. Er spielt auf jeder Tafel eine gute Figur.

Der Baum ist von gutem Wachsthum; die kräftigen Aeste erheben sich auf allen Seiten fast senkrecht nach oben, bilden eine schöne Pyramide mit sehr kräftigen Trieben und sind stark belaubt. Die Jahrestriebe sind braun, wollig und mit zahlreichen starken, weißen Punkten besetzt. Die Laubaugen für das künftige Jahr sind hinter den Blättern kaum sichtbar, liegen an den Zweigen an und sind wollig; nur das Endauge der Zweige ist stark, aber auch sehr wollig. Die Blütenaugen sind von mittler Größe und ebenfalls wollig. Jedes Laubauge hat zwei Afterblättchen von etwa 1 Zoll Länge und von der Breite zweier Linien. Die eigentlichen Blätter sind sehr scharf und groß gezahnt, auf der obern Seite dunkel-, auf der untern graugrün. Die Mittelrippe ist fast in ihrem ganzen Verlauf so stark wie der eigentliche Blattstiel. Auch die Seitenrippen sind verhältnißmäßig stark. Die größeren Blätter sind etwas über 6 Zoll lang und fast 3 Zoll breit. In der Nähe der Spitze zieht sich das Blatt wie beim Stiele rund zusammen und läßt auf einmal eine ganz eigene Spitze von fast ½ Zoll Länge hervortreten, die Anfangs eine Breite von zwei Linien hat. Diese Spitze ist gewöhnlich etwas zurückgebogen. Denkt man sich diese Spitze hinweg, so ist das Blatt eine fast vollkommene Ellipse, deren größerer Durchmesser ca. 6 Zoll, der kleinere beinahe 3 Zoll beträgt. Alle Blätter, sie mögen größer oder kleiner sein, haben 2 Zoll lange Stiele. Der Baum trotzt in jeder Hinsicht der Witterung, nicht nur in Betreff seines Holzes, sondern auch seiner Blüten. Er verträgt auch geringen Boden und kaltes Klima und verdient deshalb allgemeine Verbreitung.

Der kleine Fleiner (Fig. 14).

Der kleine Fleiner ist der Gestalt nach ein sehr schön geformter Apfel. Daß er nicht groß ist, besagt schon der Namen. Der Bauch sitzt mehr gegen den Stiel zu, so daß er gegen den Kelch etwas spitz zuläuft. Deshalb

Fig. 14.

hat es den Anschein, als wenn er etwas länger als breit sei. In der That ist aber Länge und Breite fast ganz gleich, nämlich etwa 2¾ Zoll.

Der Kelch ist im Vergleich mit der etwas kleinen Gestalt des Apfels ziemlich groß, gewöhnlich mehr oder weniger offen. Die kleinen Kelchblätter bilden oft einen etwas emporgerichteten Strauß. Die Einsenkung um den Kelch ist ziemlich tief, geräumig und mit feinen Falten umgeben.

Der Stiel ist nicht viel über $1/2$ Zoll lang und nicht sehr stark.

Die Schale ist sehr fein, glatt und glänzend, so daß der Apfel ein wachsartiges Ansehen hat. Die Grundfarbe ist grünlichgelb, nur die Sonnenseite schön karminfarbig angelaufen. Man findet auf dem Apfel sehr oft einzelne schwärzliche Flecke, welche ihn kennzeichnen. Unter zwei Früchten ist gewiß immer eine mit einem schwarzen Fleck oder mit mehreren besetzt.

Das Fleisch ist ganz weiß, sehr mild und saftig, und der Geschmack wird dadurch sehr pikant, daß die Süße mit etwas Säure gemischt ist.

Das Kernhaus besitzt in seinen länglichen, geschlossenen Fächern sehr vollkommene Samen.

Man kann den Apfel schon zeitig im Herbst essen, er dauert aber auch lange in den Winter hinein. Es läßt sich ihm der erste Rang nicht absprechen. Er ist nicht nur eine Zierde der Tafel durch seine Gestalt, sondern befriedigt auch die Zunge. Aber auch als Wirthschaftsapfel ist er gut zu verwenden. Eine sehr lobenswerthe Eigenschaft desselben ist es, daß er nicht leicht fault und nicht leicht welkt und zum Genuß $1/4$ Jahr dauert.

Der Baum wächst gut mit halbkugelförmiger Krone, ist sehr fruchtbar und gedeiht selbst noch in rauhern Gegenden.

Der rheinische Weinling (Fig. 15).

Dieser Apfel hat sehr viel lobenswerthe Eigenschaften. Die Größe geht fast schon über das Mittelmäßige hinaus, die Farbe empfiehlt sich, die Dauer zieht sich ungemein lange hinaus, fast über ein Jahr. Am vortrefflichsten ist er getrocknet und gedünstet; im gedünsteten Zustande entwickelt er einen lieblichen Weingeschmack, welcher selbst ohne Zugabe von Zucker sehr angenehm ist. Was aber diesem Apfel die Krone aufsetzt, ist die Fruchtbarkeit. Er hat nicht leicht ein Fehljahr und ist deshalb der treueste Freund des Obstzüchters, besonders im Gebirge. Seine Heimat scheint das Erzgebirge zu sein, doch hat er sich auch schon etwas ins Flachland herabgezogen.

Der Apfel ist $2^3/_4$ Zoll breit und fast ebenso hoch. Wenn auch der Bauch in der Mitte sitzt, so ist der Apfel doch auf der Stielseite sehr flach, auf der Kelchseite fast wie spitz zulaufend; doch kann man ihn auf beiden Seiten aufstellen.

Der Kelch hat die Eigenthümlichkeit, daß er fast in gar keiner Einsenkung sitzt, sondern ganz obenaufliegt. Größtentheils ist er ganz geschlossen, selten etwas geöffnet, aber mit feinen Falten umgeben; gewöhnlich ist er etwas weißwollig.

Vom Stiele ist fast nichts zu sehen; er ragt höchst selten aus der seichten, aber geräumigen, etwas graugrünlichen Einsenkung hervor, ist aber ziemlich stark.

Die Grundfarbe der Schale ist stark hochgelb, auf der Sonnenseite mit schwachem Roth überlaufen. Punkte sind gar nicht zu bemerken.

Das Fleisch ist weiß, kaum ins Grünliche spielend, sehr saftig, von

Fig. 15.

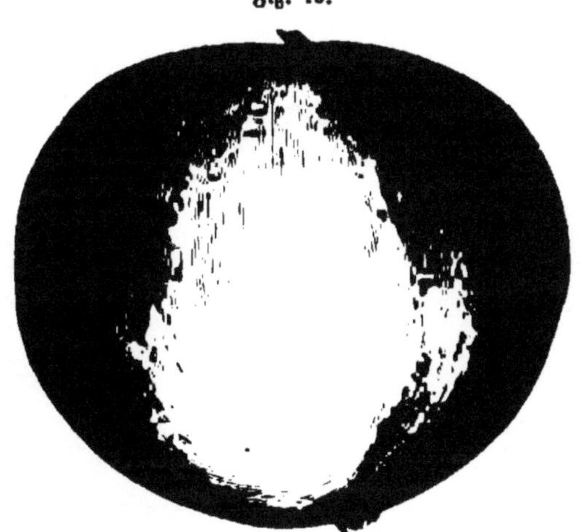

angenehm säuerlichem und erquickendem Geschmack, aber etwas fest und abknackend.

Das Kernhaus hat geräumige, flache Kammern, in welchen große, dunkelbraune, spitze Kerne liegen.

Der Apfel fängt an im Januar genießbar zu werden und dauert sehr lange. Im Gebirge nimmt der rheinische Weinling den ersten Rang ein, weil die Aepfel ersten Ranges des Flachlandes im Gebirge entweder gar nicht fortkommen oder doch so schlecht gedeihen, daß sie nur selten Früchte tragen und diese nicht einmal genießbar sind.

Der Baum ist sehr tragbar.

Der rothe Stettiner (Fig. 16).

Der rothe Stettiner ist ein rechter Hausapfel und wird wegen seiner Größe und Güte sehr geschätzt. Er ist groß und hängt fest am Baume.

Seine Farbe ist die eines sehr gesunden Landmädchens mit vollen rothen Wangen. Hinsichtlich seiner Güte kann er sich schon auf die Tafel wagen. Er hat auch eine sehr lange Dauer.

Die Form ist etwas plattrund. Es ist eine Seltenheit, einen ganz runden Apfel zu treffen. Jedes Exemplar hat mehrere Erhabenheiten, welche vom Kelche an bis zum Stiele fortlaufen. Die vollkommensten Früchte sind über 3 Zoll breit und 2½ Zoll hoch. Obgleich die meisten Früchte ein glattes Ansehen haben, so gibt es deren doch nicht wenige, welche dem Auge etwas hoch aussehend vorkommen.

Der Kelch liegt in einer sehr flachen Einsenkung, welche nicht selten fast verschwindet.

Fig. 16.

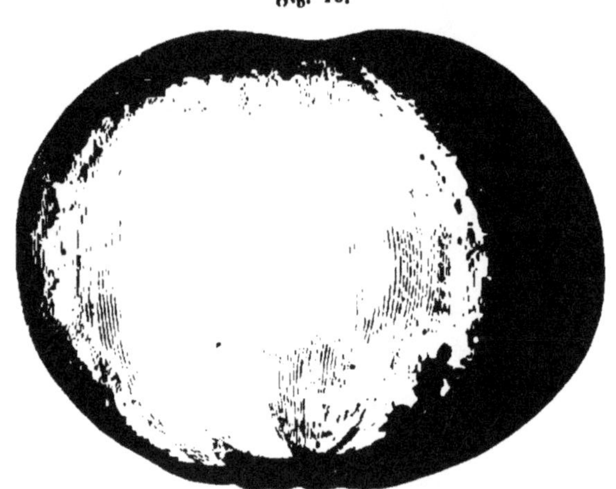

Der Stiel ist sehr kurz und ragt selten über die Einsenkung hervor, welche enge, etwas tief und meist etwas rostig ist.

Die Farbe des Apfels ist ganz blutroth; nur auf der Schattenseite wird das Roth etwas lichter. Punkte sind nicht vorhanden, dagegen findet man einen oder auch mehrere kleinere oder größere Rostflecke.

Das Fleisch spielt stark ins Grünliche, ist sehr saftig, etwas fest und von erfrischendem und erquickendem Geschmack.

Das Kernhaus ist gewöhnlich klein und hat sehr wenig Kerne.

Man kann den Apfel durch den ganzen Winter essen. Bei längerer Aufbewahrung welkt er nur wenig.

Der Baum wird sehr stark und läßt seine Aeste oft tief herabhängen. Man klagt darüber, daß er in einigen Ländern kränkele; in Böhmen ist er aber kerngesund, und die Frucht immer vollkommen. Auch ist der Baum sehr tragbar.

Der weiße Wintertaffetapfel (Fig. 17 u. 18).

Dieser sehr tragbare Apfel kann nicht leicht mit anderen Sorten verwechselt werden. Er ist durch seine Gestalt, seine Farbe, besonders aber durch seinen eigenthümlichen Geruch leicht erkennbar.

form hält besonders flachrund [illegible]

Fig. 17.

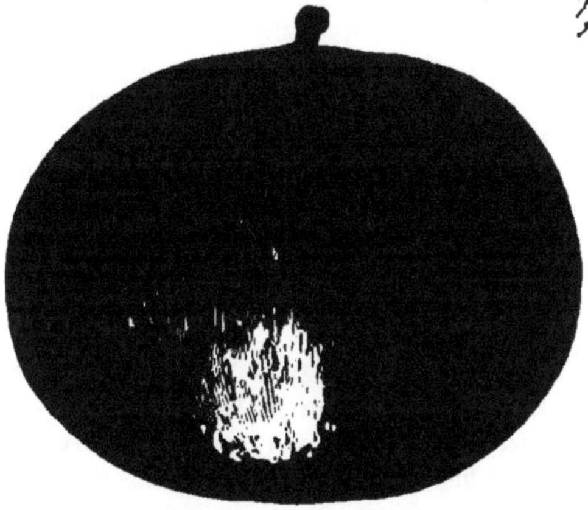

Fig. 18.

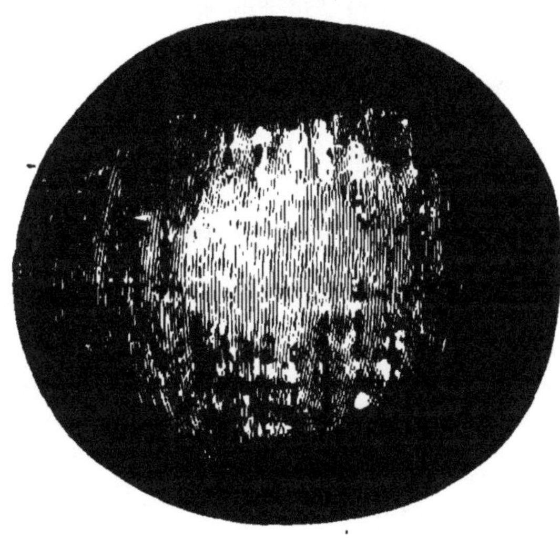

In Bezug auf seine Gestalt gehört er zu den Plattäpfeln, das heißt zu jenen Aepfeln, welche mehr breit als hoch sind. Die Breite beträgt 2, die Höhe $2\frac{3}{4}$ Zoll.

Die Kelchwölbung ist bedeutend größer als die Stielöffnung. Fast alle Früchte zeigen zwei ungleiche Hälften.

Der Kelch ist bei den meisten Früchten ziemlich groß, die Einsenkung, in welcher er meist grünwollig zugespitzt und geschlossen steht, ist zwar flach, aber sehr geräumig und mit feinen Falten gekerbt.

Der Stiel ist sehr kurz, etwas stark und weißwollig. Die Höhlung ist im Gegensatz zu der schönen Kelchwölbung unregelmäßig und verzogen, oft etwas grünlich und rostfarbig.

Die Schale ist fein, weißlichgelb, ohne Punkte, die Sonnenseite oft etwas röthlich angelaufen, aber nur sehr sanft. Findet man Warzen oder Punkte, so scheinen dieselben nur zufällig vorhanden zu sein.

Das Fleisch ist sehr weiß, saftreich, mehr süß als säuerlich und ziemlich weich. Merkwürdig ist der alantartige Geschmack, welcher dem Apfel eine Auszeichnung gibt.

Das Kernhaus ist geschlossen, liegt mehr nach dem Kelche hin und enthält viele vollkommene, sehr breite, kurze, eiförmige Kerne.

Man kann den Apfel schon im Dezember genießen und er dauert bis zum Frühjahr. Man wird durch seinen Genuß ordentlich erquickt.

In Bezug auf Boden und Klima ist der in Rede stehende Apfel — der auch als Tafelapfel passiren kann — nicht ekel.

Der Baum wächst schnell, wird ansehnlich groß, hat eine gewölbte Krone und ist sehr fruchtbar.

Der Rostocker Königsapfel (Fig. 19 u. 20).

Der Rostocker Königsapfel wird häufig in der Umgegend von Rostock angebaut und ist weder identisch mit dem fränkischen noch mit dem süßen Königsapfel.

Die Frucht ist gleich hoch und breit, oft über 3 Zoll, spitzt sich etwas nach oben und hat ihre größte Breite mehr nach dem Stiele zu.

Der Kelch ist klein, halb offen und sitzt in einer mäßig tiefen Einsenkung von kleinen Erhabenheiten umgeben, von denen gewöhnlich nur vier ziemlich erhabene Rippen bis nach der Mitte verlaufen, dann aber nach dem Stiele hin wieder mehr hervortreten und um den Stengel 3—4 abgerundete Ecken bilden. Der Querdurchschnitt ist mehr viereckig als rund, mit einer breiteren Seite, weil die eine Rippe nicht ausgebildet ist.

Der Stiel ist verhältnißmäßig dünn, sitzt in einer etwa ½ Zoll tiefen Höhle, von den fortgesetzten Rippen als Erhöhungen umgeben, und ist 1 Zoll lang.

Die Schale ist glatt, wird nicht fettig, ist auch nicht beduftet, im Anfange grüngelb, auf dem Lager citronengelb; nur selten findet sich auf der Sonnenseite etwas Röthe.

Das Fleisch ist ziemlich fein, gelblichweiß und von angenehm säuerlichem Geschmack. Der Geruch ist nur schwach.

Fig. 19.

Das Kernhaus ist weit offen, wie der Querdurchschnitt Fig. 20 zeigt, und enthält nur wenig kleine Kerne.

Die Kelchröhre geht trichterförmig zum Kernhause hinab.

Die Reifezeit beginnt im November, und der Apfel kann bis zum März aufbewahrt werden. Bei voller Lagerreife ist die Frucht zum Rohgenuß ganz passend, für den Haushalt aber ganz besonders zu empfehlen.

Der Baum wächst sehr schnell und lebhaft, kommt selbst in leichtem

Boden und freier Lage sehr gut fort, bildet eine halbkugelförmige, breite Krone mit sich senkenden Aesten und trägt reichlich, oft so reichlich, daß die Aeste gestützt werden müssen.

Fig. 20.

Die Dozener Reinette (Fig. 21).

Die Dozener Reinette hat sehr viel gute Eigenschaften. Obenan steht ihre hohe Tragbarkeit in jedem Jahre. Schon in weiter Entfernung ziehen Baum und Frucht die Aufmerksamkeit auf sich, der Baum durch seinen hohen, schlanken Wuchs, die Frucht durch ihre starke rothe Farbe.

Die Dozener Reinette stammt aus Dozen im Leitmeritzer Kreise Böhmens; sie ist noch ziemlich neu, und deshalb ist sie noch wenig verbreitet.

Die Gestalt der Frucht wechselt sehr; es gibt kleine Exemplare von der Größe eines mittelmäßigen Borsdorfers mit einer Breite und Höhe von nicht ganz 2 Zoll; man findet aber auch Exemplare, welche reichlich 3 Zoll in der Breite und Höhe messen. Es gibt hoch und rund aussehende Aepfel dieser Art. Manche haben den Bauch ganz in der Mitte und flachen sich nach beiden Seiten schön ab, so daß sie auf den Bauch gestellt werden können; andere haben den Bauch mehr nach dem Stiele hin und laufen nach dem Kelche etwas spitz zu, wie das abgebildete Stück. Einige zeigen beim Zerschneiden zwei gleiche Hälften und sind schön abgerundet; andere haben zwei ungleiche Hälften und neigen sich beim Aufstellen sehr nach einer Seite hin.

Der Kelch liegt in einer sehr seichten, aber etwas weit ausgerundeten Vertiefung, welche im Grunde etwas weiß- oder grauwollig ist und oben fast keine Falten zeigt. Er ist etwas aufgerichtet, halb geöffnet und zeigt nicht selten noch die Staubfäden der Blüthe.

Der Stiel liegt in einer größern, schüsselförmigen, schön ausgerundeten, oft gelblichen Vertiefung, ragt nur höchst selten über dieselbe hervor und sitzt gewöhnlich als eine stärkere Fleischwulst tief darin.

Fig. 21.

Die Farbe der Schale ist bei allen Früchten gleich; von der gelben Grundfarbe sieht man höchstens bei beschatteten Früchten und nur in der Nähe des Stiels etwas. Die ganze Schale ist stark geröthet, und man nimmt nur sehr wenig Streifenartiges wahr; dagegen sind die Rostfiguren stark aufgetragen. Oft ist eine Seite ganz grau, oft tritt der Rost nur als stärkere Punkte auf, welche dicht neben einander stehen. Die Röthe der Schale zieht sich bei allen Früchten mehr oder weniger stark in das Fleisch hinein, nicht selten bis zum Kernhause, und nimmt bis dahin immer mehr ab, was dem Apfel beim Zerschneiden ein schönes Ansehen gibt.

Das Fleisch ist zwar etwas derb und abknackend, aber sehr saftig, erquickend und von feinem Parfüm.

Das Kernhaus ist geschlossen, die Fächer sind sehr groß und flach, enthalten aber viele kräftige, große, sehr glatte Kerne, welche auf der einen Seite ebenso stark zugespitzt als auf der entgegengesetzten Seite stark abgerundet sind. Man findet nicht leicht in einem anderen Apfel so viele vollkommene Kerne.

Der Apfel wird im December und Januar genießbar und hält sich bis tief in das Frühjahr hinein. Gut ist es, ihn so lange als möglich auf dem Baume zu lassen.

Ein Vorzug dieser Apfelsorte ist es, daß sie nicht leicht fault; auch kommen nur wenige madige Stücken vor. Wegen ihrer Härte ist sie zum Transport ganz geeignet.

Die Doxener Reinette ist nicht nur eine Zierde der Tafel wegen ihrer Gestalt und Farbe, sondern auch eine Delikatesse wegen ihres feinen Parfüms, das etwas von Rosen und Erdbeeren hat. Auch als Wirthschaftsapfel ist diese Reinette sehr zu empfehlen und für den Handel ganz geeignet.

Der Baum schießt hoch empor und trägt alle Aeste nach oben. Man kann ihn sehr hoch ziehen, da er im Stande ist, die Krone zu tragen. Seine Fruchtbarkeit ist eine sehr bedeutende. An Straßen, überhaupt ins Freie, eignet sich die Doxener Reinette ganz vortrefflich.

Die englische Reinette (Fig. 22 und 23).

Dieser noch seltene Apfel verdient hinsichtlich seines Geschmacks und seiner Dauer hohe Beachtung. Seiner Größe und seiner Gestalt nach wird man ihn kaum für eine Reinette halten.

Er gehört schon zu den großen Aepfeln, denn viele Exemplare sind fast 3 Zoll breit und ebenso hoch. Manche sind fast ganz rund (a), meist aber ziehen sie sich gegen den Kelch etwas zusammen (b), so daß sie mehr hoch als breit erscheinen, was aber nicht der Fall ist.

Der Stiel ragt über die Wölbung des Apfels nicht hervor und steckt in einer etwas tiefen, zuweilen sehr breiten Einsenkung, welche oft eine etwas graue Farbe hat.

Der Kelch ist ziemlich großblätterig und sitzt in einer weit geringeren Einsenkung als der Stiel. Meist ist er ganz offen; findet man ihn geschlossen, so wurde er sicher gedrückt. Oeffnet man den Kelch, so findet man hinter ihm eine ziemlich geräumige Höhle, welche immer eine gute Vorbedeutung für die Vortrefflichkeit der Frucht ist. Betrachtet man den Apfel genauer, so scheint es, als wenn er einige rippenartige Erhabenheiten zeige.

Die Farbe der Frucht ist vom Baume weg ganz grün, wird aber

Fig. 22.

Fig. 23.

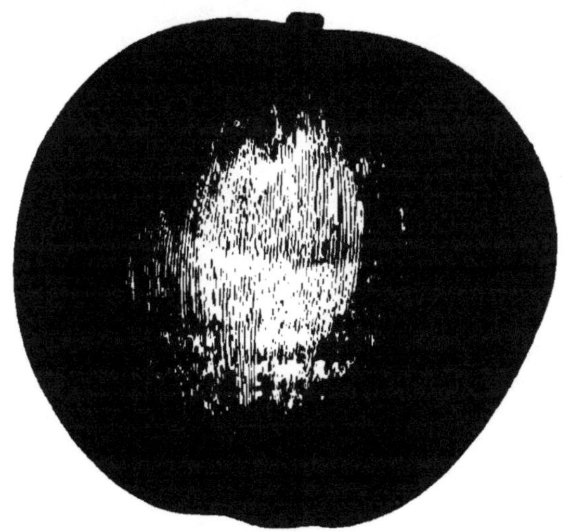

gelblich, wenn ihre Reife auf dem Lager herannaht. Man muß diesen Apfel sehr vorsichtig behandeln, sonst verliert er viel von seinem Ansehen. Die englische Reinette, welche auch durch ihre Punkte kenntlich ist, welkt nur wenig. Ihr Fleisch ist ausnehmend zart und saftig und der Geschmack höchst angenehm. In dieser Hinsicht kann der Apfel mit den allerbesten Sorten in die Schranken treten. Er fault nicht leicht, wird bald genießbar und dauert lange.

Der Baum ist sehr gesund und starkwüchsig und kommt selbst in höheren Lagen gut fort.

Jedenfalls ist dieser Apfel zu empfehlen; er gehört zu den besten Aepfeln.

Der Malvasier (Fig. 24—29).

Der Malvasier verträgt fast jeden Boden und kann selbst hoch im Gebirge hinauf gezüchtet werden. Er ist so fruchtbar, daß er oft in ganzen Büscheln oder Zöpfen seine Früchte trägt. Er besitzt Eigenschaften, durch welche er eine gewisse Eigenthümlichkeit erhält.

Fig. 24.

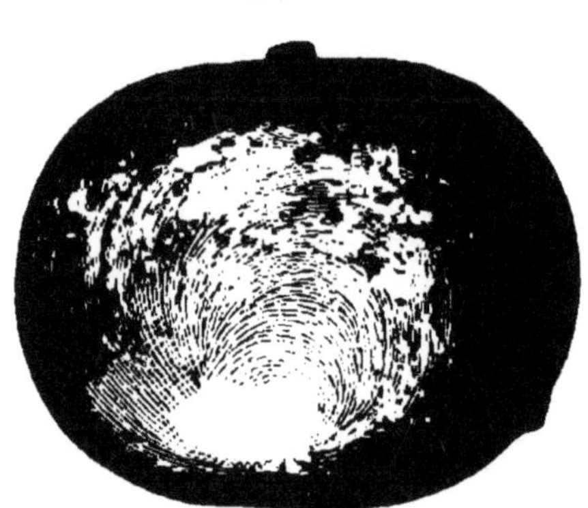

Der Malvasier erfordert zur Erkennung ein geübtes Auge, und auch dieses sichert nicht allemal gegen Täuschungen, wenn diese Frucht unter verwandte Sorten gemischt ist; wenn aber auch ihr Aeußeres in Ungewißheit läßt, so ist doch der Geschmack stets ein sicherer Leiter. Derselbe ist erquickend, säuerlich durchdringend und hat so viel Eigenthümliches, daß man den Apfel daran gewiß von äußerlich sehr ähnlichen unterscheiden lernt.

Die Grundfarbe ist strohgelb, auf der Sonnenseite glänzend roth, bei stark besonnten Früchten diese ganz bedeckend. Diese schöne rothe Farbe besteht, genau besehen, meist aus kleinen Punkten, welche oft sehr dicht beisammenstehen und zusammenhängende Massen zu bilden scheinen, oft aber auch, besonders bei schwach besonnten Früchten, sehr vereinzelt und wie

Fig. 25.

angespritzt dastehen, hier und da auch als dicke, dunkler geröthete, kurze Streifen erscheinen, zwischendurch gestrichelt, roth verwaschen oder punktirt,

Fig. 26.

doch selten so dicht, daß das Gelbe der Grundfarbe nicht doch etwas durchschimmern sollte. Manche Früchte haben eine graue Lederfarbe, welche hier und da in die schönen Farben eingesprenkelt ist; zuweilen kommen auch Warzen vor.

In der Form weichen die Früchte unglaublich weit von einander ab, wie aus den Abbildungen ersichtlich ist. Manche sind länglich, manche rund, viele knorrig und mißgestaltet, die meisten aber glatt, haben ihre große Breite in der Mitte, und die Wölbung nach oben und unten ist sich

Fig. 27.

Fig. 28. Fig. 29.

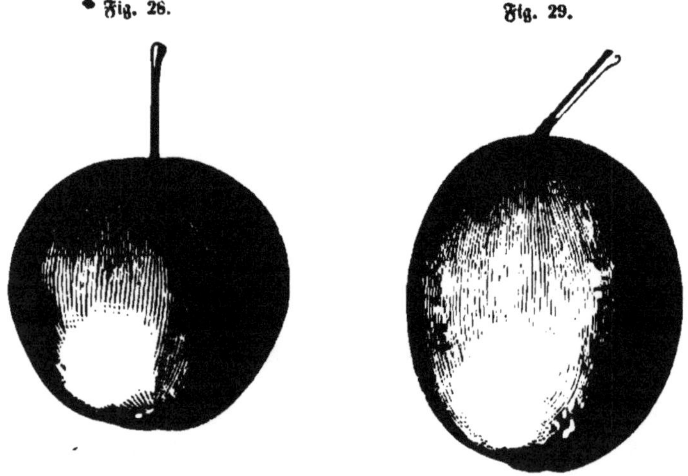

ähnlich, nur mit dem Unterschiede, daß sich der Apfel nach dem Kelche zu mehr der Kugelform nähert, nach dem Stiele dagegen sich glatt zurundet.

Große Exemplare haben eine Höhe von 3 Zoll und eine Breite von fast 4 Zoll.

Der Kelch steht in einer flachen Vertiefung und ist mit einigen Fleischperlen umgeben, welche die Kelchfläche meist uneben machen. Dieser Theil, sowie der ganze Apfel, hat ein sehr freundliches Ansehen und spiegelt gerieben wie geschliffener Marmor. Es kommen aber auch viele Früchte vor, bei denen der Kelch bald sehr groß und offen, bald klein und geschlossen, bald tief ist. Der große und offene Kelch deutet die größeren und besseren Früchte an.

Der Stiel ist bei kleinen Früchten gewöhnlich am längsten, dünn und holzig, oft über 1 Zoll lang. Bei andern Früchten macht er blos die Fortsetzung eines Fleischputzes, ist dann kurz und stämmig und auf eine Seite geschoben.

Das Kernhaus ist unten breit, dehnt sich sehr nach beiden Seiten aus und endigt unter dem Kelche mit einer kleinen Spitze. Die Kernkammern sind geräumig, hoch und verschlossen, die Kerne kaffeebraun, groß und vollkommen.

Das Fleisch ist blendend weiß, feinkörnig, saftig, von einem angenehmen, stechenden, weinsäuerlichen Geschmack; es scheint sich über ihm beim Zerschneiden ein äußerst zarter, zerfließender Rosenschimmer zu verbreiten. Manche Früchte haben wirklich im Fleische einen röthlichen Streifen.

Man ißt den Apfel von Weihnachten an, doch erst im März pflegt sich seine stechende Säure zu mildern, und dann wird er auch Denen ein sehr angenehmer Genuß sein, welche das Herbe nicht lieben; später vermindert sich aber die Saftfülle etwas, und auf dem Lager tritt leicht Fäule ein.

Der Baum hat einen sehr starken Stamm, seine Krone bildet eine hohe Kugel, welche das häufige Tragholz und die schöne Belaubung sehr dicht macht. Die Sommersprossen sind lang, mäßig stark, dunkelrothbraun, grau getüpfelt und auf der einen Seite meist mit einem Silberhäutchen überzogen. Die Augen sind stark, rundlich aufgeschwollen und liegen am Halse fest an. Seine Fruchtbarkeit ist eine ungemein große.

Der englische Goldpepping (Fig. 30).

Ein allerliebstes Aepfelchen, ebenso schön von Außen als ausgezeichnet durch seinen Geschmack. Auf demselben Baume erscheint er bald länglich, bald rund, bald glatt, bald hat er einen ganz kurzen Stiel, der nicht einmal aus seiner Grube über den Apfel hervorragt; bald ist der Stiel ziemlich lang, bald dick, bald dünn. Selbst die einzelnen Exemplare unterscheiden sich sehr durch ihre Größe, doch gehört der Apfel immer zu den kleinen, niedlichen Früchten.

Fig. 30.

Die Farbe der Frucht ist ein sehr reines Goldgelb; nicht selten findet man Rostflecken; einige Früchte haben um den Stiel eine etwas grünliche Farbe; gewöhnlich sind dieses diejenigen, welche einen sehr kurzen Stiel haben. Uebrigens hat der kleine Apfel sehr viele starke, schwärzliche Punkte, die besonders auf der Sonnenseite, welche etwas höher gelb ist, stark hervortreten.

Nicht nur der Kelch ist sehr groß, sondern auch die ihn umgebende sehr seichte Einsenkung. Uebrigens ist die Einsenkung am Stiele fast ebenso groß und flach wie am Kelche, welcher ganz offen und wie abgerieben ist.

Das Fleisch ist sehr zart und fein, von Farbe gelblich, ziemlich saftreich, mehr süß als säuerlich.

Der Baum ist sehr fruchtbar; man pflanze ihn aber in einen kräftigen Boden, sonst werden die Früchte zu niedlich, d. h. zu klein. Da der Baum sehr reichlich trägt, wird er in einem fruchtbaren Boden eine längere Dauer erhalten, da er hier mehr ins Holz wächst.

Der böhmische Jungfernapfel (Fig. 31 und 32).

Dieser Apfel macht seinem Namen alle Ehre. Die böhmischen Bauermädchen zeichnen sich durch ihr volles, rundes, hochrothes Gesicht aus, das nur an den Grenzen einige Blässe zeigt. So auch der fragliche Apfel. Er fesselt das Auge, wenn er am Baume hängt oder in hohen Kämmen unter

Fig. 31.

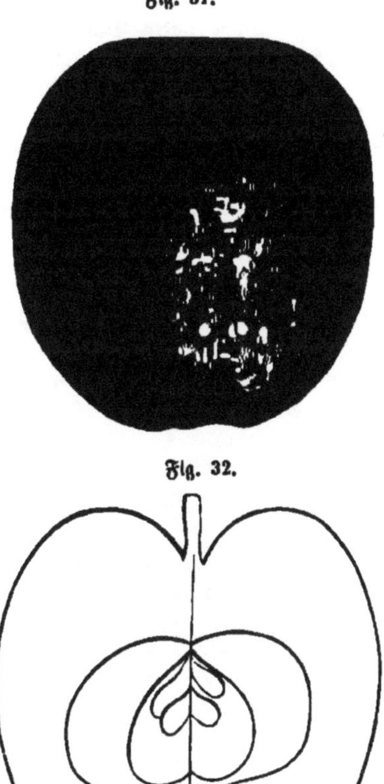

Fig. 32.

den Bäumen hingebreitet wird. Kein anderer Apfel übt auf das Auge einen solchen Reiz aus; dieser Reiz wird noch dadurch vermehrt, daß der Apfel sehr fruchtbar ist und in großer Menge den Baum belastet, der mit seiner rothen Krone schon aus der Ferne die Aufmerksamkeit auf sich zieht.

Die Farbe des Apfels ist fast blutroth; nur auf der Schattenseite hat er einige gelbliche Streifen. Er ist ganz rein von Flecken und sonstigen Makeln. Gewöhnlich hat er auf der einen Seite eine kleine Erhabenheit und ist etwas höher als breit. Er gehört mehr zu den kleineren Aepfeln.

Schneidet man den Apfel durch, so merkt man auch in seinem weißlichen Fleische etwas Röthe und nicht selten einen ganz rothen Kreis. Geruch und Geschmack haben etwas Rosenartiges. Das Fleisch ist mehr hart als weich, aber sehr saftig. Diese guten Eigenschaften dauern bis in den April hinein. Der Apfel fault nicht leicht und ist wegen seiner Festigkeit sehr transportfähig. Er ist schon Anfangs Winter genießbar und ein Schmuck jeder Tafel.

In dem Kernhause findet man nur 4 Kammern mit je 3 fast ganz schwarzen Kernen.

Da der Baum kein starkes Wachsthum hat, so eignet er sich besonders gut als Topfbaum. Die Fruchtbarkeit ist bedeutend.

Der Wintercitronenapfel (Fig. 33).

Der Wintercitronenapfel verdient häufig angepflanzt zu werden. Er ist sehr beliebt in der Küche wegen seiner äußerst angenehmen Säure.

Fig. 33.

Vorzüglich geeignet ist er zu Compot. Für die Tafel ist er etwas zu hart und sauer, obwohl er in den Haushaltungen der Landleute auch roh gern gegessen wird.

Dieser Apfel zeichnet sich auch durch seine Dauer bis ins Frühjahr hinein aus und fault wenig.

Er gehört zu den mittelgroßen Aepfeln und hat gewöhnlich eine etwas unregelmäßige, veränderliche Gestalt, indem seine beiden Hälften ungleich sind. Zuweilen laufen über den Apfel kaum bemerkbare flache Unebenheiten.

Der kleine Kelch sitzt in einer geringen Einsenkung.

Der Stiel ist gewöhnlich schwach und hat nur eine geringe Einsenkung.

Die Farbe der Schale ist rein citronengelb, doch findet man auf der Sonnenseite auch einen schwachen Anflug von Roth.

Der Baum wächst schnell und kräftig und trägt reichlich.

Der Johannis- oder Paradiesapfel (Fig. 34).

Der Johannisapfel dient als Unterlage für Zwergapfelbäume. Dieser Strauch ist sehr leicht zu vermehren, da er eine große Menge Wurzelschößlinge macht, die man alljährlich von dem Mutterstocke ohne viele Mühe nehmen und versetzen kann.

Fig. 34.

Der Johannisstamm bewurzelt sich sehr bald und reich. Alle Veredelungen schlagen auf ihm sehr gut an, sowie auch alle Apfelsorten auf ihm gedeihen.

Fast jedes Jahr hat der Baum so viel Früchte, daß man kaum die Blätter sieht. Viele Früchte sind am Baume noch einmal so groß, als die abgebildeten. Selten findet man ganz runde; fast alle haben stärkere oder schwächere Kanten.

Der Apfel reift im August, hat viel Saft, ist sehr mild, hat eigentlich gar nichts Wildes an sich und wird in Böhmen gern gegessen. Er ist auch von Geschmack merklich besser, als viele veredelte Apfelsorten.

Der Stiel ist sehr kurz, der Kelch groß, weißwollig, mit spitzen Lappen und offen. Das Kernhaus liegt nahe am Kelche, ist aber ohne Kerne. Die Farbe der Schale ist grünlichgelb.

Merkwürdig ist die Blüte. Man glaubt, es kommen die kleinen Aepfel sogleich ohne zu blühen aus der Knospe; das ist aber nur scheinbar; blos die gefärbten Blumenblätter fehlen.

Die Aepfelchen erscheinen aus der Knospe in ganzen Büscheln bis zu 10 Stück, von denen aber die meisten weichen müssen, da sie keinen Raum neben einander haben.

Als Hochstamm gezogen trägt der Johannisapfel reicher, aber man muß ihn alljährlich von den Wurzelschossen reinigen; auch ist es nothwendig, ihm einen Pfahl zu geben. Will man sehr viele Wurzelschossen haben, so darf man den Baum nur fleißig stutzen.

Der gelbe Pepping von Ingestrie (Fig. 35).

Dieser Apfel zeichnet sich besonders durch seine große Fruchtbarkeit aus. Nach der Veredelung darf man gar nicht lange auf die Frucht warten. Im Jahre 1864 setzte ich auf einen schon erwachsenen Apfelbaum sehr viele Sorten. Fast jeder Zweig erhielt eine andere Sorte; dazu wählte ich auch die besten Varietäten von Peppings, welche gewöhnlich kleinere, aber sehr feine Aepfel sind. Ich konnte bei diesem Apfelbaume fast jeden Zweig zur Veredelung benutzen, da derselbe eine hohe Pyramide bildet und alle Zweige nach oben gerichtet sind. Der Baum verliert nichts von seiner Schönheit, wenn man das Copuliren anwendet. Der Baum steht noch ebenso schön da, wie früher; ja man kann sagen, er ist noch schöner geworden. Eine Hauptbedingung ist freilich ein kräftiger Boden, wodurch der Baum etwas üppiger in seinem Wachsthume wird. Unter allen auf den erwähnten Baum gesetzten Edelreisern trug der gelbe Pepping von Ingestrie am ersten, und zwar schon im zweiten Jahre nach der Veredelung, während keine einzige von den vielen andern aufgesetzten Sorten zum Blühen kam. Welche Farbe dieser Apfel hat, zeigt schon sein Namen an; sogar sein Fleisch ist etwas gelb, mit einem angenehmen süßen Weingeschmack, verbunden mit etwas Gewürz. Seine Gestalt ist eine gar schöne. Der Stiel ist schwach, in einer etwas tiefen Einsenkung sitzend; der

Kelch etwas lang zugespitzt; die Form des Apfels ist mehr rund als lang; seine Breite beträgt etwas mehr als seine Höhe, obgleich er dem Auge höher zu sein scheint. Da er zu den kleineren Aepfeln gehört, suchen

Fig. 35.

ihn auch die Käufer. Seine Reife fällt in den October; er behält aber seine Güte nicht sehr lange, indem er den Saft bald verliert. — Es gibt auch einen rothen Pepping von Ingestrie. Beide sind aus Samen ohne alle Veredelung entstanden, müssen aber natürlich durch Veredelung weiter fortgepflanzt werden, wenn man sie in ihrer Echtheit erhalten will. Beide

Sorten erzog im Anfange unseres Jahrhunderts der Präsident der Londoner Gartenbaugesellschaft, Knight, und zwar aus den Kernen desselben Apfels, nämlich eines Oranienpeppings, der beim Blühen mit dem Staube einer Blüte des englischen Goldpeppings befruchtet wurde. Der Baum des gelben Peppings von Ingestrie ist in Bezug auf den Boden nicht sehr wählerisch und bleibt sehr gesund.

Die scharlachrothe Parmäne (Fig. 36).

Zu den Aepfeln, welche einen hohen Grad der Vollkommenheit und Schönheit erreichen, gehört die scharlachrothe Parmäne. Ihr Anblick erinnert an das Purpurgewand bei gewissen alten Völkern. Die scharlachrothe Parmäne gehört zu den Aepfeln, welche über die mittlere Größe schon

Fig. 36.

etwas hinausgehen. Sie ist eben so breit als hoch, jedoch liegt die größte Breite dem Stiele näher, und der Apfel zieht sich gegen den Kelch etwas zusammen, so daß er den Anschein einer etwas länglichen Form hat, welche man gewöhnlich die konische nennt. Vollkommen ausgewachsene Früchte sind fast 3 Zoll hoch und ebenso breit. Zerschneidet man einen Apfel von dem Stiele nach dem Kelch, so werden die beiden Hälften selten ganz gleich sein. Selbst der Kelch trägt etwas zur Zierde des Apfels bei; er ist ziemlich grün, auch in der Reife der Frucht, groß und lang zugespitzt und liegt in einer ziemlich weiten und tiefen Einsenkung. Es sind dieses gewöhnliche Zeichen einer sehr guten Frucht. Der Stiel liegt gleichfalls in einer tiefen Einsenkung und ragt über die Oberfläche der Frucht nicht hinaus.

Bestechend für das Auge ist die hochrothe Farbe des Apfels, welche ihm auch den bezeichnenden Namen gab. Welches prächtige Ansehen muß ein Baum gewähren, welcher mit dieser Frucht reich beladen ist? Die Röthe ist desto höher und zieht sich um so mehr um den ganzen Apfel, je länger und mehr er von der Sonne beschienen wird. Daher ist es nothwendig, dem Baum eine solche Stellung zu geben, daß seine Früchte den Stralen der Sonne sehr ausgesetzt sind, was besonders bei einem auf der Morgen- oder Mittagsseite angebrachten Spalier der Fall ist. Empfehlenswerth dürfte dieser Apfel wegen seiner Farbe für den Topf sein, bei welchem noch der Vortheil möglich ist, nach und nach alle Früchte den reichsten Sonnenschein genießen zu lassen, indem man den Topf beliebig nach jeder Seite stellen kann, so daß alle Früchte an die Sonne kommen und sich mit reichem Purpur überziehen können. Die Röthe zieht sich auch etwas ins Fleisch hinein, das zart und gewürzhaft ist. Die Weinsäure ist durch Süße für den Geschmack angenehm temperirt. Die Reife des Apfels fällt in den Spätherbst, doch läßt er sich nicht leicht bis zu Weihnachten aufbewahren. Der Baum ist gesund und in Bezug auf Boden nicht sehr heikel. Sein Wachsthum ist schnell. Seine Fruchtbarkeit wird sehr gerühmt.

Dieser Apfel wird noch viel zu selten angebaut, und doch verdient er die häufigere Kultur im hohen Grade seiner Schönheit und Güte wegen.

Birnen.

Die grüne Pomeranzenbirne (Fig. 37).

Die grüne Pomeranzenbirne ist ein sehr fruchtbarer Baum mit schön gefärbten, gewürzhaft schmeckenden Früchten; deshalb ist sein Anbau sehr zu empfehlen. Die Birne fällt schon aus der Ferne durch ihre sehr schöne Färbung in die Augen.

Die Form der Frucht ist fast ganz rund, nur gegen den Stiel sehr stumpf zugespitzt. Der Bauch sitzt deshalb etwas mehr gegen den Kelch hin, auf welchem sie, trotz der Beulen, sehr gut steht. Eine vollkommene

Frucht ist gegen 2 Zoll hoch und ebenso breit. Ueber der ganzen Frucht bemerkt man größere oder kleinere Unebenheiten.

Der Kelch, fast ganz geschlossen und mit sehr kurzen Blättchen versehen, steht in einer ziemlich weiten, tiefen, geräumigen Einsenkung, nach welcher sich vom Bauche aus nicht selten Falten oder Rippen ziehen.

Fig. 37.

Der etwas gelbgrüne Stiel ist reichlich 1 Zoll lang und stets von drei stärkern Beulen umgeben, von denen gewöhnlich eine weit stärker ist als die andern.

Die Schale ist etwas uneben, und zwar so, als wenn das körnige Fleisch seine Unebenheiten zeigen wollte. Die Farbe der Schale ist Anfangs ein schönes Hellgrün, welches bei der Reife etwas ins Gelbe spielt. Die Sonnenseite ist meist stark braunroth, indem man nicht leicht etwas von Streifen merkt. Die Punkte sind sehr zahlreich und fein, von grünlichgelber Färbung, doch nur auf der braunrothen Sonnenseite sehr bemerkbar. Rostflecken sind nur sehr wenige zu finden, welche nicht selten kleine Gruben bilden.

Das Fleisch ist sehr weiß, zwar etwas abknackend und ein wenig körnig, aber voll Saft. Der Geschmack ist sehr erquickend, außerordentlich stark gewürzhaft und in jeder Hinsicht vortrefflich, zusammengesetzt von Rosen, Bisam, Moschus parfümirt. Ich habe Früchte von dieser Sorte gegessen, welche an Saft, Milde und Wohlgeschmack viele andere Birnen, die in den ersten Rang gesetzt werden, weit übertrafen. Nach meinem Urtheile verdient die Pomeranzenbirne als Tafelfrucht ganz besonders gewählt zu werden.

Das Kernhaus ist sehr enge und enthält fast lauter unvollkommene Kerne.

Die Früchte sind schon Ende August vollkommen reif. Man thut wohl, sie auf dem Baume vollkommen reif werden zu lassen, um sie in ihrer ganzen Schönheit und Vollkommenheit zu erhalten.

Knoop's Ananasbirne (Fig. 38).

Fig. 38.

Diese Birne ist fast kugelrund und steht sehr gut auf dem Kelche, um welchen sie sich schön abrundet; gegen den Stiel macht sie eine sehr stumpfe

Spitze; der Bauch sitzt ganz in der Mitte. Nach ihrer ganzen Form ist sie der Pomeranzenbirne ähnlich.

Eine vollkommen ausgewachsene Birne ist 2¼ Zoll lang und fast ebenso breit.

Der Kelch sitzt in einer sehr schönen, aber kleinen Einsenkung, hat dichte, etwas weißwollige Blätter, welche etwas zusammenschrumpfen und in ihrer Mitte noch die Staubfäden zeigen, da der Kelch ziemlich offen ist.

Der Stiel ist 1 Zoll lang und steht auf der Frucht wie eingesteckt. In der Nähe derselben ist er grüngelblich; oben geht er ins Bräunliche über.

Die Farbe der sehr glatten Schale ist in der Reife gelblichgrün; freihängende, besonnte Früchte haben einen sehr leichten Anflug von etwas Röthe, welche aber sehr wenig bemerkbar ist und mehr aus Punkten zu bestehen scheint. Die Punkte sind sehr zahlreich und bemerkbar über die ganze Frucht verbreitet; ihre Farbe ist nur etwas höher grün.

Das Fleisch ist mattweiß, sehr saftig, etwas fest, so daß es abknackend ist; der Geschmack ist ein sehr erfrischender, gewürzhafter, ziemlich süßer. Selbst der Geruch ist sehr stark. Geruch und Geschmack haben etwas Muskatellerartiges.

Die Kammern des in der Mitte sich befindlichen Kernhauses sind sehr schmal, ganz geschlossen und ziemlich lang. Die Kerne sind bräunlich und nur wenige ganz vollkommen.

Die Frucht zeitigt schon Ende August, fällt sehr leicht vom Baume, ist gegen jede, auch die geringste Beschädigung ziemlich empfindlich, fault leicht, dauert überhaupt nicht lange.

Der Baum breitet sich mit seinen Aesten wohl etwas aus, geht aber doch gut in die Höhe und ist sehr tragbar.

Die Ananasbirne eignet sich nicht nur für den Wirthschaftsgebrauch, sondern auch für die Tafel. Für letztere empfiehlt sie sich durch ihre Form, durch ihr Aroma und durch ihre Farbe. Sie ist besser als manche Birne des ersten Ranges.

Die gute Graue (Fig. 39).

Die äußere Gestalt und die Farbe dieser Birne haben nichts Einnehmendes, und in dieser Hinsicht wird sie von den meisten anderen Birnensorten übertroffen; aber sie ist gleich dem im Verborgenen blühenden bescheidenen Veilchen, das sich durch einen Duft auszeichnet, der es so sehr beliebt macht. So hat auch die gute Graue unter ihrer unansehnlichen Hülle ein so saftiges, aromatisches Fleisch, daß sie Jeder, welcher davon kostet, gleich in den ersten Rang versetzen wird.

Die gute Graue hat eine wahrhaft birnförmige Gestalt. Der Bauch sitzt etwas mehr gegen den Kelch zu, wo die Frucht nur selten eine solche

Ebene bildet, daß sie auf dem Kelche stehen kann. Nach dem Stiele hin verlängert sich die Birne etwas, ohne jedoch spitz zuzulaufen; merkbar neigt sie sich mit der Spitze nach einer Seite hin. In ihrer vollkommenen Gestalt ist die Birne 2¾—3 Zoll lang und 2¼ Zoll breit.

Fig. 39.

Der Kelch ist sehr groß, ohne spitze Blätter, steht sehr weit offen und zeigt in seiner Mitte eine große Menge Staubfäden. Von einer Einsenkung ist nichts wahrzunehmen.

Der Stiel ist in der Regel etwas mehr als 1 Zoll lang, ziemlich stark, steht etwas krumm, ist nahe der Frucht etwas grünlich, weiter hinauf wie mit einem bräunlichen Häutchen überzogen, das etwas runzelig aussieht, und scheint in die Frucht wie eingesteckt.

Die Grundfarbe der Frucht ist ein schönes Grasgrün, das bei der Reife kaum etwas gelblichgrün wird. Bei allen Früchten ist die ganze Schale mit einem feinen graubraunen Roste wie angespritzt. Derselbe wird gegen Stiel und Kelch etwas stärker und ist die Ursache, weshalb die Birne ziemlich rauh anzufühlen ist.

Das Fleisch ist mattweiß, etwas körnig, sehr saftig, butterhaft schmelzend und von gewürzhaftem Zuckergeschmack, läßt aber etwas muskatellerartige Säure hervortreten.

Das Kernhaus ist kaum sichtbar und enthält fast lauter taube Kerne. Die äußerst selten vorkommenden Kerne sind ganz schwarz und ziemlich lang.

Die Frucht wird Anfangs September reif. Man thut wohl, sie noch etwas unreif vom Baume zu nehmen, weil sie sich dann 14 Tage lang aufbewahren läßt.

Der Baum wächst sehr lebhaft, geht nicht nur stark in die Höhe, sondern breitet auch seine Aeste stark aus; er wird frühzeitig fruchtbar und trägt sehr reichlich.

Niemand sollte sich durch die sehr unansehnliche Farbe der Frucht von deren Anbau abhalten lassen. Was ihr an Schönheit fehlt, ersetzt sie gewiß überreichlich durch ihre ausgezeichnete Güte, durch welche sie die gerechtesten Ansprüche auf den ersten Rang macht.

Die Salviati (Fig. 40).

Diese Birne entspricht den meisten Anforderungen, welche man an sie stellen kann. Sie verdient deshalb mehr angebaut zu werden, als dieses bis jetzt der Fall ist.

Die Form der Frucht ist bergamottenartig. Sie ist gegen 2 Zoll hoch und ebenso breit. Gewöhnlich bemerkt man an ihr einige Unebenheiten, welche aber die runde Gestalt fast gar nicht stören, indem die Unebenheiten sehr gering sind. Die eine Hälfte der Birne hat sehr merkbar eine kleinere Masse als die andere.

Der Kelch liegt fast in einer Ebene, auf welcher die Birne sehr gut stehend sich halten kann. Die Einsenkung des Kelches ist kaum sichtbar, obwohl die Kelchröhre bis zum Kernhause reicht. Fast jede Birne hat um den Kelch mehrere fleischige Höcker, welche wie Warzen oder Falten aussehen und den Kelch etwas verschieben, wodurch er seine gewöhnliche Rundung verliert und etwas in die Länge gestreckt aussieht.

Der zollhohe Stiel ist gegen oben noch etwas mehr gekrümmt als man in der Abbildung wahrnimmt. Auf der äußern Seite der Krümmung sitzen gewöhnlich einige kleine erhabene Punkte. Wo der Stiel auf der sehr flach zugewölbten Frucht aufgesetzt ist, befindet sich nicht selten eine Fleischwulst.

Die Farbe der Schale ist zur Zeit der Reife grünlichgelb. Die Sonnenseite fällt etwas ins Röthliche, welches theils punkt- theils streifenartig ist. Die Schale ist ziemlich zart, glatt und besitzt einigen Glanz.

Fig. 40.

Das Fleisch spielt sehr ins Gelbliche, ist mild und etwas saftig. Die Zunge fühlt nichts Körniges oder Griesiges. Fast möchte man das Fleisch in seiner Consistenz butterhaft nennen, wenn es nicht etwas zu fest und zu dicht wäre. Der Geschmack ähnelt sehr dem Honig. Je reifer die Birne wird, desto schmackhafter ist sie. Sie kann sogar etwas teig werden, ohne ihren Wohlgeschmack zu verlieren; sie scheint davon sogar zu gewinnen. Zur Fäule ist sie wenig geneigt; auch scheint sie das Ungeziefer in Ruhe zu lassen. Sie fällt vom Baume, ohne sich sehr zu verletzen. Was der Birne an Saft abgeht, ersetzt sie durch ihren lieblichen Geruch, welcher beim Zerschneiden der Frucht erquickt.

Die Frucht reift schon Anfangs August und dauert länger als 14 Tage.

Der Baum ist sehr fruchtbar und wächst sehr lebhaft; die Aeste breitet er etwas weit aus, so daß die Krone ein kugelförmiges Ansehen hat.

Die Kerne sind im Verhältniß der Größe der Frucht ziemlich klein und stark im Fleische eingeschlossen und von demselben allseitig umgeben, so daß man von einem gemeinschaftlichen Kernhause gar nichts wahrnimmt. Immer je zwei der ziemlich flachen und braunschwarzen Kerne sind vom Fleische eingeschlossen.

Die Salviati macht keinen Anspruch auf eine Tafelfrucht, dagegen ist sie eine sehr gute Wirthschaftsbirne und eignet sich wegen ihres consistenten Fleisches und ihrer Süßigkeit ganz besonders zum Trocknen.

Die Margarethenbirne. (Fig. 41.)

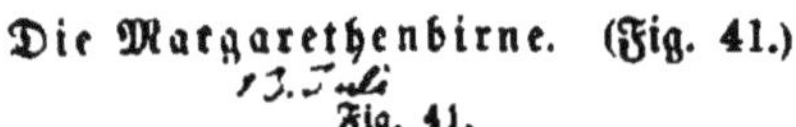

Fig. 41.

Diese in Böhmen sehr gemeine, aber überaus geschätzte Birne hat eine eiförmige Gestalt. Die vollkommen ausgewachsene Frucht ist reichlich 2 Zoll lang und etwas weniger breit.

Der dünne Stiel ist nicht viel kürzer als die Birne, nicht selten gerade so lang wie diese. Merkwürdig sind die 2, selten 3 Punkte, welche etwas erhaben am Stiele so sitzen, daß der eine mehr nach oben, der andere mehr nach unten auf der gerade entgegengesetzten Seite zu finden ist. Er ist immer etwas, zuweilen auch sehr stark gebogen und hat eine grünlichgelbe Farbe, welche nach oben in Gelbbraun übergeht.

Der Kelch ist sehr groß, unregelmäßig geformt, oft mit langen, grauen, spitzen Blättchen versehen, welche sich auf die Seite legen. Zuweilen umgibt eine starke Fleischwulst den Kelch und verschiebt ihn in die Breite. Er liegt in keiner Einsenkung, vielmehr steht er etwas hervor. In der Mitte des Kelchs, und zwar nach dem Innern der Birne hinein, trifft man eine halbkugelförmige Erhöhung an, in welcher man noch sehr deutlich alle Staubfäden der Blüthe im getrockneten Zustande sehen kann.

Nimmt man die Birne unreif vom Baume, um sie weiter transportiren oder länger aufbewahren zu können, so hat die Schale eine andere Farbe, und die Frucht einen weit geringeren Geschmack, als wenn man sie auf dem Baume reifen läßt. Auf der besonnten Seite sieht man an nicht reif abgenommenen Früchten ein erdfarbiges, mattes Roth, die Grundfarbe aber ist ein ebenso mattes Grün. Das Fleisch solcher Birnen ist etwas abknackend, zwar ziemlich saftig, hat aber wenig Aroma. Solche Birnen haben einen nur geringen Werth. Auf dem Baume ganz reif werdend nehmen sie an Größe zu, die grüne Grundfarbe wird zu einer schönen gelben, die Sonnenseite ist dicht mit röthlichen Punkten bedeckt, und oft ziehen sich carmoisinrothe schmale Streifen über die Frucht.

Das Fleisch reifer Früchte spielt ins Gelbliche und ist so saftig, daß man sich beim Verspeisen inachtnehmen muß, etwas von der süßen Flüssigkeit zu vertröpfeln. Das Fleisch der unreif vom Baume genommenen und auf dem Lager nachgereiften Früchte ist zwar etwas milder und zarter, dafür ist aber das Fleisch auf dem Baume vollkommen ausgereifter Birnen weit süßer, aromatischer und erquickender, und man vergißt dabei gern das etwas festere und abknackende Fleisch der unreif abgenommenen Früchte.

Die Schale ist ziemlich glatt und fein und läßt sich deshalb mit dem Fleische sehr leicht genießen, ohne den Geschmack zu beeinträchtigen.

Das Kernhaus ist fast unsichtbar; die Kerne sind ganz verkümmert und nicht ausgebildet, daher man die Birne sammt dem Kernhause verzehren kann.

Die Frucht wird schon nach einigen Tagen teig, in welchem Zustande sie von Vielen sehr gern gegessen wird.

Die Birne reift schon Mitte Juli und ist also eine der ersten reifen Birnen.

Der Baum hat ein ungemein rasches Wachsthum, und zwar so stark nach der Höhe, daß oft die längsten Leitern bei der Ernte nicht mehr genügen. Manche Bäume können mit der Erle an Höhe wetteifern. Er ist außerordentlich fruchtbar, und es vergeht selten ein Jahr, wo er ohne Frucht ist. Sein Stamm ist gesund, die Blätter sind groß, mehr rund und dunkelgrün.

Im reifen Zustande muß die Margarethenbirne unbedenklich zu den Birnen ersten Ranges gezählt werden, während sie, unreif vom Baum genommen, zum zweiten Range herabsinkt.

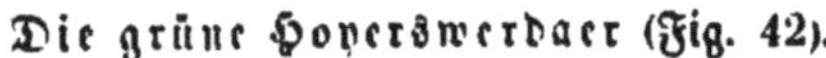

Die grüne Hoyerswerdaer (Fig. 42).

Fig. 42.

Diese Birne ist noch wenig verbreitet, da sie eine erst in neuerer Zeit entstandene Kernfrucht ist. Wegen ihrer besonderen Güte ist sie sehr zu empfehlen. Mit Sicherheit kann man sie aus der Prüfungsschule zu Sterkowitz bei Saaz beziehen.

Die Frucht ist gegen den Kelch hin ganz abgerundet, gegen den Stiel hin sehr flach und stumpf zugespitzt. Die größern Birnen sind gegen 2 Zoll hoch und nur etwa 2 Linien weniger breit. Der Bauch sitzt sehr stark gegen den Kelch hin und bildet hier eine solche Fläche, daß die Birne darauf stehen kann. Kleinere Früchte sind fast ganz kugelrund, und die sehr abgestumpfte Spitze ist etwas nach einer Seite gebogen. Da der Baum sehr reichlich trägt, so findet man auf ihm sehr viele kleinere Früchte von 1½ Zoll Höhe und fast von derselben Breite.

Der Kelch ist ziemlich groß und ganz offen; seine sehr spitzen, langen

Blättchen liegen nach allen Seiten fast wie auf die Frucht angedrückt. Die Einsenkung in die Frucht ist nur gering.

Der etwas schwache braune Stiel ist etwas über 1 Zoll lang und stark gebogen. Von der Birne aus zieht sich am Stiele eine unbedeutende Fleischwulst empor.

Die Schale ist sehr fein und zart, so daß sie unbeschadet des Geschmacks mit genossen werden kann. Die Farbe ist grün wie Gras; nur auf der Sonnenseite findet man eine sehr schwache erdartige Röthe, welche eigentlich aus lauter kleinen Punkten besteht, welche mehr ins Graue fallen. Auch auf der Schattenseite bemerkt man zahlreiche Punkte von grauer Farbe, welche ebenfalls sehr klein sind. Hier und da findet man auch kleine feine Rostflecke, besonders gegen den Kelch hin.

Das Fleisch ist mattweiß, ganz butterhaft, sehr saftreich, schmelzend und von sehr feinem Bergamottengeschmack. Die Birne läßt sich im reifen Zustande zerdrücken, und man braucht zu ihrem Genuß keine Zähne.

Im Verhältniß zur Frucht ist das Kernhaus sehr groß, und selbst die einzelnen Kerne sind ziemlich groß. Die Farbe derselben ist fast schwarz, und man findet in der Regel sämmtliche 10 Kerne vollkommen ausgewachsen.

Die Birne reift schon Mitte August. Man muß sie vom Baume nehmen, noch ehe sie ganz reif ist, weil sie dann länger dauert und saftreicher wird; wohlschmeckender sind aber die Früchte, wenn man sie auf dem Baum hat vollkommen reif werden lassen.

Der Baum wächst sehr lebhaft, geht stark in die Höhe und ist sehr fruchtbar. Die Blätter sind lang und schmal und sehr fein gezahnt.

Wenn sich diese Birne auch nicht so sehr durch die Schönheit ihrer Farbe und durch ihre Gestalt empfiehlt, so zieht desto mehr ihr zartes, saftiges, schmelzendes Fleisch an. Sie ist eine wahrhaft köstliche Augusttafelbirne wegen ihres Wohlgeschmacks.

Die Schmalzbirne von Brest. (Fig. 43.)

Diese mittelmäßig große Birne nimmt zwar nur den zweiten Rang ein, kann aber dennoch als eine gute Tafelbirne passiren. Für den Hausbedarf ist sie eine vortreffliche Frucht. Der Bauch sitzt mehr gegen den Kelch zu, und der Stiel steht auf einer sehr abgestumpften, etwas gebogenen Spitze, welche nicht selten eine kleine Fläche bildet, wo sich der Stiel ansetzt. Die Birne ist gewöhnlich über 2 Zoll hoch und 2 Linien weniger breit.

Der Stiel ist 1½ Zoll lang, mit einer Fleischwulst umgeben, welche am Stiele nach und nach abnimmt und an der Basis oft ringsherum einen tiefen, kreisförmigen Einschnitt hat. Die Farbe des nur wenig gekrümmten Stiels ist grünlich.

Der Kelch ist fast ganz geschlossen, steht in einer geringen Einsenkung und ist von bedeutender Größe, welche etwas unregelmäßig in ihrer Rundung ist.

Fig. 43.

Die Schale ist fein und etwas glänzend, auf der Schattenseite hellgrün, welches bei der vollkommenen Reife nur sehr wenig ins Gelbliche fällt, so daß das Grüne wie Punkte hervorsticht. Die Sonnenseite hat eine schöne blutrothe Farbe, welche sich oft über die halbe Birne zieht und zu beiden Seiten mehr punkt- und streifenartig erscheint. Gegen den Kelch hin findet sich eine Menge feiner grauer Punkte, wogegen die grünen und rothen Punkte weit größer sind.

Das Fleisch ist nicht körnig, sehr mild, fast schmelzend, saftvoll, der Geschmack sehr angenehm und ziemlich aromatisch.

Das Kernhaus ist unbedeutend, die Kerne sind meist etwas verkümmert und auch in der reifen Frucht noch fast ganz weiß und sehr spitz.

Die Frucht zeitigt Mitte August. Es ist nicht rathsam, sie vor der völligen Reife vom Baume zu nehmen, weil sie sonst etwas einschrumpft.

Der Baum wächst in seiner Jugend sehr lebhaft und trägt sehr frühzeitig und reichlich.

Die türkische Klerke (Fig. 44).

Fig. 44.

Diese sehr niedliche, zarte, wohlschmeckende Frucht ist ersten Ranges. Sie ist etwas über 2 Zoll lang und 1½ Zoll breit. Der Bauch sitzt nur etwas wenig mehr gegen den Kelch hin, wo sich die Frucht scharf abrundet, ohne eine Ebene zu bilden, auf welcher sie stehen könnte. Gegen den Stiel hin stumpft sie sich zwar etwas weniger ab, bildet aber fast eine kleine Fläche, über welche sich der Stiel mit einem etwas stärkeren, aber bald sich verlaufenden Fleischansatz erhebt. Fast könnte man die Gestalt eiförmig nennen.

Der ganz offene, mit vielen vertrockneten Staubfäden versehene Kelch sitzt ohne Einsenkung auf der Wölbung.

Der ziemlich schwache, grünliche Stiel ist etwas gekrümmt, besitzt nach seiner Länge mehrere kleine hervorragende Punkte und von der Birne an einen nach und nach abnehmenden Fleischansatz, mit welchem er auf einer sehr kleinen Ebene wie eingesteckt aufsitzt. Die Länge des Stiels beträg gegen 1¾ Zoll.

Die Grundfarbe der sehr feinen, glatten Schale ist vor der Reife ein helles Grün mit vielen grauröthlichen größeren und kleineren Punkten. Zur Zeit der Reife geht die grüne Grundfarbe in eine mehr gelbliche über, und die Punktirung tritt auf der Sonnenseite etwas lebhafter hervor. Diese grauröthlichen Punkte der Sonnenseite verlaufen sich auf der Schattenseite in grünliche Punkte. Die Birne erhält durch diese Färbung und ihre etwas schlanke Gestalt ein sehr schönes Ansehen.

Das Kernhaus ist sehr klein und enthält wenige, meist sehr verkümmerte Kerne.

Die Frucht fängt Mitte August zu zeitigen an. Schöner und schmackhafter wird sie, wenn man sie am Baume reifen läßt, obgleich sie dann nur wenige Tage dauert. Nur bei guter Verpackung in Körben läßt sie sich einige Meilen weit versenden. Zur weiteren Versendung ist sie zu zart, zu weich und zu saftig. Im unreifen Zustande vom Baume genommen, verliert sie zwar nicht sehr an Wohlgeschmack, aber ihr Colorit wird nicht so schön, sie bleibt mehr grün.

Der Baum macht eine schöne, hohe und ausgebreitete Krone und gehört zu den fruchtbarsten Bäumen, da er fast jährlich und sehr reich trägt.

Die Stuttgarter Geißhirtenbirne (Fig. 45).

Diese Birne ist ganz besonders zu empfehlen. Sie ist eine deutsche Nationalfrucht, welche in der Gegend von Stuttgart von einem Ziegenhirten als eine aus dem Kerne entstandene Frucht aufgefunden wurde. Sie verbreitete sich sehr schnell überall hin; zu wünschen ist aber, daß sie noch häufiger angebaut wird.

Sie gehört zwar zu den etwas kleineren Birnen, streift aber doch schon an die Birnen von mittler Größe, denn ich habe Stücke gefunden, welche über 2½ Zoll hoch waren. Ihre Gestalt ist etwas perlförmig.

Der Bauch sitzt mehr nach dem Kelche hin, um welchen sie sich halbkugelförmig abrundet, so daß sie nicht auf dem Kelche stehen kann. Nach dem Stiele hin bildet sie eine abgestumpfte Spitze, welche sich etwas nach einer

Fig. 45.

Seite hinneigt. Eine vollkommene Frucht ist 1½ Zoll breit und 2½ Zoll lang.

Der Kelch ist ganz offen und hat etwas lang zugespitzte Blätter, welche auf der Frucht sternförmig aufliegen. Von einer Einsenkung findet man fast keine Spur.

Der Stiel ist ziemlich stark, sehr kurz, selten über ¾ Zoll lang, von Farbe grün und mit feinen Falten oder stärkeren Fleischwulsten umgeben.

Die Grundfarbe der Birne ist in der Reife ein blaßgrünes Gelb; auf der Sonnenseite befinden sich sehr viele röthliche Punkte, welche nicht selten zwei Drittel der Frucht einnehmen und mit Rostflecken untermischt sind. Die Schale ist so fein und zart, daß man sie ohne Beschwerde verzehren kann.

Das Fleisch ist grünlichweiß, sehr saftvoll, butterhaft schmelzend, von sehr süßem, aromatischem Geschmack, welcher so angenehm ist, daß die Frucht mit allen ausländischen Birnen concurriren kann und den ersten Rang behauptet.

Das Kernhaus ist ganz geschlossen und enthält nur wenig vollkommene Kerne von kaffeebrauner Farbe.

Die Birne reift im letzten Drittel des August. Es schadet ihr nichts, wenn sie vor ihrer vollkommenen Reife abgenommen wird, wo sie dann etwas länger dauert. Sie verkauft sich sehr gut und läßt sich auch etwas weit transportiren.

Der Baum wächst sehr lebhaft und stark nach oben; auch trägt er sehr bald und reichlich. Er gedeiht in niedrigen und hohen Lagen, und zwar auf nördlichen Abhängen ebenso gut wie auf südlichen und wird sehr stark und alt.

Ich stelle die Stuttgarter Geißhirtenbirne in jeder Hinsicht über die Muskateller, und wer sie noch nicht besitzt, sollte eilen, sie zu erhalten. Echt zu beziehen ist sie von Rodt in Sterkowitz bei Saaz.

Die römische Schmalzbirne (Fig. 46).

Der Baum imponirt nicht nur durch seinen Wuchs, sondern auch durch seine Frucht. Er hat ein wahres aristokratisches Aussehen, wächst mit einer gewissen Majestät schlank und pyramidenförmig empor, ist kerngesund, dicht belaubt und wird von dem Winde nicht aus seiner senkrechten Richtung gebracht. Obwohl diese Birne nur zum zweiten Range gehört, so paradirt

Fig. 46.

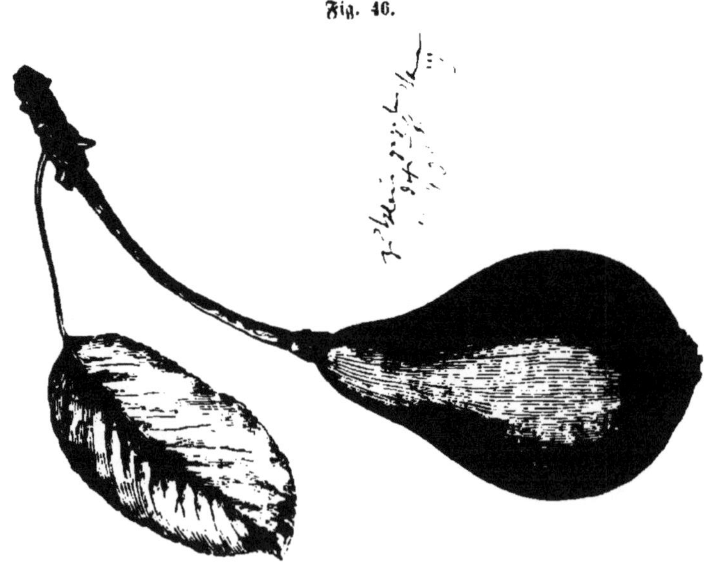

sie doch durch ihre Größe, Gestalt und Farbe auf jeder Tafel; auch ihr Geschmack mundet sehr, wenn nur der Baum auf geeignetem Boden steht und die Frucht reif genug ist. Oft ist sie aber etwas streng.

Die Geburtsstadt dieser Birne soll Harlem sein; gegenwärtig hat sie schon eine sehr starke Verbreitung, was nicht Wunder nehmen darf, da die Schönheit der Frucht wirklich verlockend und ihre Verwendung für die Tafel und die Wirthschaft empfehlenswerth ist.

Die Form der Frucht ist wahrhaft schön birnförmig. Der Bauch sitzt sehr stark gegen den Kelch zu, um welchen sie sich sanft abrundet. Nach dem Stiele hin erhebt sie sich schlank, doch mit einer kleinen Neigung nach einer Seite hin. Die Abstumpfung der Spitze ist sehr gering. Eine vollkommene Frucht ist nicht selten 4 Zoll lang und fast 2½ Zoll breit.

Der Kelch ist nicht sehr groß und erscheint fast ganz offen mit noch sichtbaren Staubgefäßen von der Blüthe her. Er liegt in keiner Einsenkung und breitet seine Blättchen sternförmig auf der Fläche aus.

Der ziemlich starke, gelbbräunliche Stiel ist gegen 1½ Zoll lang und etwas gebogen; er besitzt von der Birne aus mehrere fleischige Ringe, welche nach und nach an Stärke abnehmen.

Die Schale ist glatt und fein mit starkem Glanz. Die Farbe ist bei der Reife ein sehr schönes Gelb, auf der Sonnenseite mit einem flammenartigen Carminroth überlaufen, welches bei beschatteten Früchten nur eine geringe Spur zeigt. Will man Punkte sehen, so muß man die Birne schon etwas genauer betrachten, sonst verschwinden sie für das Auge. In der gelben Farbe sind die Punkte grün, im Rothen gelblich. Rostanflüge sind nicht selten.

Das Fleisch ist schön weiß, ziemlich saftig, bei Birnen von manchen Bäumen auch sehr mild und butterhaft, von anderen Bäumen aber etwas streng und abknackend.

Der Geschmack variirt oft etwas. Nicht selten ist die Birne so köstlich und gewürzhaft, daß man sie mit allem Rechte in den ersten Rang setzen könnte; zuweilen will sie aber nicht munden, weil das Fleisch etwas herb und hart gefunden wird, daher die verschiedenen einander widersprechenden Urtheile über diese Birne in Bezug auf den Geschmack, während über ihre ausnehmende Schönheit allgemeine Uebereinstimmung herrscht. Zum Lobe muß man ihr nachsagen, daß sie selbst teig noch einen guten Geschmack hat.

Das Kernhaus ist sehr klein und enthält nur kleine, meist sehr unvollkommene Kerne.

Die Birne reift im letzten Drittel des August. Sie will, um gut zu sein, auf dem Baume vollkommen ausreifen; dann läßt sie sich auch gut transportiren, nur verliert sie bei geringer Schonung viel von ihrer schönen Farbe. Ihre Dauer ist als Sommerfrucht eine ziemlich lange.

Zur Zeit der Reife strömt die Birne einen äußerst angenehmen Moschusgeruch aus.

Die Birne enthält sehr viel Zuckerstoff und eignet sich vorzüglich gut zur Fabrikation von Syrup und Wein.

Der Baum ist fast auf jedem Boden ziemlich wuchshaft und trägt bald und reichlich.

Die Sommereierbirne (Fig. 47 und 48).

Diese Birne zeichnet sich nicht nur durch ihre Form, sondern auch durch ihre vielen am ganzen Körper stark aufgetragenen Punkte vor anderen Birnen aus. Es ist zu wünschen, daß sie häufiger angebaut wird, da sie vortreffliche Eigenschaften hat, wenn man ihr auch nicht den ersten Rang einräumen kann. Der Geschmack der Frucht ist vortrefflich, der Baum ist sehr fruchtbar und trägt fast jedes Jahr.

Fig. 47. Fig. 48.

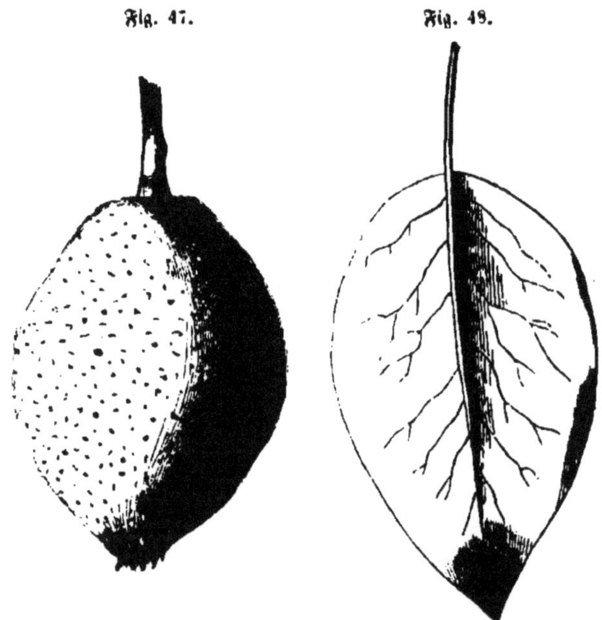

Die Sommereierbirne gehört zu den kleinen Birnsorten. Sie ist nicht genau eiförmig, sondern mehr von elliptischer Form mit etwas hervorragendem Kelch und etwas höher als breiter. Die größten Exemplare messen in der Höhe nur wenig über 2 Zoll und in der Breite etwas weniger als 2 Zoll. Der Bauch sitzt ganz in der Mitte, und die Abnahme ist nach oben und unten ziemlich gleich. Die Abstumpfung oder Abflachung ist jedenfalls auf der Stielseite etwas größer.

Der Kelch hat eine auffallende Gestalt. An ganz vollkommen ausgebildeten Exemplaren ist er so weit offen, daß man in eine etwas große Höhlung hineinschauen kann. Dieselbe ist sehr geräumig nach allen Seiten hin, und sie ist ein charakteristisches Merkmal dieser Birnsorte. Gewöhnlich sitzen um den Kelch mehrere kleine Fleischwülste.

Der Stiel ist nur 1 Zoll lang, stark, grünlich und mit denselben Punkten wie die Birne versehen; oben ist er etwas krumm gebogen.

Die Schale ist von den vielen grauen Punkten, mit welchen die ganze Frucht übersäet ist, ziemlich rauh. Rostflecke findet man sehr viele, besonders am Kelche und nahe am Stiele. Jene Rauhheit fühlt man mehr mit dem Finger als mit dem Munde, denn man kann die Schale wohl mit genießen, ohne incommodirt zu werden.

Das Fleisch enthält sehr viel süßen Saft mit etwas Muskatellergeschmack; die Säure ist sehr zurückgedrängt. Die Birne hält das Mittel zwischen schmelzend und abknackend, und es herrscht bald dieses, bald jenes vor, je nachdem sie mehr oder weniger reif ist. Ueberhaupt hat die Birne einen weit bessern Geschmack als es Gestalt der Blätter und der Frucht vermuthen lassen. Sie kann ohne Bedenken zu dem Tafelobst gezählt werden, wozu sie auch ihr sehr auffallendes äußeres Costüm empfiehlt.

Obgleich das Kernhaus sehr enge ist, so hat die Birne doch sehr vollkommene Kerne, welche von Farbe ganz schwarz sind.

Die Reifezeit fällt in den August; die Frucht dauert bis in den September hinein; reif fällt sie sehr leicht vom Baume. Es ist gut, diese Birne etwas früher vom Baume zu nehmen, weil sie dann länger dauert.

Der Baum wird sehr hoch und wächst schnell, trägt auch jährlich bald mehr bald weniger Früchte, und man kann ihn mit Recht zu den fruchtbarsten Birnbäumen zählen, weshalb er sehr häufig angepflanzt werden sollte. Man wird aber darauf sehen müssen, daß der Baum in einen guten Boden zu stehen kommt, damit seine Früchte vollkommen auswachsen und ihren guten Geschmack erhalten. Die Blätter sind ziemlich klein, jedoch ist ihre Größe sehr verschieden, sowie auch die Form derselben. Um eine Blüthenknospe stehen oft 10—15 Blätter, von denen manche fast kreisrund, manche sehr schmal und lang sind. Die größten Blätter sind etwas über 1 Zoll breit und nur wenig länger; die kleinsten haben nicht einmal die Breite ½ Zolles und die Länge von ¾ Zoll. Die obere Fläche ist etwas grüner, die untere aber stark grauweiß, nur hier und da sind sie kaum bemerkbar gezahnt. Die Blüthenknospen sind ziemlich dick, stumpfspitz und von Farbe kastanienbraun. Die Sommerzweige sind mit einer grauen Wolle überzogen; reibt man diese ab, so erscheinen die Triebe braun.

Die Herbstkapuzinerbirne (Fig. 49 und 50).

Von der Herbstkapuzinerbirne führe ich in aller Kürze zwei Varietäten an: 1., Beurre des Capucins, Amadotte blanc, Herbst-Amadotte (Fig. 49)

Fig. 49. Fig. 50.

mit schmelzendem, saftigem, süßem, gewürzhaftem Fleisch, reift im September und October und ist zweiten Ranges.

2., Capucine van Mons (Fig. 50), schmelzend, aber wenig süß und gewürzhaft, wird erst im Februar und März genießbar, gehört zum zweiten Range und ist eine gute Wirthschaftsbirne.

Die Wittenberger oder sächsische Glockenbirne (Fig. 51).

Die Birne hat eine Breite von 4¾ Zoll, eine Höhe von 5 Zoll und wiegt ½—1 Pfund. Letzteres Gewicht erlangt sie indeß nur in südlichen Gegenden. Sie gedeiht selbst noch im höhern Gebirge gut, doch geht sie daselbst in der Größe sehr zurück. Im Süden ist die Birne sehr süß, saftig, mild und zart, in grünem Zustande aber ziemlich herbe. Auch wenn sie ihre prachtvolle Färbung hat, ist sie noch so herbe, daß sie nicht genossen werden kann. Soll dieses geschehen, so muß die Frucht anfangen von Innen heraus teig zu werden. Wenn das Teigwerden nur halbenwegs beim Kernhause beginnt, dann ist die Birne zum Genuß sehr gut.

Die Frucht reift Ende October und Anfang November. Sowohl im unreifen Zustande als in ihrer vollkommenen Färbung ist sie sehr anziehend und wird stark gesucht. Sie läßt sich auch gut transportiren, wenn sie bereits anfängt von Innen teig zu werden.

Die Wittenberger Birne hat meist taube Kerne.

Der Baum wächst sehr lebhaft und trägt reichlich. Im Flachlande wächst er mit seinen Aesten mehr nach oben, während er im Gebirge seine Krone mehr ausbreitet und seine Aeste mehr zur Erde neigt. Im Ertrag übertrifft diese Birne die meisten edlern ausländischen Sorten.

Fig. 51.

Die Osterbergamotte (Fig. 52).

Viele fällen über diese Birne nicht das beste Urtheil; an mir findet sie aber einen guten Anwalt. Ein großer Vorzug derselben ist, daß sie sich bis weit in das Frühjahr hinein hält und auch dann erst ihren guten Geschmack bekommt. Vom Baume weg ist sie nicht eßbar.

Die Gestalt der Frucht ist sich nicht immer gleich. Oft ist sie mehr oder weniger länglich. Eine vollkommen ausgewachsene Birne ist 3 Zoll hoch und nur etwas weniger breit und wiegt 6—8 Loth. Oft unterscheiden sich Länge und Breite gar nicht von einander.

Der kleinblätterige Kelch ist hart und steht offen; zuweilen hat er eine etwas gekerbte Fleischwulst um sich.

Der Stiel ist größtentheils stark gekrümmt, sehr bräunlich und steckt in einer sehr kleinen, mit etwas Rost überzogenen Vertiefung.

Fig. 52.

Die Schale ist dünn und am Baume glatt; bei der Reife wird sie etwas runzelig, zähe, fett. Vom Baume weg ist sie ganz grün, oft auf einer Seite etwas wenig bräunlich angelaufen. In der Reife wird sie etwas grüngelblich; manche Früchte bleiben auch reif etwas mehr grün. Punkte sind sehr zahlreich vorhanden.

Das Fleisch ist sehr weiß, saftvoll, markig, mehr oder weniger schmelzend, doch auch abknackend und härtlich, der Geschmack immer sehr erquickend und erfrischend, wie man es nicht leicht bei einer andern Birne findet.

Merkwürdig sind die grossen, langen, kaffeebraunen, spitz zulaufenden Kerne, welche fast alle vollkommen ausgebildet sind. Wenige andere Birnsorten dürften so vollkommen ausgebildete, große Kerne haben.

Die Osterbergamotte hat das Eigenthümliche, daß man sie nicht lange genug auf dem Baume lassen kann, soll sie nicht ganz zusammenschrumpfen; ferner will sie bei der Ernte etwas behutsam behandelt sein, denn sie ist während des Winters sehr stark zur Fäule geneigt. Das Ernten ist eine etwas schwierige Sache, wenn man ihren Stiel ganz erhalten will. Dieses zeigt schon an, daß sie sehr spät reift. Sie verlangt deshalb einen warmen, sonnigen Standort. Am besten erzieht man sie an der Mauer so niedrig als möglich.

Ganz besonders im gekochten Zustande schmeckt diese Birne delikat, und sie erhält dann ein röthliches Fleisch. Aber auch im rohen Zustande läßt ihr Geschmack nichts zu wünschen übrig, wenn sie lange genug gelagert hat.

Der Baum geht Anfangs in die Höhe, breitet sich aber nachher sehr aus und läßt seine Aeste tief herabsinken. Er ist außerordentlich dauerhaft und sehr fruchtbar. Besonders eignet er sich zur Anpflanzung an Straßen und Wege, doch muß man ihn hier etwas hoch ziehen.

Die grüne Magdalena (Fig. 53).

Der Baum ist sehr fruchtbar; die Birne ist, obwohl das Aeußere nicht viel Gutes verspricht, von ausgezeichnetem Geschmack und reift schon Ende Juli. Die Farbe der Schale ist auch im reifen Zustande der Frucht ziemlich grün. Das Fleisch ist fein, gelblichweiß, sehr saftig, die Süßigkeit läßt von der Säure nicht viel merken, ertheilt aber dennoch der Frucht einen angenehmen, pikanten Geschmack.

Die Kaiserbirne mit Eichenlaub (Fig. 54).

Diese Birne hat vor allen andern Birnen die eigenthümliche Beschaffenheit der Blätter voraus; dieselben haben eine sehr entfernte Aehnlichkeit mit den Blättern der Eiche.

Die Kaiserbirne ist vom Baume weg grün und bleibt auch auf dem Lager grün. In der grünen Farbe bemerkt man eine Unzahl feiner grauer Punkte, welche der Birne ein etwas schmuziges Ansehen geben.

Der kleine offene Kelch liegt in einer kaum sichtbaren Einsenkung; ebenso steckt der Stiel in einer Einsenkung.

Das Kernhaus hat sehr spitze, lichtbraune Kerne.

Fig. 53.

Das Fleisch ist grünlichweiß und hat bei der Reife einen süßlichen Geschmack.

Der stolze Name dieser spät reifenden Birne könnte auf die Vermuthung führen, daß sie eine Birne ersten Ranges sei; das ist sie aber nicht; dagegen ist sie, wenn sie lange genug gelagert hat, eine gute Koch- und Backbirne.

Der Baum wächst hoch heran und ist sehr fruchtbar.

Die große Feldgräbische (Fig. 55).

Diese Birne ist groß, äußerlich von der schönsten Zeichnung mit vielen starken, röthlichen Punkten, außerordentlich saftreich, schmelzend und hat einen gewürzhaften süßen Geschmack. Ihre Farbe ist grünlichgelb mit einem Anflug von Roth auf der Sonnenseite. Sie hat alle Eigenschaften einer guten Tafelbirne und kann schon im Herbst genossen werden.

Fig. 54.

Die Frucht reift sehr ungleich, und reif geworden fällt sie leicht vom Baume; auch ist sie der Fäulniß stark unterworfen. Durch die zwergartige Erziehung des Baumes würde dem Uebelstande des Abfallens und Zerschmetterns der Früchte vorgebeugt werden.

Als Hochstamm wächst der Baum außerordentlich schön, stark und hoch, bildet eine sehr schöne Krone und ist fruchtbar.

Fig. 55.

Die weiße Herbstbutterbirne (Beurré blanc Fig. 56).

Reift diese Birne auf einem gesunden Baume, in geeigneter Lage und in zusagendem Boden vollkommen aus, so dürften ihr nur wenig Birnsorten an Güte gleichen.

Der Baum ist von verschiedener Größe. An einigen Orten wächst er nur als Krüppel und bleibt sich immer gleich, ohne einzugehen; an andern Orten ist er von exemplarisch schönem Wuchse mit hoher, weit ausgebreiteter Pyramidenkrone.

Fig. 56.

In neuerer Zeit gab es Jahre, wo sich die Frucht nicht vollkommen ausbildete, fleckig wurde, im Geschmack fade, ja bitter war. Auch ihre Tragbarkeit ließ viel zu wünschen übrig. Am besten gedeiht diese Birne, wird groß und am vollkommensten und trägt am reichsten im Basaltboden.

Die Gestalt der Butterbirne ist eiförmig, bald nach dem Stiele etwas stumpfer, bald etwas schlanker zulaufend. Die Abbildung zeigt ein Exemplar von letzter Form. Die Höhe beträgt immer etwas mehr als die Breite.

Man hat Birnen von 4 Zoll Höhe. Es gibt zuweilen Exemplare, die wegen ihrer Größe fast unkenntlich sind.

Der kurze, etwas starke Stiel steht ein wenig nach der Seite und ist gewöhnlich von einer Fleischwulst umgeben.

Der Kelch ist offen. Dadurch unterscheidet sich die weiße Herbstbutterbirne wesentlich von Liegel's Winterbutterbirne, deren Kelch geschlossen ist.

Die Farbe der Schale ist blaß citronengelb; es gibt aber auch Exemplare, welche mehr oder weniger geröthet sind. Birnen, deren Farbe durchaus gelb ist, werden im Geschmack etwas herbe und strenge, wenn sie auf einer Seite eine höhere rothe Farbe annehmen.

Der Geschmack der Birne ist etwas muskirt, das Fleisch wahrhaft butterhaft, fein und saftvoll. Sie ist wahrhaft deliciös.

Man ziehe den Baum niedrig in gutem Boden in geschützter Lage, dünge ihn von Zeit zu Zeit, und man wird gewiß gute Früchte erhalten. Auf der Quitte wächst die Butterbirne am besten.

Diel's Winterbutterbirne (Fig. 57).

Diese Birne ersten Ranges ist ansehnlich groß, sehr schön, etwas eiförmig, gegen 3 Zoll breit und 4 Zoll lang.

Der sehr starke, holzige Stiel ist 1½ Zoll lang.

Die Schale ist hellgrün, wird später citronengelb und hat sehr viel starke, oft röthlich eingefaßte Punkte, wozu sich oft noch kleine Rostfiguren gesellen. Das Fleisch ist schön weiß, körnig, sehr saftreich, schmelzend und von erhabenem, gewürzhaftem Zuckergeschmack.

Die Frucht zeitigt Ende November und hält sich, kühl aufbewahrt, bis in den December und Januar, ohne zu welken.

Der Baum wächst sehr lebhaft, wird groß, bildet eine kugelförmige Krone, setzt bald Fruchtholz an und trägt frühzeitig und reichlich. Am besten gedeiht er auf der Quitte. Er sollte in keinem Baumgarten fehlen.

Die frühe Witze (Fig. 58).

Es gibt frühe und späte Witzen, Holzwitzen, schwarze Witzen, Muskatellerwitzen ꝛc. Alle diese Sorten sind in der Größe und äußern Gestalt einander sehr ähnlich. Sie gehören sämmtlich zu den allerkleinsten Birnen und sind kaum größer als die kleine Muskateller. In Hinsicht der Reife liegen sie aber ziemlich weit auseinander, so auch in Bezug auf Geschmack.

Die frühe Witze enthält keinen reifen Samen. Das Fleisch derselben mag noch so sehr ausgereift, ja sogar teig sein, so unterscheidet sich das

Samengehäuse doch nicht vom Fleische, und die wenigen eingeschlossenen Kerne sind ganz weiß, weich und fast ohne Inhalt, weshalb man auch die Birne nach Entfernung des verhältnißmäßig sehr großen, offenstehenden Kelchs ganz genießt mit Schale und Kernhaus. Die Schale ist auch so

Fig. 57.

fein und zart, daß Zahn und Zunge nichts von ihr merken. Bei unreifen Früchten ist die Schale ganz grün, bei reifen wird sie grüngelb, auch ganz gelb, besonders in der Nähe des Stiels, welcher in der Regel etwas länger ist als die Birne.

Die Gestalt der Frucht ist länglich-birnförmig; die größten Birnen sind kaum 1 Zoll breit und 1¼ Zoll hoch. Durch einige fleischige Wülste gehen sie spitz zulaufend in den Stiel über; auch gegen den Kelch laufen

Fig. 58.

sie mehr spitz als abgerundet zu, daher sie, auf den Kelch gesetzt, nicht stehen können.

Das Fleisch ist grünlichweiß, ziemlich saftig und von zuckersüßem Geschmack.

Was die Birne besonders auszeichnet, ist, daß sie mit den Kirschen reift. Man ißt sie gewöhnlich schon Ende Juni und Anfangs Juli, und sie ist deshalb sehr gesucht.

In der Regel gehen 60—120 Stück auf 1 Pfd.

Der Baum wächst mit einer sehr schönen Krone empor. Die Sommertriebe sind sehr stark, so auch die Blüthenknospen, aus denen sich ganze Dolden von Blüthen entwickeln. Nicht selten findet man 6—8 Früchte an einem gemeinschaftlichen Stiele. Der Baum ist sehr fruchtbar und trägt fast jedes Jahr. Die meisten Blätter, besonders die älteren, sind ungezahnt; nur wenige Blätter sind nach der Spitze hin gezahnt. Es gibt sehr lange und fast ganz runde Blätter und Uebergänge zwischen beiden. Die obere Seite der Blätter ist hellgrün, die untere Seite etwas graugrün. Die Belaubung ist sehr stark.

Die kleine Muskateller (Fig. 59).

Die allerkleinste Birne, reift etwa 14 Tage nach der frühen Witze. Ihre Reife fällt Mitte Juli.

Die Birne ist kaum 1 Zoll lang und nur etwa ¾ Zoll breit, gegen den Kelch abgerundet und läuft nur gegen den Stiel etwas spitz zu. Von der kleinen Muskateller gehen gegen 200 Stück auf das Pfund.

Bei der Hälfte der kleinen Muskateller fand ich die Stelle, wo der Kelch stehen soll, durch eine Narbe angezeigt; wo aber der Kelch vollkommen ausgebildet ist, fand ich denselben verhältnißmäßig sehr großblätterig, aber stets geschlossen.

Der grüne Stiel ist nicht viel länger als die Frucht und in der Nähe der Birne mit kleinen Fleischwülsten umgeben.

Vollkommen reif ist die Birne mehr gelb als grünlich. Unreif vom Baume genommen, wie gewöhnlich, bleibt sie mehr grün, hat aber in beiden Fällen gegen den Kelch hin auf einer Seite eine erdartige, schwache, etwas punktirte Röthe.

Das ganz verwachsene Kernhaus mit einigen unreifen, ganz weichen Samen liegt tief unten gegen den Kelch hin.

Das Fleisch ist ziemlich zart, hat eine Farbe zwischen Grün, Gelb und Weiß, ist saftig und hat einen sehr starken Muskatellergeschmack.

Die Birne ist eine gute Tafelbirne. Auffallend ist es, daß sie bei ihrer geringen Größe auf einem Baume wächst, der an Größe alle andern

Fig. 59.

Obstbäume weit übertrifft. Mit seinen Aesten geht dieser kerngesunde Baum nicht nur ungewöhnlich hoch wie eine Buche, sondern er breitet sie auch weit aus. In einem kleinen Garten nimmt er jedenfalls einen zu großen Raum ein.

Die frühe Schweizerbergamotte (Fig. 60).

Die frühe Schweizerbergamotte ist eine der besten Birnen. Den Beinamen „frühe" verdient sie mit Recht, da sie unter den vielen Bergamotten, welche es gibt, am frühesten reift. Sie wird schon im August genießbar, verdient aber nicht nur wegen ihrer Gestalt zu den Bergamotten gerechnet zu werden, sondern auch ihr Geschmack ist es, wegen dessen sie in dieser edlen Familie von Birnen ihren Platz würdig ausfüllt.

Fig. 60.

Sie gehört schon zu den größern Birnen; meist ist sie kreiselförmig, doch nähern sich manche Stücken auch der längern Form.

Die Schale, Anfangs grün, wird in der Reife mehr gelb.

Das Fleisch ist weiß und sehr saftig, der Geschmack süß und etwas gewürzhaft.

Will man diese Birne dauerhafter haben und weiter versenden, dann muß man sie etwas früher vom Baume nehmen, was sie sehr gut verträgt; sie reift nach, ohne zusammenzuschrumpfen. Ist sie aber einmal ganz reif geworden, dann ist sie für die Versendung zu weich und zu fein und muß dann bald verspeist werden.

Der Baum wird weder groß noch alt, was wohl daher rühren mag, daß er gegen die Kälte etwas empfindlich ist. Dagegen ist er sehr tragbar, und man wird nicht leicht eine verkrüppelte oder fehlerhafte Birne auf ihm finden.

Soll die Birne ihren guten, vollkommenen Geschmack erhalten, so ist es nothwendig, daß sie nicht nur einen guten Boden, sondern auch einen Standort erhält, wo sie der Sonne stark ausgesetzt ist.

Aus dem Angeführten erhellt von selbst, daß man die Bäume nicht zu dicht an einander pflanzen darf, damit sie sich gegenseitig die Sonne nicht rauben.

Kronprinz Ferdinand (Fig. 61 und 62).

Schon vor mehreren Jahren hörte ich von einer Birne sehr viel Lobenswerthes, welche in dem Garten des Franziskanerklosters bei Kaaden zu finden ist. Es ist ein wunderschöner Spalierbaum, sehr hoch gewachsen, aber von der Erde an bis zu seinem Gipfel mit vielen langen Aesten nach beiden Seiten hin versehen. Der Baum trägt alle Jahre sehr reich, und die einzelnen Birnen erreichen nicht selten das Gewicht von 1 Pfd. Die Birne ist von ausgezeichneter Güte, kann schon zu Weihnachten gegessen werden und dauert bis zum Frühjahr. Die jungen Bäumchen tragen schon nach dem ersten oder zweiten Jahre ihrer Veredelung.

Diese Birne ist vom Rath Hardenpont in Mons — daher auch Hardenpont's Winterbutterbirne genannt — erzogen und seit 1759 in Belgien bekannt.

Man findet die Birne an erwachsenen Bäumen in zweierlei Form, und zwar etwas mehr rund (Fig. 61), aber auch etwas länger (Fig. 62). Im letzten Fall hat sie gewöhnlich einige Beulen, Wülste oder Höcker. An jungen Bäumen findet man gewöhnlich nur kreiselförmig runde Birnen.

Die Schale, Anfangs matt hellgrün, wird später gelb und zeigt viele Punkte.

Das Fleisch ist weiß, sehr saftig und köstlich. Die Birne übertrifft viele andere an Wohlgeschmack und kann mit den besten Birnen in Concurrenz treten.

Will man die Birne in ihrer ganzen Güte genießen, dann darf man sie nicht zur Reife nöthigen, etwa dadurch, daß man sie in ein geheiztes

Zimmer bringt. Sie wird dann wohl äußerlich gelb, aber im Innern etwas herbe. Die Birne ist zu groß, als daß sie schnell durch und durch reif wird. Sie kann durch Wärme gezwungen äußerlich ganz weich werden, hat dann aber keinen guten Geschmack. Man läßt sie deshalb auf einem

Fig. 61.

kühlen Lager langsam reifen und sucht zum Genuß immer solche Stücken aus, welche gelb geworden sind und sich beim Drücken etwas tiefer hinein weich zeigen. Man darf nicht fürchten, daß diese Birne so leicht und bald teig oder mulsterig wird. Auf dem kalten Lager wird man diese Birne bis zum Frühjahr genießbar aufbewahren können. Wegen ihrer bedeutenden Größe dunstet sie auf dem kalten Lager verhältnißmäßig wenig aus, welkt nicht und behält ihren Saft.

Wegen ihrer baldigen und reichen Tragbarkeit ist diese Birne bestens zu empfehlen. Sowohl Spalierbäume als Hochstämme sind im hohen

Fig. 62.

Grade gesund und im Wachsthum höchst üppig. Die Kälte scheint dem Baume nicht zu schaden, dagegen verlangt er guten Boden, wenn er schwere und schmackhafte Früchte liefern soll. Ich habe aus dem Garten der Franziskaner Birnen erhalten, welche bis 5 Zoll hoch waren. Wegen ihrer Vortrefflichkeit wurde diese Birne bei den Versammlungen der Obstproducenten in Naumburg und Gotha zur Anpflanzung besonders empfohlen.

Saint Germain Vauquelin (Figur 63).

Diese französische Winterbirne ist sehr empfehlenswerth. Die Frucht ist von ziemlicher Größe und guter Qualität; der Geschmack säuerlich-süß, weinig. Der Baum ist von kräftigem, hoch aufschießendem Wuchs und behält seine rückwärts gekrümmten, tief ausgezackten Blätter ziemlich lange. Gegen das Klima ist er nicht empfindlich.

Fig. 63. Fig. 64.

Tardive de Toulouse (Duchesse d'hiver) (Fig. 64).

Auch diese Birne gehört den französischen Winterbirnen an. Sie ist eine neuere, aber schon sehr verbreitete Varietät. Die Frucht ist von mittler Größe, dick, mit Beulen bedeckt und von guter Qualität. Bei der Fortpflanzung geht diese Birne in ihrer Güte nicht zurück. Der Baum wird ansehnlich hoch, trägt reichlich und ist nicht empfindlich gegen das Klima.

Die Windsorbirne (Fig. 65).

Fig. 65.

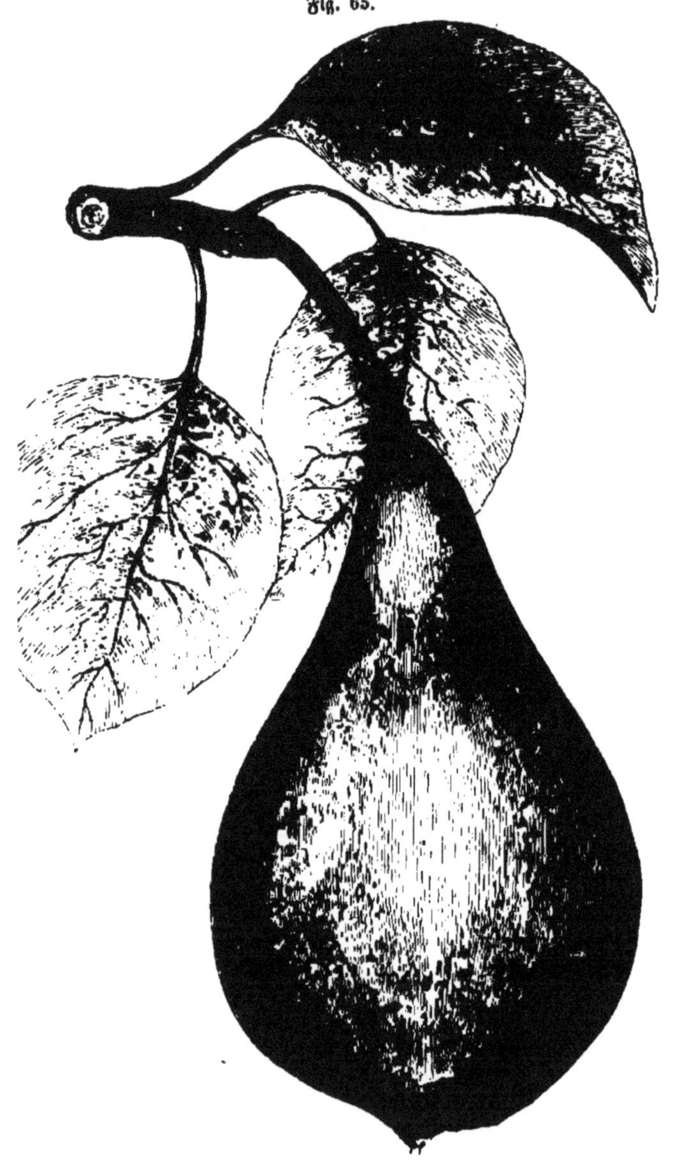

Die Entlehnung des Namens dieser Birne von einer berühmten königlichen Residenz in England läßt auf die Güte und Schönheit der Frucht schließen, welche wahrscheinlich auch aus England stammt.

Die Beschaffenheit des Kelchs, Stiels und der Form zeigt die abgebildete Frucht. Letztere ist schön birnförmig, d. h. ziemlich lang. Die Birne steht schon an der Grenze der größeren Birnen. Es gibt Exemplare, welche in Bezug auf Größe mit der Apothekerbirne wetteifern.

In der Reife wird die Birne hellgelb; die besonnten Früchte haben auch einen Anflug von Röthe.

Das Fleisch ist gelblichweiß, fast schmelzend und hat einen weinsäuerlichen Geschmack, der durch Beimischung von Süßigkeit sehr angenehm ist.

Die Reifezeit fällt in den August, wo die Frucht die Tafel durch ihre Schönheit schmückt und den Gaumen erquickt.

Der Baum wächst pyramidenförmig empor; die Sommertriebe sind sehr stark; besonders zeichnen die sehr großen Augen den Baum aus, welcher schnell wächst, dauerhaft und fruchtbar ist.

Die weidenblätterige Birne (Fig. 66).

Diese wilde Birne empfehle ich nicht wegen ihrer Frucht, sondern als Unterlage für Zwergstämme, wozu sie sich ganz besonders eignet. Sie hat

Fig. 66.

lange, weidenartige Blätter von Silberfarbe. Der Strauch ähnelt dem wilden Oelbaum, aber die Früchte gleichen ganz denen der Birne.

Pflaumen.

Die violette Kaiserin (Fig. 67).

Fig. 67.

Unter allen Pflaumen zeichnet sich die violette Kaiserin durch Schönheit, Größe und Geschmack besonders aus, daher sie ihren Namen mit Recht führt. Selbst der Baum prunkt mit seinen großen, schöngrünen Blättern. Diese Pflaume ist nicht sehr empfindlich, kann daher in jeder Lage angepflanzt werden, erlangt jedoch nur in geschützten, warmen Lagen ihren feinen, zarten Wohlgeschmack.

Diese zur ersten Klasse gehörende Pflaume hat Größe, Form und Farbe der gemeinen Zwetsche, nur ist sie etwas kürzer. Der Stiel ist ⅔ Zoll lang, mäßig dick, behaart, rostig, sitzt meist etwas schief auf der Spitze, bisweilen auch in einer kleinen Höhle. Die Haut ist etwas zähe, geschmacklos und läßt sich leicht abziehen. Die Farbe ist dunkelviolett, ganz voll von goldfarbigen Punkten, die sich zu Streifen und kleinen Flecken gestalten.

Das Fleisch ist goldgelb, fest, fein, sehr saftreich, vom edelsten, reinsten Zuckergeschmack.

Der Stein ist klein und läßt sich ablösen.

Die Frucht reift nach und nach bis Mitte September.

Der Baum wächst kräftig und stark, ist dauerhaft und trägt fast jedes Jahr sehr reich.

Die frühe Reineclaude (Fig. 68).

Die frühe Reineclaude gehört unter diejenigen Pflaumensorten, welche sich durch ihre frühe Reife auszeichnen. Es gibt nur sehr wenig Pflaumen, welche ihr etwas voraneilen. Obgleich es unter den Pflaumen viele Sorten gibt, welche sich durch ungewöhnliche Größe und prächtiges Farbenspiel auszeichnen, so steht die frühe Reineclaude in beiderlei Hinsicht zurück. Sie gehört zu den kleinen Früchten und ist oft nicht viel größer als eine Mirabelle. Durch ihre Farbe unterscheidet sie sich nicht sehr von dem sanften Grün der Baumbelaubung, so daß man sich dem Baume stark nähern muß, um die Frucht zwischen dem Versteck der Blätter mit dem Auge zu entdecken. Bescheiden ist sie in Größe und in Farbe, ausgezeichnet aber in ihrem Fleische.

Daß sie eine Reineclaude ist, geht aus allen ihren Eigenschaften hervor, durch welche sich die Frucht einer so großen Berühmtheit erfreut. Daß sie kleiner ist, darf ihr nicht als Fehler angerechnet werden; dafür hat sie wieder andere weit größere Vorzüge. Ihre frühe Reife, welche oft schon Anfangs August stattfindet, ist höchst willkommen, denn es gibt zur Zeit ihrer Reife nur erst wenige Obstsorten für den Genuß. Daher ist sie für die Tafel eine Lieblingsfrucht und ein gesuchter, gut bezahlter Handelsartikel. Was sie aber besonders in hohem Grade empfehlenswerth macht, ist ihr Werth für den Haushalt, indem sie sich ebenso gut zum Trocknen eignet wie die gemeine Zwetsche, nur übertrifft sie diese an feinem Wohlgeschmack, Zartheit und Schönheit

Die Frucht ist als Reineclaude auf den ersten Blick kenntlich; das Prädicat „früh“ muß ihr mit allem Recht zugesprochen werden.

Der Stiel ist ziemlich lang und mittelmäßig stark, grünbraun und sitzt auf der Frucht in einer seichten, aber etwas weiten Vertiefung.

Die Haut ist von Farbe grünlichgelb, bei größerer Reife mit bräunlichen Flecken übersäet. Im Regen springt sie oft auf. Obgleich die Haut stark ist, kann sie doch gut mit genossen werden.

Das Fleisch ist fast durchsichtig, goldgelb, saftig, sehr süß und gewürzhaft und löst sich sehr leicht vom Stein, welcher nicht gar groß, aber etwas rauh ist.

Fig. 68.

Wirft man der Frucht das Aufspringen bei etwas mehr Regen vor, so theilt sie dieses Uebel mit sehr vielen Pflaumen, und selbst die Zwetsche ist nicht ganz frei davon.

Der Baum gedeiht sehr gut und ist überaus fruchtbar. Die jährigen Triebe sind auf der einen Seite schmutzig-braunroth, auf der andern mattgrünlich. Nach oben sieht das Holz der jungen Triebe etwas runzelig und wie mit kleinen Furchen und Kanten bedeckt aus. Haare bemerkt man nur sehr feine und wenige. Das Blatt ist ziemlich groß, breit und hat am Stiele einige Drüsen. Es kommen mitunter sehr schmale Blätter vor, welche meist an den oberen Theilen der Triebe mehr aufrecht stehen, während sie unten mehr hängen und breiter sind. Nicht selten ist die größte Breite nach der Stielspitze hin. Alle Blätter sind stark und stumpf gezahnt. Die Augen sind ziemlich dick und stumpfspitz und stehen etwas ab. Die Krone breitet sich mehr nach der Seite als nach der Höhe aus. Die Tragbarkeit beginnt frühzeitig. Es ist zu wünschen, daß die Hausgärten recht zahlreich mit der frühen Reineclaude besetzt werden. An Straßen und auf das Feld taugt sie nicht.

Die getrockneten Früchte ähneln sehr den getrockneten Mirabellen, nur sind jene noch etwas größer und delicater.

Die weiße Jungfernpflaume (Fig. 69).

Diese Pflaume ist in hohem Grade des Anbaus werth. Woher der Name weiße Jungfernpflaume stammt, kann ich nicht sagen; vielleicht hat

Fig. 69.

die ins Weißliche fallende Farbe der Frucht, ihre Zartheit und Durchsichtigkeit, sowie ihr süßer und reicher Saft Veranlassung zu dieser Benennung gegeben.

Obwohl diese Pflaume längst bekannt ist und man die Güte derselben kennen lernen konnte, findet man sie doch in Böhmen sehr wenig angebaut. Ihre Güte, durch welche sie sich als eine treffliche Tafel- und Marktfrucht empfiehlt, und ihre Tragbarkeit, welche nichts zu wünschen übrig läßt, bestimmen mich, diese Pflaumensorte allgemeiner bekannt zu machen. Außerdem hat sie noch mehrere andere sehr schätzenswerthe Eigenschaften. Sie hält sich gegen anhaltendes Regenwetter tapfer; ihr Stein ist im Verhältniß zum Fleisch sehr klein zu nennen, und dieses ist gewiß ein großer Vorzug. Hat sie einen Fehler, so wäre es vielleicht der, daß sie, einmal reif, nicht gern am Baume hängen bleibt, aber die Früchte erleiden trotz ihrer Zartheit beim Herabfallen auf den Boden nicht den geringsten Schaden.

Die Jungfernpflaume ist im Durchschnitt nur etwas weniger groß als die Reineclaude und fast nach allen Seiten ganz abgerundet, so daß man von einem Rücken und von einer Naht fast gar nichts wahrnimmt. Auch durch diese sehr starke Abrundung entspricht sie ihrer Benennung, welche sich auf das weibliche Geschlecht in seinem blühenden Alter bezieht. Darum sitzt auch der von der Blüthe übrigbleibende Stempelpunkt, sowie auf der entgegengesetzten Seite der Stiel, ganz flach auf der Frucht. Der Stiel ist mehr dünn, kurz und etwas gebogen.

Merkwürdig ist die Haut der Jungfernpflaume; dieselbe ist so zart und durchsichtig, daß man durch sie das Fleisch mit seinen Fasern sehen kann. Hält man die Frucht gegen ein etwas stärkeres Licht, so ist man fast im Stande, jeden Stein zu sehen. Man findet auf der Haut grünliche Streifen und sehr viele weiße Tupfen; bei dem geringsten Druck wird die Farbe verändert. Ein feiner weißlicher Duft überzieht die ganze Frucht; das innere Fleisch ist sehr zart und saftig, von gelblicher Farbe und sehr süß. Die Schale löst sich zwar vom Fleische, aber man würde Unrecht thun, wenn man derselben den Vorwurf der Ungenießbarkeit machen wollte; im Gegentheil ist sie so zart, daß man beim Genusse der Frucht gar nichts von ihr gewahr wird. Der sehr kleine Stein löst sich vom Fleische ohne Rückstand ab. Ich fand den Stein im Verhältniß zum Fleische bedeutend kleiner als bei den übrigen Pflaumen, welche ich kenne.

Die Früchte reifen insgesammt im letzten Drittel des August.

Für die Tafel und den Markt ist die weiße Jungfernpflaume eine ganz vortreffliche Frucht. An Zartheit, Süßigkeit, Saftigkeit und Wohlgeschmack kann sie mit den besten Pflaumensorten concurriren. Für die Tafel hat sie sogar in ihrer jungfräulichen Kleidung ein stattliches Ansehen, wozu ihre weißliche Farbe, ihr zarter Duft, das durchscheinende Fleisch, die grünlichen Streifen mit den untermischten weißen Tupfen nicht wenig beitragen.

Der Baum wird nicht sehr groß, treibt aber sehr viel Aeste mit kurzem Fruchtholz und hat bei seinen nicht gar großen Blättern doch eine dichte Belaubung, zwischen welcher sich die weißlichen Früchte sehr gut ausnehmen. Die Aeste breiten sich mehr nach den Seiten aus, als daß sie in die Höhe gehen. Das Blatt ist nur mittelmäßig groß und flach ausgebreitet. Der Blattstiel hat Drüsen. Die Augen stehen gedrängt, sind bauchig und weißwollig. Die Sommerzweige sind auf der Sonnenseite bräunlich, auf der Schattenseite grünlich. Der Baum ist sehr fruchtbar.

Die Körchower Frühzwetsche (Fig. 70).

In dem „Illustrirten Handbuche der Obstkunde" finde ich keine ähnliche Frucht; deshalb gebe ich eine nach der Natur entworfene Abbildung der Frucht, des Steines und der Blätter vom Tragholze und vom Sommerzweige.

Der Mutterbaum ist von dem ehemaligen Pastor Kliefoth zu Körchow aufgefunden. Er wurde von dem Entdecker „Körchower Catharinenpflaume" genannt, welcher Namen aber, da die Frucht eine wahre Zwetsche, falsch ist.

Die Frucht ist groß und fast rund, 1¾ Zoll lang und 1½ Zoll breit und dick, nach dem Stielende am dicksten. Die Furche ist sehr flach. Der Stempelpunkt sitzt nicht gerade auf der Spitze, sondern etwas seitwärts.

Der Stiel ist ⅞ Zoll lang, grün, mit einigen Rostflecken und sitzt in einer Vertiefung, welche sich nach der Furche hin verlängert.

Die Farbe der nur wenig säuerlichen, leicht abziehbaren Haut ist ganz die der Hauszwetsche, auch ebenso mit blauem Duft überzogen.

Das Fleisch ist grünlichgelb und hat einen der Hauszwetsche ähnlichen, doch noch süßeren Geschmack. Der Stein löst sich ganz vom Fleische und ist lang und flach, die Mittelkante oft scharf. Die Reifezeit tritt Anfangs September ein.

Der Baum wächst kräftig, die Zweige zeigen keine Dornen, die Fruchtbarkeit ist ausgezeichnet.

Die Brünner Zwetsche (Fig. 71).

Ich habe diese Zwetsche in pomologischen Werken aufgesucht, sie aber nicht gefunden. Was sie besonders auszeichnet, ist nicht etwa eine Eigenschaft, sondern es sind deren mehrere. In wärmeren Jahrgängen wird sie schon Ende Juli reif, sonst aber Anfangs August.

Ihr Geschmack ist viel feiner, zarter und aromatischer als der Geschmack der gemeinen Zwetsche. Der Stein löst sich außerordentlich leicht vom Fleische, welches sich zu Compot, Muß, zum Trocknen u. s. w. gebrauchen läßt. Personen, welche das Compot von der gemeinen Zwetsche nicht essen und nicht vertragen konnten, versicherten mich, daß das von der Brünner Zwetsche eine Delicatesse für sie sei. Was von der Frucht noch zu rühmen, ist der Umstand, daß dieselbe nur höchst selten wurmig wird.

Fig. 70.

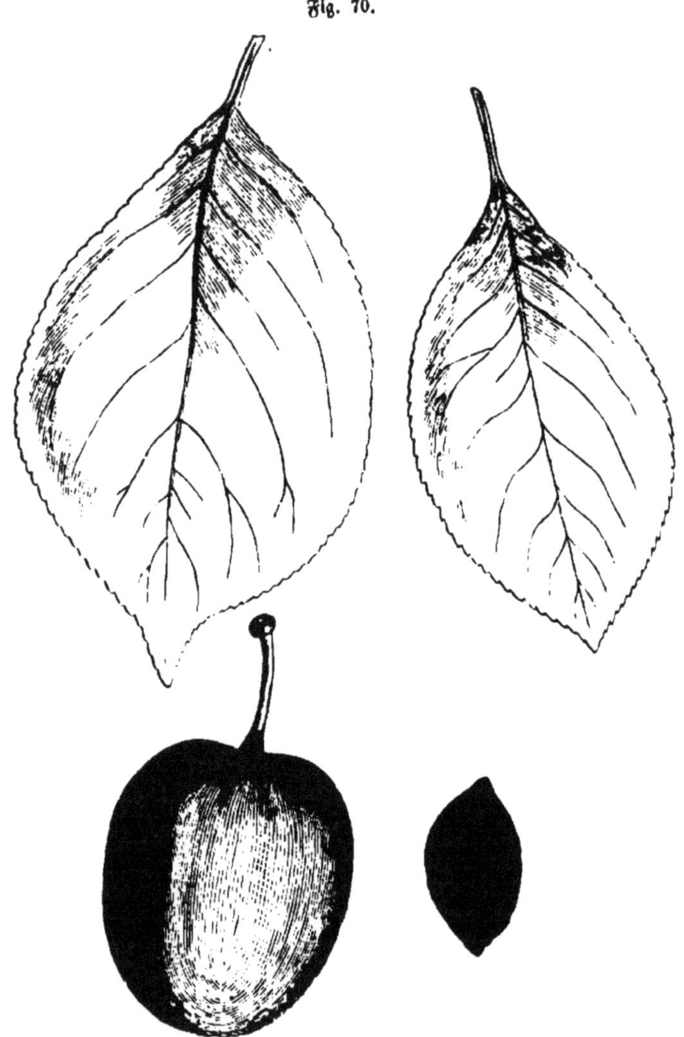

Die Farbe der Haut ist stark blau, mit Duft überlaufen, die Frucht kaum kleiner als die gemeine Zwetsche. Die Abbildung stellt ein Exemplar von mittler Größe dar. Die kleine Furche auf der Oberfläche ist leicht bemerkbar.

Der Stein ist verhältnißmäßig ziemlich klein.

Der kurze, etwas behaarte Stiel hängt an der reifen Frucht so lose, daß man nicht leicht eine Frucht mit dem Stiele vom Baume nehmen kann. Ist dieses dennoch der Fall, so löst sich der Stiel bei der geringsten Berührung ab.

Fig. 71.

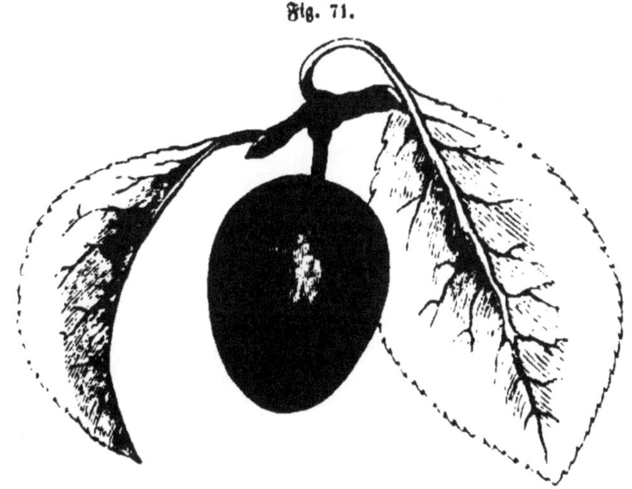

Der Baum hat keinen starken Wuchs, ist aber sehr fruchtbar und trägt gewöhnlich schon im zweiten Jahre nach der Veredelung. Das Blatt ist beim Anfühlen ziemlich fein. Edelreiser erhält man nur von jungen Bäumen, da ältere Bäume wenig treiben, indem sie sich im Fruchttragen übermäßig anstrengen.

Besser als freistehend erzieht man diese Zwetsche an einer Mauer; sie reift dann nicht nur früher, sondern wird auch schmackhafter.

Die Kaadener Pflaume (Fig. 72).

Ich habe dieser Frucht einstweilen den Namen „Kaadener Pflaume“ gegeben, weil sie doch einen Namen haben muß und ich sie in Kaaden in einem Gemüsegarten fand. Der Eigenthümer veredelte den aufgewachsenen Pflaumenwildling mit einem Reise von einer bekannten Pflaume; allein das Reis wuchs nicht an, und der Wildling trieb in die Höhe. Heuer (1865) trug er die erste Frucht.

Der Eigenthümer gab mir einige Früchte davon, weil er sie für ausgezeichnet hielt. Ich fand sie wirklich köstlich. Alle, welchen ich die Pflaume zu kosten gab, rühmten sie als eine köstliche.

Zur vollkommenen Güte einer Pflaume fordert Liegel folgende Eigenschaften.

Fig. 72.

1. Muß sie vor oder nach der Hauszwetsche reifen;
2. etwas fest am Baume hängen;
3. darf sie im Regen nicht leicht aufspringen;
4. muß sie ein etwas festes, nicht zu weiches oder schmieriges Fleisch haben, aber reichlichen Saft besitzen;
5. das Fleisch muß sich leicht vom Steine lösen;
6. der Geschmack soll süß, edel und aromatisch sein;
7. größeren und früher reifenden Früchten gibt man den Vorzug;

8. soll die Pflaume gesund und
9. tragbar sein.

Ich prüfte obige Pflaume so viel als möglich nach den angegebenen 9 Punkten und fand, daß sie nicht nur mit keinem in Widerspruch steht, sondern vielmehr die geforderten Eigenschaften in hoher Vollkommenheit an sich trägt.

Sie reift beinahe vier Wochen vor der Hauszwetsche; ihre Reife fiel gerade in eine etwas längere Regenperiode, welche ihr nichts schadete; sie hat wohl ein festes Fleisch, aber dieses ist sehr reich an süßem, aromatischem Safte. Die Haut läßt sich von dem gelblich-grünen Fleische leicht ablösen und ist am Baume mit einem blauen Duft umgeben, unter welchem man eine mehr schwarzbräunliche Farbe findet. Man bemerkt sehr viele feine Punkte auf allen Seiten der Haut. Der Stein ist so wenig mit dem Fleische verwachsen, daß er beim Oeffnen der Frucht von selbst herausfällt. Die Frucht ist als Erstling schon groß genug und dürfte späterhin noch größer werden. Unsere Pflaume braucht weder größer noch besser zu werden, als sie in dem ungünstigen Jahre 1865 geworden ist; sie wird dennoch eine edle Frucht bleiben, welche ich mit allem Rechte empfehlen kann. Ihr sehr guter Geschmack bürgt dafür, daß sie auch eine gesunde Frucht sei.

Der Baum wächst mit allen seinen Zweigen stark nach oben, die Blätter sind groß, stark gezahnt und laufen größtentheils sehr spitz zu. Die Sommertriebe haben eine grünliche Farbe und tragen lange spitze Augen.

Kirschen.

Die Ostheimer Weichsel (Fig. 73).

Die Weichseln spielen unter den Kirschen eine bedeutende Rolle. Man macht viel Weichseln ein, um sie als einen Luxusartikel bei Tafel zu verwenden, man trocknet sie, um sie als Compot zu gebrauchen, man setzt sie mit Brahntwein ein, um ein angenehmes, gesundes Getränk zu erhalten.

Dazu ist aber eine Auswahl der Weichseln nothwendig. Erstens muß man darauf sehen, daß sie von Insekten gar nicht oder nicht sehr angestochen sind; ekelhaft ist es besonders, wenn sich an den Steinen große weiße Maden befinden. Von Insektenstichen und Maden leiden aber die Weichseln gar sehr.

Ferner verlangt man von der Weichsel, daß sie viel Fleisch und einen kleinen Kern hat, sonst findet man an der getrockneten Weichsel nichts als Haut.

Endlich soll die Weichsel einen nicht gar zu sauern, dabei aber aromatischen Geschmack haben. Sie muß vollkommen ausgereift sein.

Eine gute Weichsel ist etwas Köstliches. Sie ist pikant und erquickend, aber auch, mäßig genossen, sehr gesund; unmäßig genossen, kann sie sehr viel Säure im Magen, Aufstoßen, Sodbrennen, Magenkrampf 2c. erzeugen.

Alle guten Eigenschaften findet man besonders in der Ostheimer Weichsel vereinigt. Sie ist freilich nur mittelmäßig groß, aber der Stein sehr klein. Auf gutem Boden angebaut, nähern sich aber die Früchte in der Größe den größern Weichseln.

In der Reife ist die Frucht schwarzroth, das Fleisch zart, die Säure mild, der Geschmack angenehm, fast etwas gewürzhaft.

Fig. 73.

Die Früchte hängen theils einzeln, theils paarweise an 1 1/3—1 1/2 Zoll langen Stielen; selten kommen Drillinge. wie die abgebildete, vor. Sind die Früchte paarweise oder zu dreien beisammen, so sitzen sie auf einem einzigen kurzen, aber stärkeren gemeinschaftlichen Stiele, welcher sich dann in 2—3 Stiele theilt. Selten fand ich an den Stielen ein kleines Blättchen.

Die Reifezeit fällt in den Juli.

Um die Früchte vor den Sperlingen zu schützen, muß man die Bäume mit Netzen überziehen.

Man kann zwar die Reiser von der Ostheimer Weichsel auf Kirschenwildlinge setzen und so hochstämmige Bäume erziehen, aber die Weichsel wächst von Natur doch nur strauchartig und kann als Strauch wurzelecht fortgepflanzt werden, wo sie dann viele Ausläufer macht, welche man abermals zur Fortpflanzung wählt.

Die Weichsel verträgt einen magern, ja kiesigen Boden auf Bergabhängen und sogar das Stutzen mit der Scheere. Eine sonnige Lage sagt ihr besonders zu.

Ich habe die Ostheimer Weichsel auf prunus mahaleb unmittelbar über der Erde veredelt und erhielt die schönsten Büsche gleich im ersten Jahre.

Leider ist es schwierig, diese sehr werthvolle Weichsel wurzelecht zu erhalten. Auch als Hochstamm, auf einen Wildling veredelt, dürfte es nicht so leicht sein, in den Besitz dieser Weichsel zu gelangen, da man mehrere Sorten von Weichseln mit dem Namen Ostheimer Weichsel belegt, um ihnen einen größern Ruf zu verschaffen.

Ich erhielt die erste Weichsel in schönen Halbstämmen von dem pomologischen Institut in Reutlingen. Dieselben trugen schon im ersten Jahre Früchte.

Ich halte es für meine Pflicht, alle Obstzüchter auf diese köstliche Frucht aufmerksam zu machen und sie zur häufigen Anpflanzung derselben zu veranlassen.

Die doppelte Glaskirsche (Fig. 74).

Die Glaskirschen und Amarellen sind sehr beliebte Früchte. Sie zeichnen sich aus durch ihren vielen Saft, der nicht färbt, und durch ihr zartes Fleisch, welches fast nichts als Saft ist. Die Säure ist sehr mild, angenehm und pikant. Der Stein ist gewöhnlich sehr klein.

Die Amarellen haben in der Regel kürzere Stiele und neben dem säuerlichen Geschmack einen kaum bemerkbaren bitterlichen, daher die Benennung Amarella.

Die Glaskirsche hat in der Regel einen längeren Stiel, ist etwas durchsichtig, und der Baum hat nach oben stehende Zweige.

Die doppelte Glaskirsche verdient wegen ihrer Güte eine größere Verbreitung. Der Baum gedeiht fast überall gut, ist gegen die Kälte wenig empfindlich und trägt fast jedes Jahr.

Der Stiel hat unmittelbar am Zweige einen kürzeren, etwas stärkeren Absatz, worauf erst der etwas längere, ganz gerade Stiel folgt. Die Früchte hängen theils einzeln, theils gepaart.

Die Farbe der Frucht ist anfangs lichtroth, bleibt sie länger am Baume, so wird sie dunkelroth. Die Reifezeit fällt in den Juli.

Das Fleisch ist sehr zart und voll Saft, welcher sehr erquickend ist.

Man kann die Frucht lange am Baume hängen lassen; je länger dieses geschieht, desto besser schmeckt sie.

Der Baum hat gewöhnlich eine sehr schöne abgerundete Figur und wird ziemlich groß. Sein Aussehen zeugt von großer Gesundheit. Auch im besten Boden treibt er nur kurze Sommertriebe, welche mit vielen Augen gedrängt besetzt sind. Diese Augen sind meist lauter Blüthenaugen.

Ich habe den Baum hochstämmig und auch strauchartig gesehen. In beiden Fällen trägt er sehr gut.

Fig. 74.

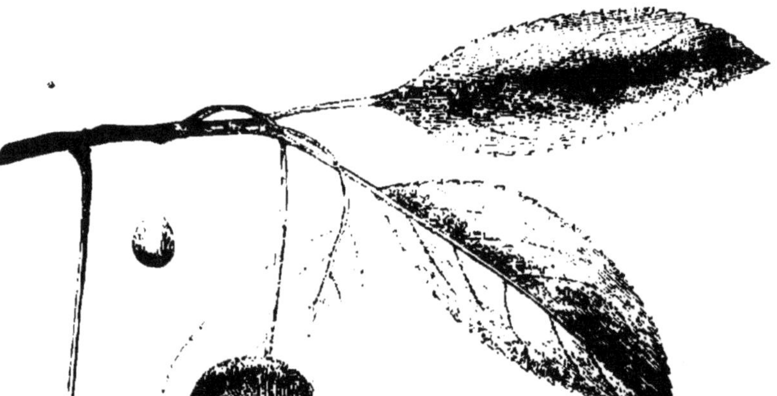

Die Mispel. (Fig. 75).

Der Mispelstrauch dürfte Vielen noch unbekannt sein, zumal derselbe noch ziemlich selten ist. Deshalb glaube ich, daß eine Beschreibung dieses Strauches sammt seiner Frucht von Interesse sein dürfte; trägt ja dieser Strauch Früchte, welche zum Obste gezählt werden, das zum Genuß dient.

Die Mispel erscheint im natürlichen Zustande als Strauch von Manneshöhe und darüber; durch die Kunst läßt er sich aber auch zu einem Bäumchen ziehen. Er hat sehr hartes Holz mit bräunlicher Rinde, das die Müller sehr werth schätzen; daher kommt dieser Strauch selten zu seiner wahren Entwickelung. Er wird sehr alt und breitet sich weit und ziemlich schön aus. Ich sah in einer Parkanlage unter den vielen Sträuchern auch einen Mispelstrauch, welcher, auf einem freien Platze stehend, in Bezug auf seine Schönheit sich vor den andern Sträuchern und Bäumen nicht zu schämen

Fig. 75.

brauchte und dem Parke durch seine schöne Belaubung und seine großen Blüthen zur Zierde gereichte.

Der Mispelstrauch ist überall in den Wäldern zu finden, vorzüglich im südlichen Deutschland, auch jenseits der Alpen.

Die Blätter haben sehr kurze Stiele, sind den Weiden- oder Pfirschenblättern ähnlich, unten etwas filzig, oft über 4 Zoll lang. Man trifft gezahnte und ungezahnte Blätter.

Die Blüthe hat einen kreiselförmigen Kelch mit 5 großen Lappen. Ebenso viel Blumenblätter von weißer Farbe liegen über dem Kelch mit einem Durchmesser von 1½ Zoll. Die Blüthe fällt in den Mai.

Die Frucht reift im October, sie ist kreiselförmig, fast so groß wie eine Wallnuß, oben abgestutzt und napfförmig, braun und etwas behaart. Oben an der Frucht bleiben die 5 großen Kelchlappen stehen.

Vom Baume weg kann man die Frucht nicht genießen, sondern man muß sie erst teig werden lassen; jedoch ist es nothwendig, sie sehr lange am Baume hängen zu lassen, wo sie dann sogar auf demselben teig wird. Zu früh abgenommen schrumpft die Frucht sehr zusammen.

Der Mispelstrauch begnügt sich mit einem geringen Standort. Ich sah sehr schöne Sträucher an Orten stehen, wo sie von der Sonne kaum beschienen wurden und doch gut gediehen. Wie schon erwähnt, zieht man ihn auch zu hochstämmigen Bäumchen, welche oft 8 Fuß hoch werden.

Man baut außer der kleinfruchtigen wilden Mispel auch die große Gartenmispel, welche oft so groß wie ein Borsdorfer Apfel wird, ferner die kleine Mispel mit rothem Fleisch und endlich eine Mispel mit gelbbunten Blättern.

Aus dem Samen ist die Mispel schwer zu ziehen, da derselbe sehr hart ist und schwer keimt. Aus Samen gezogen wird man auch längere Zeit auf Früchte warten müssen, und diese sind dann klein. Man veredelt deshalb die Mispel am besten auf die wilde Mispel, auf Weißdorn, Birnen, Cratägus- und Sorbusarten und auf den Elsbeerbaum.

Es gibt Personen, welche die Mispeln sehr gern essen; sie bewirken aber festen Stuhl, weshalb sie ehemals gegen Durchfall und Ruhr gebraucht wurden. Die bessern und größern Sorten kommen ihrer Seltenheit und Eigenthümlichkeit wegen auf die Tafel. Auch kann man sie einmachen, wozu sie aber nicht teig sein dürfen.

Die Quitte.

Die gemeine Quitte (Fig. 76).

Wenn ich auch der Quitte gedenke, so geschieht dieses, um jeden zum Anbau derselben anzuregen, welcher bei seinem Hause einen Garten oder ein Gärtchen besitzt, denn die Quitte gehört doch eigentlich nur in einen Hausgarten, und in diesem sollte wenigstens ein Quittenstrauch stehen. Wenn ich für diesen Strauch eine besondere Vorliebe habe und ihn empfehle, so verdient er es durch seine rühmenswerthen Eigenschaften.

Das Stammvaterland der Quitte muß man in den wärmeren Gegenden unserer Erde suchen. Ihr lateinischer Name Pyrus cidonia führt uns auf die Insel Creta, auf welcher wir eine Stadt mit Namen Cidonia finden, woher die Quitte wahrscheinlich ihren Namen hat. Vielleicht findet sie dort den Boden, welchen sie besonders liebt. Die Insel besitzt nämlich Kreidefelsen und daher auch Kreideboden; die Quitte ist aber demungeachtet nicht wählerisch im Boden.

Die Quitte wird am ganzen Mittelmeere in Gärten und Weinbergen, sogar auf felsigen Hügeln angebaut und wanderte von da aus auch in unsere nördlichen Gegenden; denn ich fand sie überall auf jenen Anhöhen, wo

Fig. 76.

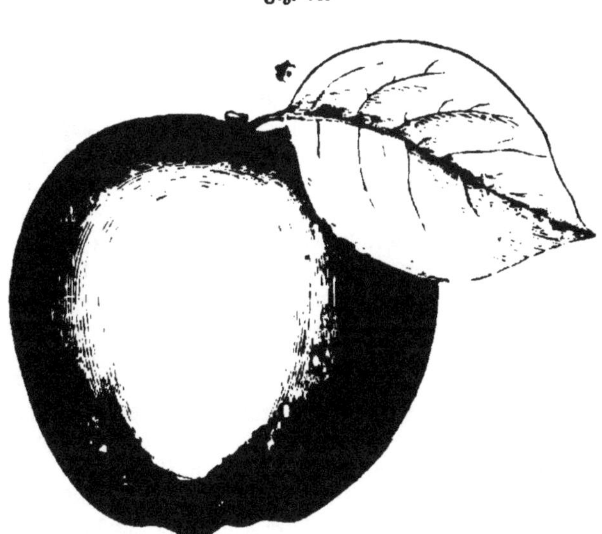

ehemals Weinbau betrieben wurde; ja ich vermuthe, daß so mancher Quittenstrauch 300—400 Jahre alt ist und noch ebenso lange leben kann, wenn man ihn nicht ausrottet. Leider verdrängt ihn der Getreidebau immer mehr, welcher die Stelle der Rebe seit Jahrhunderten eingenommen hat. Man findet den Quittenstrauch nur noch auf öde liegenden Anhöhen, oft mitten im Steingerölle und unter wildem Gesträuch, von welchem er sich nicht verdrängen läßt.

Ich fand den Quittenstrauch in allen Bodenarten und Lagen, nicht nur auf der Mittags- und Morgenseite, sondern auch auf der Nord- und

Westseite der Abhänge, auf den Höhen wie in den Niederungen, in dem schlechtesten wie in dem besten, im feuchten wie im trockenen Boden.

Warum unsere früheren Weinbauer diesen Strauch besonders gern in ihren Weingärten zogen, darüber will ich weiter unten meine Vermuthung aussprechen.

Man benutzte in früheren Zeiten diesen Strauch wegen seines langsamen Wachsthums größtentheils auch zu Unterlagen für Birnzwergbäume; auch sah ich den Apfelbaum nicht selten in Zwergform auf der Quitte gezogen. Man geht aber in neuerer Zeit von dieser Unterlage ab, weil viele Obstsorten auf der Quitte nicht gedeihen, der stärker werdende Baum auf der Quitte keine Festigkeit hat und von einem etwas stärkeren Winde sammt der Quittenunterlage aus dem Boden gerissen wird, wenn nicht ein tüchtiger Pfahl als Stütze dient, welcher aber für den Zwergbaum keine Zierde ist. So fest die Quitte für sich allein im Boden steht und jedem Sturm trotzt, so beweglich ist sie als Unterlage, was nicht Wunder nehmen darf. Als Quitte wächst sie ihrer Natur gemäß; sie ist ein Strauch, welcher auf der Wurzel mehrere Stengel trägt, welche aber gewöhnlich alle wieder ihre eigenen Wurzeln schlagen; mit den Stengeln vergrößert und befestigt sich die Wurzel im Boden. Dient aber die Quitte als Unterlage, so wird sie genöthigt, ihrer Natur untreu zu werden; man läßt keine Nebenstengel aufkommen, sondern nimmt die hervorsprossenden sorgfältig hinweg. Diese Beraubung der so natürlichen Seitensprossen benachtheiligt auch ihre Wurzelvermehrung und ihren festen und sichern Stand. Daher kommt es auch, daß die Quitte als Strauch eine fast ewige Dauer hat, als Unterlage für Birn- und Apfelzwerge aber ein kürzeres Leben fristet.

Mit Vortheil kann man dagegen die Quitte als Unterlage für solche Sorten Birn- und Apfelzwergbäume gebrauchen, von denen man weiß, daß sie auf der Quitte gut gedeihen, ferner für Bäumchen, welche man an Spaliere anheftet. Für die Topfbaumzucht ist die Quitte ihrer vielen feinen Wurzeln und ihres langsamen Wachsthums halber fast unentbehrlich.

Veredelungen von Aepfeln und Birnen gelingen auf der Quitte außerordentlich gut. Die Tragbarkeit erfolgt sehr schnell, weil das aufgesetzte Edelreis weniger ins Holz treibt.

Aber auch ohne den Quittenstrauch als Unterlage zu gebrauchen, sollte man im Hausgarten einen oder einige davon pflanzen; einmal gesetzt, wächst er ohne alle menschliche Hilfe fort und bildet sich nach und nach zu einem schönen, dichten, vollkommenen, abgerundeten Strauch, welcher im Ganzen und in allen seinen einzelnen Theilen ein so zähes Leben hat, daß man selten ein abgestorbenes Zweiglein wahrnimmt. Der Quittenstrauch ist schön in seiner Bildung, schön in seiner Belaubung, schön in seiner Blüthe, schön in seiner Frucht.

Das Schöne soll aber auch der Landwirth nicht vernachlässigen, denn auch für diesen hat das Schöne seinen Nutzen. Der Anblick des Schönen befördert höhere Bildung und Gesittung und schmückt den Lebenspfad mit manchen freundlichen Blumen. Man hat ja in dem Hausgärtchen und vor den Fenstern einige Blumen stehen und erquickt Auge und Geruch daran. Der Schöpfer erschuf die Welt und Alles in derselben so schön, weil er wußte, daß dieses dem Menschen Freude machen und ihn bilden werde. Leider gibt es noch viele Menschen und unter diesen besonders Landwirthe, welche auf die Schönheit der Natur störend einwirken. Wer selbst in der niedrigsten Hütte für das Schöne zu sorgen sich nicht bemüht, hat es kaum noch zum Menschen gebracht. Zur Verschönerung trägt aber auch der Quittenstrauch bei; er liefert aber auch, wie jeder andere Obstbaum, für die Wirthschaft Brauchbares, denn der Quittenstrauch kann mit allem Recht zu den nützlichen Obstbäumen gezählt werden.

Der Quittenstrauch macht unter den Obstbäumen eine eigene Gattung aus. Oken schließt seine Naturgeschichte der Pflanzen mit dem Quittenstrauch. Das ist für diesen ein gutes Renommée; denn Oken schreitet in seiner Naturgeschichte von dem weniger Vollkommenen zu dem mehr Vollkommenen vor. Der Quittenbaum folgt aber gleich nach dem Apfelbaum, von welchem letztern Oken sagt: „Ich halte den Apfelbaum in Bezug auf die Vollkommenheit seiner Blüthe und Frucht für den obersten Baum.“ In der Schönheit seiner Blüthe übertrifft aber der Quittenstrauch den Apfelbaum, und die Frucht des Quittenstrauchs gleicht der äußern Gestalt nach ganz der Frucht des Apfelbaumes.

Der Quittenstrauch bringt es, der Natur überlassen, nie zum Hochstamm. Er ist und bleibt ein Strauch und repräsentirt in seiner Art den Strauch, d. h. ein Gewächs, auf dessen Wurzel sich mehrere holzartige Stengel von ziemlicher Stärke erheben. Durch Kunst kann man ihn wohl auch zum Hochstamm erheben, man thut ihm aber dann eine unnatürliche Gewalt an. Solche Bäumchen sind zwar sehr schön, behalten aber immer die Neigung, an der Wurzel Sprößlinge zu treiben, mit denen man zu kämpfen hat. Seine strauchartige Natur kann die Kunst nie ganz unterdrücken.

Es gibt nicht leicht einen Strauch, welcher solche Neigung zum Wurzelschlagen hat, als der Quittenstrauch. An seinen Stengeln schlägt er sogar über der Erde Wurzeln und senkt sie dann zur Erde, so daß jeder einzelne Stengel nicht nur auf dem gemeinschaftlichen Wurzelstocke sitzt, sondern auch für sich eigenthümliche Wurzeln macht. Sogar weit an den Stengeln hinauf bemerkt man oft eine Anzahl erhabener Punkte, welche nichts anders sind, als versuchte Ansätze zu Wurzeln, welche nur embryoartig zurückbleiben, weil es ihnen an Boden fehlt. Die Wurzeln sind von der feinsten Art, wahre Haarwurzeln und außerordentlich zahlreich.

Will man den Quittenstrauch schnell vermehren und sehr viel bewurzelte Schößlinge erhalten, so braucht man nur einen ältern Strauch unmittelbar über der Erde abzuhauen oder seine Aeste in die Erde zu senken.

Der Strauch wird mannshoch mit vielen sperrigen, etwas gebogenen Stengeln. Die jungen graubräunlichen Zweige sind sehr stark bewollt und mit einem weißgrauen Filz ganz überzogen. Die Blätter werden von sehr kurzen Stielen getragen, stehen sehr dicht, sind breit, oval, über 3 Zoll lang, über 2 Zoll breit und enden fast plötzlich in eine Spitze. Auch sie sind, wie die jüngeren Zweige, auf der untern Seite mit einem starken Filz besetzt.

Die Blüthen sind eine wahre Zierde und bedecken oft den ganzen Strauch. Bei keinem andern Obstbaume sind sie so groß. Ihr Durchmesser beträgt gegen 2 Zoll, ihre Farbe ist blaßrosenroth; am Grunde sind sie stark behaart.

Den Kelch bilden 5 große, blattähnliche Lappen, welche meist elliptisch und eckig, gelblich, aber mit grauer Wolle stark bedeckt sind. Diese Kelchlappen bleiben auch an der Frucht, bis sie reif ist, und krönen sie gleichsam an der dem Kelche entgegengesetzten Stelle, welche man bei dem andern Obste den Putzen oder Kelch nennt.

Die Frucht hat das Sonderbare, daß sie bis zur Reife ein dichtes Wollenkleid trägt und dieses auch behält, wenn man sie mit gehöriger Vorsicht vom Baume nimmt, wo dann dieses Wollenkleid freilich nur noch ganz lose an ihr hängt. Unter diesem Wollenkleide sieht man erst die eigentliche Farbe der Frucht, welche ein sehr schönes Goldgelb ist und sehr vorsichtig behandelt werden muß, wenn es nicht alsbald durch schwärzliche Flecken entstellt werden soll. Die Frucht kann man nicht spät genug abnehmen, soll sie nicht runzelig werden.

Im Ganzen hat die Frucht eine vollkommene Aehnlichkeit mit den Aepfeln. Selten ist sie ganz rund, immer zeigen sich unscheinbare, von oben nach unten herablaufende Rippen mit einer Furche auf der schwächern Hälfte.

Der Stiel fehlt fast immer; an seiner Stelle ist eine größere oder kleinere Fleischwulst vorhanden, an welcher sich fast unmittelbar einige Blätter befinden. Um die Stielgegend ist die Frucht ganz abgerundet und hat daselbst den größten Durchmesser, welcher gegen den Kelch etwas abnimmt.

Das Fleisch ist sehr gelb und fest, riecht eigenthümlich stark gewürzhaft, schmeckt sehr herbe und wird daher frisch nicht gegessen, sondern gekocht.

In gutem Boden wird die Frucht größer und das oft steinige Fleisch viel besser. Es gibt Früchte, welche über 2½ Zoll hoch und ebenso breit sind. Merkwürdig sind die vielen Samen in manchen Früchten; ich habe ihrer öfters schon gegen 20 gezählt. Uebrigens sind die Samen meist taub.

Die Quitte ist ein sehr seltener Marktartikel, und zwar deshalb, weil sie noch viel zu wenig angebaut wird und die wenigen im Freien stehenden Sträucher von muthwilligen und unwissenden Kindern ihrer Früchte vor der Zeit beraubt werden, diese also ohne Werth sind. Die wenigen Früchte, welche ausgereift auf den Markt gebracht werden, gehen sehr gut ab und werden gewöhnlich theurer bezahlt als anderes Obst.

Die meisten Leute kaufen nur einige Früchte, um sie in den Wäschekasten zu legen, damit die Wäsche den starken Geruch der Quitte annehme. In dieser Hinsicht wird die Quitte sehr hoch geachtet.

Allein damit kann sich die Quitte als wirthschaftliche Frucht nicht sehr brüsten. Wir besitzen zu diesem Zweck noch dienlichere aromatische Kräuter, welche viele Jahre hindurch im trockenen Zustande ihre Dienste leisten.

Ich will die Quitte auf eine bessere Weise empfehlen. Man versuche einmal die Quitte zu kochen; nur schäle und zerschneide man sie nicht. Weich gekocht servire man sie auf einem Teller, zerschneide sie und bestreue sie mit etwas Zucker. Man wird den Geschmack delicat finden. Ich habe die gekochte Quitte auch ohne Zucker sehr wohlschmeckend befunden. Dünstet man die Frucht in einer Kasserole, so wird der Geschmack noch besser. Der ausgedünstete Saft ist ausgezeichnet. Einen sehr guten Syrup kann man davon machen, wenn man die in Stücken zerschnittenen Früchte mit wenig Wasser kocht oder dünstet, den Saft auspreßt und etwas einkocht.

Daß man die Quitte auch trocknen kann, wird Niemand bezweifeln, und ich habe mehrere Proben damit gemacht. Zum Trocknen müssen die Früchte selbstverständlich in Schnitzen zerlegt werden. Von diesen getrockneten Schnitzen nimmt man einige Stücken und mischt sie mit getrockneten Aepfeln, Birnen, Zwetschen, wenn man dieselben für die Tafel kocht. Die Quittenschnitzen geben nicht nur anderem Obste einen guten Geschmack, sondern können auch mit verspeist werden.

Die neuere Chemie hat auch in den Quittenschalen denselben Aether entdeckt, der in allen Weinen vorkommt und nach den Untersuchungen von Delffs aus Rosenkrantsäure und Aether besteht.

Hat man Quittensträucher und verwendet ihre Früchte für die Küche, so pflege man jene, gebe ihnen gute Erde und Dünger, behacke sie und lichte ihre dichten Zweige, damit sie größere, steinfreie Früchte liefern. Ohne Pflege des Strauchs bleiben die Früchte klein und werden sehr steinig, wo sie dann fast nicht gebraucht werden können. An etwas hochstämmig gezogenen Quittenbäumchen habe ich die größten und schönsten Früchte gesehen, was ganz natürlich ist, da man alle Säfte der Wurzel auf einen Punkt concentrirt und keine strauchartige Ausbreitung nach den Seiten hin duldet.

Die Zuckerbäcker und Apotheker kaufen die Früchte sehr gern; auch in der höheren Kochkunst weiß man sie verschiedenartig zu gebrauchen: zu Quittenbrot, Quittenkäse, Quittengelée 2c. Auch kann man die Quitten mit Zucker und Essig einmachen.

Die Quittensamen enthalten sehr viel Schleim und Gerbstoff; der Schleim dient als Haarpomade, ist auch gegen Augenentzündung sehr wirksam. Quittensyrup und Quittenconserve dienen als kühlende und herbe Mittel.

Es gibt von der Quitte mehrere Abarten, welche man auch hier und da in Ziergärten findet, z. B. die *japanesische* und *chinesische Quitte*. Beide haben rothe Blüthen, welche noch mehr zieren, weil die Farbe schreiender ist. Ferner gibt es eine *indische Quitte*, welche ein Bäumchen bildet und Früchte trägt, die herber als Holzäpfel sind. Auch findet man noch eine filzige Abart. Man unterscheidet noch die *Birn-* und *Apfelquitte*. Erstere hat mehr längliche, letztere mehr runde Früchte. Diese ist es, welche bei uns fast ganz allein angebaut wird.

Fig. 77.

Niemand wird es bereuen, den Quittenstrauch in seinem Hausgarten zu besitzen. Er wird viel Freude bereiten durch die schöne große Blüthe, welche sich gewöhnlich im Mai entwickelt, und versteht man es, so wird die Frucht im Hause nützlich werden und sogar Geld einbringen. Dazu kommt, daß der Quittenstrauch das zäheste Leben hat und, einmal angepflanzt, nicht leicht wieder verloren geht.

Die japanesische Quitte (Fig. 77).

Die japanesische Quitte ist eine schöne Zierde unserer Gärten, namentlich zur Blütezeit. Ihr Wuchs ist etwas gedrängt und weit ausgebreitet. Am meisten wird sie am Spalier und in Pyramidenform gezogen. Ihre gefaserten, dornigen Zweige tragen glänzende, länglich eiförmige, fein gezahnte Blätter. Im Frühjahr besetzen zahlreiche rosenfarbige Blüten die Aeste, welche durch ihre tief karminponceau Farbe einen Effect hervorbringen, welcher einzig in seiner Art ist.

Die Früchte bleiben in Deutschland klein; sie sind olivengrün auf orangegelbem Grunde.

Der japanesische Quittenbaum ist sehr fruchtbar und eignet sich deshalb, und weil er zugleich eine hohe Zierde eines jeden Gartens ist, zur häufigern Anpflanzung. Uebrigens ist die japanesische Quitte nicht nur wegen ihrer prächtigen Blüte eine Zierde für jeden Garten, sondern ihre Früchte sind auch ebenso verwendbar wie die der gemeinen Quitte, nur daß erstere nicht die Größe der letzteren erreichen. Man sollte deshalb die japanesische Quitte in Deutschland mehr beachten als bisher geschehen ist, zumal ihrem Gedeihen bei uns keine Hindernisse entgegenstehen.

Illustrationsverzeichniß.